学前教育新视点丛书
XUEQIAN JIAOYU XINSHIDIAN CONGSHU

U1016283

XUEQIAN JIAOYU DUDAO PINGGU
GUOJI BIJIAO YU BENTU SIKAO

学前教育督导评估
——国际比较与本土思考

刘 昊◎著

中国教育出版传媒集团
人民教育出版社
·北京·

图书在版编目（CIP）数据

学前教育督导评估：国际比较与本土思考 / 刘昊著 . — 北京：人民教育出版社，2022.12
（学前教育新视点丛书）
ISBN 978-7-107-37209-4

Ⅰ．①学… Ⅱ．①刘… Ⅲ．①学前教育—教育视导—研究 Ⅳ．① G612

中国版本图书馆 CIP 数据核字（2022）第 253416 号

学前教育新视点丛书 学前教育督导评估——国际比较与本土思考
责任编辑：焦 艳 和卓琳
装帧设计：于 艳

出版发行 人民教育出版社
（北京市海淀区中关村南大街 17 号院 1 号楼 邮编：100081）
网 址 http://www.pep.com.cn
经 销 全国新华书店
印 刷 大厂益利印刷有限公司
版 次 2022 年12月第 1 版
印 次 2023 年 2 月第 1 次印刷
开 本 787 毫米 ×1 092 毫米 1/16
印 张 18
字 数 248 千字
定 价 49.00 元

版权所有 · 未经许可不得采用任何方式擅自复制或使用本产品任何部分 · 违者必究
如发现内容质量问题，印装质量问题，请与本社联系。电话：400-810-5788

学前教育新视点丛书编写委员会

主　任

邹海燕　冯晓霞

副主任

刘雅琴　焦　艳

委　员（按姓氏音序排列）

蔡迎旗　杜继刚　郭力平　和卓琳　姜　勇

李　莉　梁慧娟　刘峰峰　刘　昊　刘　霞

刘　馨　吕　萍　秦光兰　全梦冉　王冬兰

向　导　叶平枝

秘书长

刘峰峰

出版说明

当前，我国学前教育正面临着前所未有的发展机遇。2010年11月印发的《国务院关于当前发展学前教育的若干意见》明确提出："学前教育是终身学习的开端，是国民教育体系的重要组成部分，是重要的社会公益事业"，要"把发展学前教育摆在更加重要的位置"。此后，一系列促进学前教育发展的重要文件出台，旨在推进、落实学前教育基本理念和发展目标的"学前教育三年行动计划"也逐期实施，学前教育进入了一个全新的发展阶段。

学前教育在得到国家政策和财政大力支持的同时，其理论与实践研究也更加广泛和深入。为了更好地梳理和总结近年来我国学前教育的研究成果，促进学前教育的繁荣和发展，我们组织出版了这套"学前教育新视点丛书"。所谓"新视点"，包含以下两个方面的内涵。

1. 体现研究的新进展

近年来，针对学前教育发展中的重点问题，研究者进行了深入研究。比如：研究财政投入和管理制度，探讨学前教育发展与管理的顶层设计；研究幼儿教师能力测评、幼儿园教育质量评价，促进学前教育的内涵发展；研究学前教育专业的课程设计和教学改革、职后培训内容和方式，为学前教育发展提供保障；研究幼儿的学习与发展，研究幼儿园课程、游戏与教学，提升幼儿园教育质量；等等。这些研究大大拓展了已有的研究领域和范畴，体现了理论创新和实践创新，取得了令人瞩目的成果。

2. 体现研究的新视角

近年来，我国的学前教育研究立足于解决其发展进程中遇到的理论和实践问题，研究的角度更加多样，视野更加开阔。一方面，运用新理念、新视角、新方法，关注不同文化和社会背景下学前教育的相关领域，创新解决问题的思路和方式；另一方面，以跨学科的视角，将学前教育置于多学科的审视之下，探求我国学前教育发展的新路径。

基于“新视点”的基本定位，我们将近年来在学前教育研究领域的新成果集结出版，希望为广大学前教育工作者提供参考，开拓视野。

我们衷心希望本套丛书的出版，能够引发广大学前教育工作者的关注和兴趣，也希望各位读者在阅读过程中提出宝贵意见，使本套丛书更臻完善。

人民教育出版社课程教材研究所
学前教育课程教材研究开发中心
2022年10月

作者序

2020年2月，中共中央办公厅、国务院办公厅印发了《关于深化新时代教育督导体制机制改革的意见》，开启了我国教育督导制度的新一轮改革。实际上，学前教育领域的督导改革近些年来一直在进行着，从中央到地方都进行了诸多积极的探索，涉及督导内容、形式、途径等多个方面。很多地方学前教育督导从无到有、从粗到精、从弱到强，并逐渐成为保障学前教育质量不可或缺的内容。在我国学前教育发展从注重数量到强调质量的形势下，探讨督导问题有着更为重要的意义。与中小学教育相比，学前教育在管理体制、发展阶段、教育内容和方法上存在着巨大的不同，教育督导的政策路径、内容方法等也就有着相对独特的特点和原则。尽管我国学界对中小学阶段的教育督导已经有了系统深入的研究，但对学前教育督导进行专门的探讨仍然是有必要的。本书就是在此方面进行的一点尝试。

首先要说明的是，本书所探讨的学前教育督导评估，也涵盖了我国各地普遍实施的幼儿园等级评估及示范园评定。尽管这些评估、评定在我国教育行政管理实践中并不称为督导，很多地方也不由督导部门负责，但其实质则与教育督导基本符合，同时部分地承担了教育督导的功能。从发展来看，一些地方也正在逐步将评估、评定职责划归督导部门。虑及于此，本书在探讨国外有关情况时也采取了相对宽泛的界定，尽管一些国家和地区的做法未冠之以“督导”的名义，如美国学前教育“质量评级与促进系统”（Quality Rating and Improvement System）等，但是它们实质上承担着督导的功能，因此也纳入讨论范围之内。另外需要说明的一点是，我国督导部门把督学、督政、监测列为它的三大职能，三者之间彼此关联，但工作内容、性质和需要遵循的原则却各有差异。要想在一本书中用一个框架深入地探讨三者，就笔者的能力而言，就像物理学中寻求“大统一理论”那样，超出了力所能及的范围。因此本书仅聚焦于“督学”，即对幼儿园教育的督导，而不涉及督政和监测。

本书尽力秉持一个国际化的视野，但在体例上却未采取国别式的陈述方式，而是在一定的理论框架下，从问题出发展开讨论，在此过程中视需要融入他国材料。这样做的好处是，能更充分地挖掘材料的价值来为观点服务，但负面后果则是各国资料散见于各处，无法对其作完整系统的阐述。实际上，近些年我国学者已经按国别就此作过很多介绍，它们涵盖了学前教育督导评估的制度机制、内容方法等多个方面。如果想要完整地了解某国的学前教育督导情况，这方面的资料不难查到，本书在附录中也分别集中介绍了几个主要国家的督导制度及其主要效果。

从问题出发来搭建全书框架的另一个重要原因在于，“欲取他山之石，必先剖其机理”，国外的经验不是用来照搬的。这就要求我们不能只了解一国学前教育督导制度的表象，而是要从该国的教育传统、体制出发，观察其理念基础、内在逻辑和实际成效，并在此基础上作批判性的审视和选择。以美国为例，该国学前教育质量督导评估追求精确、客观的量化手段，崇尚可操作、易评量的评估工具。由于笔者在美国接受过心理学的学术训练，并在高瞻基金会（High Scope Foundation）承担的质量评估项目中对其有过近距离的学习，所以一度将美国的这种取向奉为圭臬。后来在英国访学期间，通过深入了解了欧洲的教育督导评估模式后发现“事情没有那么简单”。美国督导深深植根于该国科学实证主义的学术传统，而在更注重理性思辨、更强调从整体和本质上把握事物、不拒斥个体主观经验的欧洲国家，学前教育督导评估几乎完全是另外一副模样。这启发笔者在后续的研究中，通过查阅数据资料，并配合个人近距离观察和走访所得的一手、二手经验进行思考探究，希望能做到“知其所以然”。

受制于有限的阅历和语言能力，笔者了解相对较多的只有美国、英国、澳大利亚等少数几个英语国家以及我国香港地区、台湾地区的部分情况。对于其他国家的情况，笔者大多只能从文本资料中获得认识。有经验的读者都知道，现实世界中的情况跟制度文本、文件报告之类的东西有时有很大的差别。所以本书重点分析的对象仅限于上述几个国家和地区，偶尔也引用了一些其他国家的情况，但对这些材料的使用较为谨慎，未作过多展开。

分析外国情况最终是为了思考本国的问题。近年来笔者有幸参与了国家和地方层面相关制度和标准的制订，并作为督学从事了实际的督导工作，也主持过一些调查研究。结合这些鲜活的经验，然后再去揣摩相关的理论，的确感觉有不同的收获。笔者不揣谫陋，在每一章里分享了自己的收获，也提出了一些思考，其中自然难免拙妄之处，还望读者不吝赐教。笔者对国内情况的探讨并没有建立在大规模实证研究的基础上，因此一些观点不免流于片面、浅薄。笔者也会努力在未来的研究中逐渐地加以修正、弥补。

本书是笔者近年一些实践和思考的总结，希望它能成为个人学术生涯的一个新的起点，更希望它能够起到抛砖引玉的效果，引发同行对学前教育质量督导和评估问题开展更全面、更系统的研究。这个话题，越是深入探索就越让人感受到它的复杂，因而是评估还是督导？只有以多个学科、多种视角加持，才能逐渐获得有价值的新知，并启发和推动教育实践。希望读者展开进一步研究，并赐教于我。

我能专心学前教育研究之路并对督导评估有些研究收获，首先要感谢的是我的博士生导师冯晓霞教授。正是由于冯老师的鼓励，我才有勇气把近几年来的一点学习心得、实践经验和思考加以总结，写成了目前这本小书。在撰稿的过程中，我时常打扰冯老师并向她请教，从她对学前教育事业发展的深刻洞察力中不断地获得宝贵的启发。还要感谢北京师范大学的苏君阳教授。我在近些年的研究过程中，拜读过苏老师的系列成果，我们虽然素未谋面但却有神交已久的感觉。我冒昧地请苏老师审阅书稿，并请他赐序，他欣然应允，并给予诸多指导和鼓励。苏老师在序言中对我国教育督导制度历史所作的言简意赅的梳理，为读者阅读本书内容提供了一个纵深的历史视角。最后还要特别感谢的是给了我莫大鼓励，并且亲自为本书慷慨赐序的顾明远先生。顾先生年届耄耋，但仍然孜孜不倦地研究，并且以殷殷之情勉励后辈。先生这种“学为人师、行为世范”的高洁品格，对于一个从木铎金声之中走出的北师大学子而言，是引领，也是向往。

最后要感谢的是人民教育出版社学前教育编辑室的焦艳主任、李云龙老师、和卓琳老师。他们以严谨的工作态度和极高的专业水平，为我提出了很多文字上、专业上的意见建议，帮助减少了本书的瑕疵，让它以一副还算得体的面孔呈现到大家面前。

刘　昊

2022年9月20日

序　一

学前教育是基础教育的基础，学前教育对儿童身心健康、习惯养成、智力发展、人格养成具有十分重要的意义。遵循儿童发展的规律，科学地实施保教，是学前教育的重要任务。实施普惠式的学前教育，让每一个学龄前孩子都能接受有质量的教育，是实现教育现代化的基础工程。

我们党和政府一向非常重视学前教育，特别是党的十八大以来，我国学前教育有了很大的发展，2019年的全国学前三年毛入学率，已达到83.4%。但是质量有待提高，特别是幼儿教师的专业水平有待提高。同时，为了保证学前教育质量，还需要完善监督评估机制。

2020年10月，中共中央、国务院发布了《深化新时代教育评价改革总体方案》，要求完善幼儿园的评价体系。当前我国幼儿园小学化现象十分严重，虽然国家一再强调要去小学化，但因为缺乏监督，这种现象依然广泛存在。因此进一步完善学前教育监督评估机制，实在迫在眉睫。

世界上很多国家在学前教育督导评估方面已经做过很多探索，将其经验加以梳理并借鉴，可以帮助我们更好地思考相关的理论问题，少走弯路。首都师范大学刘昊副教授基于对国外相关资料的大量查阅、对外国实践的近距离观察，结合他本人参与国内相关实践的经历和思考，对学前教育督导评估的一些基本问题进行了深入的探讨。这些探讨有利于加深相关的理论认识，帮助我们完善学前教育监督评估机制，提升学前教育的质量。本书的出版确是一项有意义的事。

2020年12月26日

序　二

教育督导制度是我国的一项基本教育制度。新中国刚成立时，教育督导就被确定为教育行政部门的一项重要职能。当时教育部下设六个司局级机构，视导司是其中之一。“文化大革命”期间教育督导制度被迫中断。“文化大革命”结束后，复出的邓小平同志极力推进教育督导制度的恢复工作，但恢复的历程比较曲折、漫长。客观地说，教育督导作为一项行政职能，“文化大革命”结束后在邓小平同志极力推动下很快地就得到了恢复，但其作为一项专门制度的恢复，则经历了14年之久。一直到1991年，教育部制定与颁布了《教育督导暂行规定》(以下简称《暂行规定》)，这才意味着我国教育督导制度得到了彻底恢复。1995年，《中华人民共和国教育法》将教育督导评估制度确立为国家的一项基本教育制度，至此，教育督导制度建设才得到了法律的强有力保障。

我国教育督导制度建设，自新中国成立以后，始终不断地面临着各种各样的问题与挑战。其中一些问题与挑战，如教育督导体制问题、教育督导行政地位问题，以及教育督导研究弱化等问题，至今也未得到很好解决。当前对于教育督导制度设立问题，我国社会上仍然存在着一些质疑与批驳的声音，认为教育督导活动的开展增加了学校负担、干扰了学校正常教育教学秩序、对学校自主办学与发展构成了阻碍等，但无论如何都不能由此否定教育督导制度设立的意义与价值。我国教育督导有着非常悠久的历史传统，其早在西周时期就已经存在了，“天子视学，大昕鼓征，所以警众也”（《礼记·文王世子》）。后来，教育督导制度的演进与发展虽偶有中断，但一直延续至今。从历史上看，我国古代社会中只有天子才享有教育督导权力，朝廷大臣与其他人都没有这一特权，除非得到了天子的授权。在古代社会，教育督导制度的设立不仅是一种权力的象征，而且在维护与构建封建帝王权威、维护古代社会礼制等方面，也起到了不可磨灭的作用。此外，它在很大程度上也体现了封建帝王对人才培养以及礼仪制度的重视。从理论上讲，一种制度如果能够得到帝王的重视，并且在历史上流传这么久远，必定有其设立、存在的价值及合理之处。而当今世界，几乎所有发达国家都设立了教育督导制度。这也在很大程度上表明，教育督导制度的设立有其必要的意义、价值与合理之处。

2012年，我国教育督导制度建设实现了飞跃性发展。主要表现为两个方面：一是国务院制定、颁布了《教育督导条例》（以下简称《条例》），在很大程度上提升了教育督导制度建设的法律效力；二是成立了由教育部等相关部门组成的国务院教育督导委员会，提升了教育督导的行政地位。相较于1991年的《暂行规定》，《条例》极大地扩大了教育督导职能范围。原来的督学对象仅仅限于基础教育阶段的学校，而《条例》则将其扩大到了各级各类学校。目前，大学、中小学与幼儿园等各级各类学校及其他教育机构皆被纳入教育督导对象范围之中。此外，2020年中共中央办公厅、国务院办公厅联合发布了《关于深化新时代教育督导体制机制改革的意见》，对于今后教育督导体制机制改革提出了许多新的要求与规定，对加强今后我国教育督导制度建设具有非常重要的意义。

我国教育督导制度建设迟缓，教育督导研究也相对比较稚弱。其很大原因和我国目前教育督导研究队伍的规模不足有关。目前，我国教育督导一方面要迅速壮大研究队伍，另一方面则要着力改革研究与解决教育督导领域中的难题。先前关于教育督导问题的研究，多是集中在基础教育领域，而关于学前教育与高等教育督导的研究成果则比较少见。首都师范大学刘昊副教授经过多年潜心研究，撰写了《学前教育督导评估——国际比较与本土思考》一书，并由人民教育出版社出版，这对于我国学前教育督导研究而言是一件非常重要的事情。我国学前教育督导工作的开展历史是比较短暂的，如果从2012年《条例》颁布算起，至今也仅仅只有8个年头。且不说我国出版的学前教育督导研究著作是多么稀少，即便是已经发表的关于学前教育督导的论文也并不多见，由此足见刘昊这本著作出版的意义与价值。

《学前教育督导评估——国际比较与本土思考》一书在撰写的过程中，参阅了大量的国内外研究资料，运用了比较研究、政策分析等方法，对学前教育督导的功能、政策路径、督导主体、督导手段、督导形式、督导内容、督导方式方法以及督导心理等问题，进行了深入的分析与探究。它的出版不仅将会丰富我国教育督导研究的理论成果，而且对于指导今后我国学前教育督导改革，也具有一定的启示意义与价值。

真诚希望今后有更多的青年学者能够加入教育督导研究队伍中来，共同把我国教育督导研究推向一个新的阶段，以更好地助力我国教育督导事业的改革与发展，更好地发挥它对教育事业发展的保驾护航作用。

苏君阳

2020年8月19日

于北京师范大学教育管理学院

目 录

第一章
学前教育督导两种功能的矛盾与协调

第一节 监督与指导的矛盾

一、两种功能：监督与指导

汉语的“督导”，是由“督”和“导”两个词素组合而成的复合词。这样的词语结构自然地蕴含了教育督导的两种功能：“督”即指监督、督促，“导”则指引导、指导。我国现行与教育督导制度有关的各种规章制度中，都体现出这两种功能。1986年国家教育委员会等部门《关于实施〈义务教育法〉若干问题的意见》指出，全国和地方逐步建立教育督学（视导）机构，负责对全国或本地区范围内义务教育的实施进行视察、督促和指导，处理有关问题。1991年颁布的《教育督导暂行规定》明确，教育督导的任务是“对下级人民政府的教育工作、下级教育行政部门和学校的工作进行监督、检查、评估、指导，保证国家有关教育的方针、政策、法规的贯彻执行和教育目标的实现”。在实际工作中，我国很多地方教育督导部门也把“指导”视为自身的重要职能，例如多个地方提出的“需求督导”“支持性督导”等都属此类。

指代督导的英文在《牛津高阶英语词典》中是“inspection”，其原本含义是近距离地考察人或事物，尤其是要检查其是否具有其应有的样子。可以看出，“inspection”不包含指导之意。在教育督导历史最为悠久的英国[①]，其现代

① 英国的英格兰、苏格兰、威尔士和北爱尔兰在教育体制上相互独立，具有各自的历史和特点。其中英格兰的面积和人口居首，其教育督导在全世界是历史最为悠久的。因此，本书以英格兰地区的教育督导体系作为英国教育督导体系的代表。

督导机构——英格兰教育标准局（Office for Standards in Education, Children's Services and Skills，简称Ofsted）在成立之时，时任内政大臣的肯尼思·贝克向首相撒切尔夫人（呈送相关政策建议时说）成立这样一个独立的教育督导机构的目的是"（在教育领域）放一群梭巡的大猫"。[①]显然，被比喻为"大猫"的英格兰教育标准局的首要任务，是监视、威吓、抓出那些不守规矩的"老鼠"，而不是指导他们。不过近些年来，不少西方国家在界定其教育督导系统的使命时，开始把"学校改进"纳入了进来，体现出了"指导"的功能。例如以下各国教育督导的定位[②]：

> 爱尔兰教育督导：使命在于促进学校的自我评估，支持学校的发展，以及整体教育系统的改进。
>
> 瑞典教育督导：目标在于确保所有学生在安全的环境中接受优质教育的权利。它期望改进被督导学校的质量，为整个教育系统的改善贡献力量。
>
> 荷兰教育督导：旨在改进学校，朝向优质教育的方向前进。

在一些发展中国家，督学也被赋予了两种使命，如：特立尼达和多巴哥的小学督学的职责中，既包括"督察学校确保其有效地执行教育政策"，也包括"就现代的教学方式、技术和技巧提出建议"；坦桑尼亚的小学督学的工作职责中也有类似的表述，如"督察对于政府的教育政策和制度的实施情况"与"在适当的时候和地点对教育提出建议"。[③]

我国有学者指出："在任何一项督导活动中，'督'不是单独的、纯粹的督，而是一种伴有指导活动的'督'；'导'也不是单独的、纯粹的导，而是一种伴

① LEARMONTH J. Inspection：What's in it for Schools？［M］. New York：Routledge，2000：33.

② EHREN M C M. Methods and Modalities of Effective School Inspections［M］. Dordrecht：Springer，2016：12.

③ DE GRAUWE A，CARRON G. Roles and Functions of Supervisors：Module 2［M］. Paris：International Institute for Educational Planning，2011.

有监督活动的‘导’”。[①]国外学者在阐述教育督导功能时，通常将其划分为控制（control）、改进（improvement）、联络（liaison）三种，其中的“改进”与指导是基本同义的。今天欧洲各国的督导体系采用了多种形式来发挥这一功能，其中既包括在督导后提供总体性的反馈建议，也包括一些更具体和个性化的方式，如提供个别指导、教师培训、示范性案例等。[②]我国很多教育督导文件中都提到“以评促建”的原则，意即通过具有督查性质的评价来促进学校教育质量的提升，这实质上也是在肯定“监督”和“指导”这两种功能的统一关系。

如果深入考察，会发现“督”和“导”在实践中并非浑然一体、天然地并行不悖，二者之间存在着一定的矛盾。

历史上，无论是在中国，还是西方国家，教育督导的本初功能都只是“督”，“导”则是后来才逐步加入进来的。例如中国近现代教育督导制度发源于清末的“视学”制度。1909年颁布的《视学官章程》规定，视学的职责在于发现办学中的问题，或劝导办理，或要求当地提学使改正整理，或要求该省提学使、省视学以及有关教育官员督察，或与当地官员商量撤换有关责任人。显然，这些职责中并不包含对地方办学机构的具体指导。直到1931年颁布的《教育部督学规程》中，才把“视学”正式改为“督学”，并建立了辅导制度，这标志着我国教育督导制度从只“视”不“导”，发展到了既“视”又“导”。[③]而西方国家，尤其是欧洲各国，将促进学校改进列为教育督导的功能之一，是20个世纪后期之后才开始的。[④]因此有学者总结说，“督”是督导的本体职能，“导”则是它的派生物。[⑤]

---

① 苏君阳. 教育督导学［M］. 北京：北京师范大学出版社，2012：2.

② EHREN M C M. Methods and Modalities of Effective School Inspections［M］. Dordrecht：Springer，2016：11.

③ 黄崴. 教育督导学［M］. 北京：中国人民大学出版社，2011：26.

④ EHREN M C M. Methods and Modalities of Effective School Inspections［M］. Dordrecht：Springer，2016：11.

⑤ 孙玉洁. 国外教育督导职能的历史演变及其启示［J］. 沈阳师范大学学报(社会科学版)，2003(4)：82-86.

近年来，国外一些试图把“导”与“督”融为一体的实践，或多或少地陷入了两难的困境。一些文献发现并探讨过这一问题，加齐尔在1979年发表的一篇文章中，探讨了这两种功能的冲突。一是角色的矛盾：在“督”的时候，督学作为官僚体系的一分子，关注的是学校的一致性、服从性、工作效率，是任务导向的；而在“导”的时候，督学作为一名专业人员，关注的是学校的独特性、变动不居的具体情况，是以人的发展而非任务为导向。二是领导方式的矛盾：与“督”相适应的是一种威权、强势的领导风格，而与“导”相适应的则是民主、仁慈的风格。①一些学者将这些冲突称为“督—导困境”②“权力—影响力困境”③或“专家—官僚困境”④。在后来的文献中，笔者也时常能见到对两种功能之间矛盾的探讨。有学者指出督学同时承担两种职能时所感受的巨大挑战，在试图协调二者时遇到的理念和技术上的困难。⑤有学者则指出督学一方面要“毫无畏惧和偏向地实施督查”，另一方面又要和学校进行“专业”对话以提升质量，这种双重任务让很多督学感到矛盾和纠结。⑥还有学者则直截了当地指出：“当评价报告中包含了太多具体详尽的指导建议时，或者当某个国家由一个机构同时担负质量评价和质量支持的职责时，督学在考责和学校质量改进之间就会出现不平衡。这种情况会导致督学所评价的是自己所提出的建议，还可能

---

① GAZIEL H H. Role Set Conflict and Role Behavior in an Educational System：An Empirical Study of the Israeli General Inspector of Schools［J］. Journal of Educational Administration，1979，17(1)：58-67.

② JONES A W. The Inspector at the Crossroads［J］. Journal of Educational Administration，1973，11(1)：33-42.

③ LUCIO W H，MCNEIL J D. Supervision：A Synthesis of Thought and Action［M］. New York：McGraw-Hill，1968.

④ CORWIN R G. Professional Persons in Public Organizations［J］. Educational Administration Quarterly，1965，1(3)：1-22.

⑤ DE GRAUWE A，CARRON G. Roles and Functions of Supervisors，Module 2［M］. Paris：International Institute for Educational Planning，2011.

⑥ BAXTER J. School Inspectors：Policy Implementers，Policy Shapers in National Policy Contexts［M］. Dordrecht：Springer，2017：4.

导致学校过于依赖督学而损伤改进教育质量的内部动力。”①

二、监督功能与指导功能的矛盾表现

1. 评价内容和方式差异

评价是实施教育督导的核心手段。功能定位不同，评价的取向、内容、方式也就存在差异。旨在督查的评价主要是对办学条件、办学行为是否合乎一定的标准而作静态、横断面式的鉴定。这种评价的取向偏向于自上而下、终结性的评价，评价者和被评价者之间是纯粹的评价主体与评价客体的关系，需要采用“局外人”的视角以确保评价客观、准确。而旨在指导的评价，则需要从办学行为的连续性、形成性出发，评判其中存在的优势和不足。这种评价需要采用“局内人”的视角，使评价者与被评价者构成双主体关系，了解优势和不足背后的原因，以实施有效的指导。

（1）评价内容。

用于督查的鉴定性评价，无须面面俱到地考察办园行为的所有方面，只需抓住关键的、有代表性的、典型性的事项，即可收到以点带面的效果。有关学前教育质量的研究表明，一些质量要素对其它要素能够发挥中介或调节作用，是关键的“牛鼻子”，透过它们能管中窥豹地了解一所幼儿园的整体教育水平。②在实践中，一些有经验的督学在进行综合督导时，往往能够通过幼儿园的一些“蛛丝马迹”很快地对其整体质量水平作出基本准确的判断。但是旨在指导的评价，选择的内容就不能以点带面，需要对办学的各方面进行全面、细致的评价，依靠具体、深入的了解，为幼儿园找到适宜的改进策略。

---

① JANSSENS F J G，VAN AMELSVOORT G H. School Self-Evaluations and School Inspections in Europe：An Exploratory Study［J］. Studies in Educational Evaluation，2008，34(1)：15-23.

② ANDERSON L M，SHINN C，FULLILOVE M T，et al. The Effectiveness of Early Childhood Development Programs：A Systematic Review［J］. American Journal of Preventive Medicine，2003，24(3)：32-46.

（2）反馈的内容和方式。

督查性评价的结果，有时只是一个鉴定性的结论（如“通过”“不通过”，或是评定的等级）；即便给出反馈，也往往是简要地指出优势和问题，但不作具体的阐释。而要真正起到指导作用的评价，则需要相对详细的反馈，并持续跟进。

有经验的督学在面向公众（不仅是社会公众，也包括小范围内的“公众”，如幼儿园的主管单位、家长群体等）时，知道反馈“宜粗不宜细”，也就是只列出粗略的几大点“不足”。在主观上，是不想让非专业的公众感觉问题过多，保护幼儿园的自尊心和积极性；在客观上，则是因为督导的鉴定、督查性质，允许可以相对粗略地进行反馈。

（3）评价指标的设定。

用于督查的评价，可以按照“是什么、达成了何种效果或水平”的模式设定评价指标，可采用量化指标或论断性的语言进行价值论断。而具有指导性的评价，则应按照“怎么做、如何达成预期的效果或水平”的模式设定评价指标，可采用定性的形式、行动性的语言进行价值论断。例如，在某省市的督导指标体系中，对于精神环境提出的指标是“幼儿在园有安全感和信任感，师幼关系和谐”。这一指标显然是从“达成了何种效果”的角度提出的，意思清楚、表述直接，便于进行鉴定性的评价。但是它却没有告诉幼儿园要如何做才能达成这样的效果。将这一指标作下述设定，则可具有指导性：“教师经常有一些微笑、称呼幼儿名字或昵称等积极的情感表达；教师能用表情、眼神、肢体动作以及抑扬顿挫的语言调动幼儿的注意和参与度；教师大多数时候采用正面语言，即便偶尔有严厉的喝止、训诫等消极语言，也能很快缓和；对于遇到困难、有消极情绪的孩子，教师能及时发现并给予适当的关注和鼓励。”

2. 督导评估者角色差异

前文所述的种种差异，也影响着督学在工作中所扮演的角色。国外学者在20世纪六七十年代就探讨过这个话题，陆续提出过一些包含着一系列相对关系的模型。这些模型能够部分反映评估者在分别执行“督”和“导”任务时的角色差异。例如，韦斯将评估者的角色区分为“局内人”和“局外人”两种：作为“局外人”的外部评估者可能提供客观、新颖的视角，但对组织内部的情况不够熟悉；而作为“局内人”的内部评估者可能不够客观，但是却十分了解组织发展的来龙去脉。[①]与其类似，有学者把评估者的角色比喻为“技术员”和“教育者”，前者采用一定的标准和程序进行客观评定，后者在评估过程中对被评估者发挥一定的教育作用。[②]总体而言，他们所区分的角色类似于“督”和“导”。

局外人　　　　局内人

对质量的客观评估者 <——————> 质量改进的参与者

技术员　　　　教育者

图1-1　评估者角色的“连续体”

对于评估者应当更多承担“局外人”和“技术员”的角色，还是更多承担“局内人”和“教育者”的角色，学者间存在着一定的争议。比如有学者认为，评估承担的应当是“控制”的职责，所以评估者要追求客观公正，与被评估者保持一定的距离，避免参与到被评估组织的运作之中。[③]这一派学者把评估者的角色比喻为“仪表盘设计者”，意思是评估者应当事先预想“一辆车”（也就是幼儿园等组织）在未来运行过程中需要获得哪些信息才能确保正确的行进路线，然后通过建立评估标准、借助评估提供反馈信息等方式，让它们能够维持良好的运行，但是评估者不应该亲自参与到“汽车驾驶”中的。但是在一

① WEISS C H. Where Politics and Evaluation Research Meet［J］. Evaluation Practice，1993，14(1)：93-106.

② GREENE J C. Dialogue in Evaluation：A Relational Perspective［J］. Evaluation，2001，7(2)：181-187.

③ WHOLEY J S. Managing for Results：Roles for Evaluators in a New Management era［J］. American Journal of Evaluation，2001，22(3)：343-347.

些社会变革思潮的影响下，一些学者开始认为任何评估行为都属于社会变革实验的一部分，所以评估者本人也应当把自身视为变革的参与者，应当以“局内人”的身份对被评估组织的运行发挥积极的影响作用，他们不仅要关注评估本身，更要关注评估结果的使用。20世纪90年代，随着教育评价理论的发展，还有人提出了参与式评价（participatory evaluation）①、赋能式评价（empowerment evaluation）②等模式，主张评价要参与到质量改进的过程之中。正是在这一时期，一些国家和地区的教育督导当局逐渐把“促进学校质量提升”纳入自身的功能定位之中。

然而必须看清的是，学者们讨论的焦点在于不同角色的取舍，也就是图1-1的“连续体”中角色会相对地偏向哪一个极端，而不是要把两种角色有机地合二为一。对于二者的差异，学者们从学理上、逻辑上作出了清晰的区分，强调不能将其混为一谈。尤其是在实际督导工作中，当评估者不得不同时承担两种角色时，有不少学者提醒要对两种角色的不同性质和工作方式对素质技能要求的差异保持清醒，必须认识到两种角色并不是天然地琴瑟相合的。为了避免陷入二者纠缠不清的困境，一些学者提出：“质量提升的主动权永远是属于学校本身的。除非学校提出了要求，督学应当把角色限制在其核心的任务（即监督、外部评价）之内。督学行使的是双轨的两项任务，二者的区分是严格而明确的：一个是考责取向的轨道，一个是发展取向的轨道。”③西方还曾有学者用“beard”一词来说明把“评估者”和“改进者”角色相混淆所带来的道德困境。④所谓“beard”，是指为了掩人耳目而陪同男同性恋者出席公共活动的女伴，有时也指

① COUSINS J B，WHITMORE E. Framing Participatory Evaluation［J］. New Directions for Evaluation，1998，80：5-23.

② FETTERMAN D M. Empowerment Evaluation［J］. Evaluation Practice，1994，15(1)：1-15.

③ VANHOOF J，VAN PETEGEM P. Matching Internal and External Evaluation in an Era of Accountability and School Development：Lessons from a Flemish Perspective［J］. Studies in Educational Evaluation，2007，33(2)：101-119.

④ MARK M M. Toward Better Understanding of Alternative Evaluator Roles［J］. Exploring Evaluator Role and Identity，2002：17-36.

陪同年轻女子去跟老年男情人幽会的假男友。该学者论述道，当评估者过多地把自己视为“局内人”，与被评估者建立了过于亲密的关系时，他在承担局外评估者的角色时，就难免会不自觉地忽视甚至掩饰其缺陷和不足，使自己陷入难以真正行使评估者职能的尴尬境地（“beard”）。这真是一个话糙理不糙的比喻。

第二节　监督与指导之间矛盾的根源

一、人性假设：消极人性假设与积极人性假设

就本质而言，教育督导是国家对教育实施的一种行为控制活动。这种控制活动背后隐含的是这样的假设：如果不进行外部的监管、督查，教育活动实施的主体就不会很好地完成工作。这种“性本恶”的人性假设，是很多管理学理论的逻辑起点。这些理论认为，大多数人是懒惰的、不喜欢负责任的、缺乏理智、难以克制私欲的、面对利益时倾向于逐利忘义的。[①]教育督导制度的强制性、周期性设计，同样源于这一根本假设。就此假设而言，“督”是具有本质属性的功能，而“导”则是随着教育督导的发展逐渐发展出来的衍生功能，这从前文所述的教育督导的发展历史上也能看出。

但须注意的是“导”这一衍生功能的发挥，却需要建立在与“督”不同的人性假设之上：由于教育活动是一种主体性活动，因此从事教育活动的人须具有追求高水平、高质量教育的意愿和能力，而教育的质量和成效最终将取决于此。此外，由于教育活动具有高度的复杂性、现场性，任何外部的控制，都需要通过提升教育活动主体的意愿和能力来发挥作用。

---

① 方振邦，徐东华．管理思想百年脉络：影响世界管理进程的百名大师［M］．北京：中国人民大学出版社，2012：115.

在实践中，督学进行督导工作时出现的“纠结”，也正是源于上述两种相反的人性假设。一方面，入校、下园去督导，从根本上是源于对从业者的教育责任心和能力缺乏信任；另一方面，在实施具体督导工作时，却又不得不“苦口婆心、谆谆教诲”，寄希望于学校在督学不在场时，也能够按照一定的标准施教。2019年6月，教育部印发了《幼儿园责任督学挂牌督导办法》，要求为每一所经审批注册的幼儿园配备责任督学，并实施不少于每月1次的“经常性督导”。如此高密度的督导，充分体现了政府对于规范幼儿园办园行为的良苦用心。但是这一制度设计也进一步强化了消极人性的假设：似乎只有进行高密度的近距离控制，才能确保办园者依法依规、科学办学。但问题是，在这样的假设之下，多高的控制频率才足够呢？

二、工作属性：行政属性与专业属性

教育督导具有行政和专业的双重属性。[①]行政属性是指教育督导是由法定的行政机构所实施的行政管理活动。它具有法律上的明确规定，具有法律效力。此外，教育督导是政府实施教育管理的方式。教育督导的各种工具、手段和方法以及督导评估结果等发挥作用的最终目的，是要对各个办学主体施加行政影响，从而按照国家意志调配资源，实现国家的教育目的。专业属性是指教育督导是一种专业的教育活动，要运用教育领域的专业知识和技能，按照教育的规律行事。教育督导的这两种属性是相互交织在一起的，在实践中都不可忽视。如果只看重行政属性而忽视了专业属性，就会导致违背教育规律、损伤专业人员积极性并最终损害教育质量的后果。而如果只看重专业属性而忽视了行政属性，又可能导致政府调配资源的意志无法得到顺利的实现。就“监督”和“指导”两种功能而言：前者更多具有行政属性，担负着落实国家教育方针、贯彻政府意志的职责；后者则更多地具有专业属性，需要遵循教育自身的规律，且

① 行政本身也是一门专业，将二者并列并不是要矮化行政工作的专业性。与行政相同的词语采用“学术”“学术性”而不是“专业”可能更为贴切，这里仅是从与教育关系的远近而作的区分和表述。

不以人的主观意志为转移。

不同属性的工作集中于督学身上，便引发了身份的矛盾。以行政属性来考察，督学作为教育管理体系中的“基层官僚”[①]，必须服从上级的意志，贯彻上级意图。督学在实施督导时，是代表行政机关履行必须履行的义务和必须完成的任务，因此具有不可处分性。也就是说，教育督导部门和督学必须严格依照法律法规所规定的内容和程序行使督导职责，不得随意增加、减少、转让、变更或歪曲任何形式的督导处理。[②]但从专业属性的角度看，督学又是专业工作者，需要根据教育规律进行独立的、批判性的思考和判断。教育领域专业知识的持续创新性、教育情境的复杂性，都要求督学在实施指导时必须基于专业知识的进展、督导对象的实际情况，进行自主的研究和判断，而不是墨守成规地执行既定程序。

三、督学权威：行政权威与专业权威

“监督”和“指导”这两种功能分别赋予了督学两种不同属性的权威——行政权威和专业权威。在担任“督”的角色时，督学具有国家法律制度、规则和命令所赋予的行政权威。行政权威具有不对等性，主体和客体是上下关系，被督导的客体居于弱势地位，有义务接受监督和检查并遵从指示和命令。行政权威还具有强制性，行使的方式主要是强制推行法令，违反者将会受到相应的制裁。教育督导机构在执行法律法规和政策时，可以采取命令、指示、规劝、训诫等方式。而“导”的角色则并不必然带有行政权威，更多体现为专业权威。专业权威是在督导客体对主体的专业知识、技能、专业精神及价值观的认同的基础上形成的。与行政权威相反，专业权威具有明显的非强制性、平等性的特点，不是由国家权力所赋予的，而是基于督学个人的威望、威信、学识、魅力。

---

① BAXTER J. School Inspectors：Policy Implementers，Policy Shapers in National Policy Contexts［M］. Dordrecht：Springer，2017：12.

② 苏君阳. 教育督导学［M］. 北京：北京师范大学出版社，2012：271.

其影响力大小不仅取决于督学本人是否有意发挥，更大程度上取决于被督导者的接受与否。①

在督导实践中，督学所具有的两种权威总是不可避免地相互交织在一起。当两者不相协调时，更加强势、显性的是行政权威，专业权威则很容易被其覆盖，甚至沦为幌子、充当门面。正如一些学者所言："无论学校和督学之间建立了多么信任、平等的关系，当发生意见冲突时，最终权力在哪一方都是毫无疑问的。"②在实践中我们常常可以看到，即便园长、教师内心并不认同督学提出的指导意见，但仍然会无条件地（至少是表面上）遵从、执行，这就是督学的行政权威在起作用。

如果一位督学在工作过程中过度地依赖行政权威，就会销蚀教育工作的专业性，使其降格成一项被动执行的事务性工作，这是有极大危害的。所以，必须警惕行政权威的滥用。这不仅是针对督学个体而言，整体的督导制度、操作程序都须将此纳入考虑。比如：英格兰教育标准局就明确规定，督学不得向学校指出具体的改进措施，只需客观描述其存在的问题、不足，即便提出建议，也只是原则性、方向性的。当然，这样的做法似乎有绝对化的嫌疑，但是它体现出的导向是值得借鉴的。那就是要警惕行政权威的滥用，防止督学以个人经验禁锢各个学校的自主性和灵活性，引发"隧道视觉"的后果。

---

① 李宜侯．我国教育督导学术权威缺失及其构建研究［D］．重庆：西南大学，2010.

② MACBEATH J，MCGLYNN A. Self-evaluation：What's in It for Schools?［M］. New York：Routledge，2004：31.

第三节　监督与指导功能的协调

一、二者关系辨析

要在实践中理顺“督”和“导”的关系，需要先从学理上对二者的关系予以辨析。首先要看到，“督”和“导”之间并不是简单的彼此独立、此消彼长的关系。二者一旦同时出现，会不可避免地交织在一起，并造成了前文所述的种种冲突和矛盾。就二者的交叉关系而言，经常可以看到“督包含着导”“导包含着督”两种说法。下面逐一辨析。

1. 对“督包含着导”的辨析

这一说法认为，“督”本身就能够发挥“导”的作用，“督”是“导”的手段。要辨析这一关系，首先应对指导的功能进行方式和层次上的区分。

从方式上看，指导包括直接指导和间接指导。直接指导就是直接为幼儿园提供具体的咨询、建议、辅导。间接指导则是指除直接指导之外能够起到指导作用的其他行为。例如，制订并发布一套督导评估指标，为幼儿园提供间接的方向性引导。再如，基于对督导评估数据的分析，客观地描述并反馈幼儿园教育教学现状，这里的反馈即便不包含措施建议，也是具有间接指导性质的。

从层次上看，指导既包括在幼儿园办学层面的微观指导，也包括在区域教育资源配置和管理层面上的宏观指导。督导部门与其他行政管理部门、教研部门、培训部门共享督导结果，为这些部门进行教育资源的配置、制订教研和教师培训工作计划提供实证依据，便是涉及了不同层次的指导。

不难看出，“督包含着导”这一观点中所谈的“导”，更多是以间接指导、宏观指导为主，而不是直接指导、微观指导。

2. 对“导包含着督”的辨析

这一说法认为，指导也能够取得“督”的效果。其逻辑在于：由于实施指导的人即督学所具有的行政权威，客观上能够鞭策、激励被指导的幼儿园按照相关要求努力做好工作。因此，相比一般的教育评价，教育督导评价更多地具有督促和激励的作用。这是由教育督导的行政属性所决定的。

但正如前文所述，上述逻辑没有区分督查者和指导者的不同角色以及两种角色所具有的权威性质，容易导致滥用行政权威的倾向，以及督学以个人经验限制学校办学自主性和灵活性的“隧道视觉”现象。这些都是必须警惕的。

二、二者关系的处理：他山之石与本土思考

总之，在理解“督”和“导”的关系时，首先必须承认和正视它们之间存在的矛盾和冲突，然后才可能在有限的范围内寻求二者的协调。结合我国的实际情况，借鉴其他国家或地区的做法，笔者有一些粗浅的建议。

1. 强化“督”的功能，在“导”中突出间接指导和宏观指导，弱化直接指导和微观指导

就我国学前教育督导的现状而言，在一定范围内、一定程度上存在着重“导”轻“督”的倾向，很多地方提出支持性督导、需求性督导等模式，努力为幼儿园提供所需的支持和专业辅导。这些情况表明地方督导部门急于作为的进取态度，具有积极的一面，但是背后也隐藏着深层次的危机。

首先，模糊“督”和“导”的功能定位、过于重视“导”的工作，进一步弱化教育督导部门本就不够强势的地位，削弱行政权威。“导”的功能须更多借助于专业咨询、专业辅导等软性机制，需要指导者与被指导者平等对话、民主协商。而“督”则要发挥行政权威，要求督导对象遵从指示和命令。就我国督导的现实情况而言，较为突出地存在着督导部门缺乏独立地位、权力软化、权威性不足等问题。[1]要想更好地发挥“导”的作用，必须充分落实好“督”这一本体职能。

① 苏君阳．我国区县教育督导体制的现状、问题及对策．国家教育行政学院学报，2008(4)：59-62.

其次，可能进一步加剧功能定位的模糊混乱。功能定位模糊是我国教育管理体系中的顽疾之一，部门职责交叉重叠，相互协调不足。这种情况在根本上源于各个部门的法定责任划分过于抽象，尤其是在部门间交叉事务上很少作出具体、明确的界定。其结果是，要么“三个和尚没水喝”，要么政出多门导致“$1+1<2$”效应，为基层带来不必要的负担。我国很多地方的幼儿园每年所接受的各种检查、评比、督查，种类繁多、名义迭出，令人应接不暇。这在很大程度上是因为部门职责不清、交叉重叠和权力边界模糊所导致的结果。督导部门聘任的督学，绝大多数由一线的优秀园长、校长兼任，他们本职工作繁忙，而且往往同时受到多个部门的聘任和委派，只是在执行不同任务时换了个头衔。“千条线一根针”的结果是任务繁多的兼职督学们选择“聪明”的做法——把各种任务做合并同类项处理，力求一举多得。这就更加剧了部门职责的不清、“督”和“导”角色混乱的情况。

最后，可能进一步影响业绩取向。我国行政系统对官员的政绩考核评价往往追求“亮点、创新”。它是影响督导部门对于“督”和“导”选择偏好的重要因素。“督”侧重于防风险、守底线，不太容易凸显工作成绩。事实上，一旦什么时候“督”的方面引起了社会大众和上级部门的关注，反而说明工作中出了问题。而“导”则更容易出亮点、出创新、出“彰显度”。对比二者差异，就不难理解为什么一些有想法、有干劲、有能力的领导更愿意在“导”的方面多下功夫。在追求“亮点”的风气之下，一些地方的督导部门在“导”的时候会不自觉地把精力放在质量本来就比较好、更容易出“成果”的幼儿园上，却忽视那些更需要指导的薄弱幼儿园。这种“顾上不顾下”“掐尖不保底”的做法，实质上违背了教育督导部门的职责定位。

因此，在探讨教育督导体制的时候，很重要的一点是要把它视为更宏观的教育治理体系的一部分。这个体系是由诸多不同的部门共同组成的，部门之间要有相对明确的分工和职责边界。而为教育督导职责设立边界，要明确“有所为、有所不为”的要求。首先是进一步加强“督”的功能，赋予其应有的强制性、权威性。而对于“导”，则应当把首要的精力放在间接指导、宏观指导上。在微观指导的层面上，更应“有所为、有所不为”，可以通过负责微观指导的其他部门发挥作用，比如加强与教研部门、教师培训部门的合作，推动信息共享、督导结果共用，间接地发挥指导功能。

从世界范围看，一些国家和地区正逐步地把“督”和“导”进行剥离，一个典型的例子是英国的教育督导对于“改进”职能的界定。

英格兰教育标准局虽然一直把改进教育质量作为重要的管理功能之一，但是对于如何发挥这一功能，英格兰教育标准局和其他更直接地担负改进职能的机构（如培训机构、教育咨询机构）之间是何种关系，长期以来在该局的文件中是语焉不详的。2012年之前，英国的督学是可以为学校提供咨询服务的，换言之，英格兰教育标准局是默许督学可以为学校开展指导服务。但是在2017年9月发布的《2017—2022发展规划》中，英格兰教育标准局就自身的职责进行了明确的阐述：“教育标准局是促进教育质量改进的力量之一。”但是要如何达成这一使命呢？该文件进一步指出：“我们通过开展督查和规范办学来达成这一使命……教育标准局不是，也不寻求成为一个‘指导机构’，这一职能应该由工作在一线的人来担负。”①可以看到，英格兰教育标准局将其直接职能限定在自上而下的监督上，而将质量改进作为监督活动的间接效果。或者可以更简单地理解为，它立场鲜明地把“监督”和“指导”进行了泾渭分明的区分，是要通过“监督”来告诉学校应该改进的方向，但无意参与学校实施改进的具体过程。②实施类似管理的还有新西兰。该国于1989年成立了教育督导办公室（the Education Review Office），其职责说明中明确指出，只关注监督控制，不实施具体指导。

---

① OFSTED. Ofsted Strategy：2017 to 2022［R/OL］.（2017-09-29）［2022-07-29］. https://www.gov.uk/government/publications/ofsted-strategy-2017-to-2022.

② 刘昊，王建平，余海婴. 英格兰基础教育督导的困境及应对［J］. 比较教育研究，2019，41(11)：66-71.

2. 基于两种功能的差异，进行差别化制度设计

基于“督”和“导”在督导评估的取向、内容、方式方法上的差异，有必要对其进行差别化设计，而不应简单地假设二者是天然和谐的。

第一，在人员安排方面应有所区分。实施督查的人员和用于指导的人员，应当有所区别。即便在人力资源不足以建立两支独立队伍的情况下，也应当尽力避免同一个或同一组督学对同一所幼儿园既承担“督”又承担“导”的情况。这样既增进“督”的客观性，也确保“导”的责任能够落实到位。

这方面的一个例子是美国各州对幼教机构进行督导的“质量评级与促进系统”。美国各州政府组织依据该系统对幼教机构的质量进行评级、提供专业指导，向社会公布结果并根据评价等级为其提供资金激励。自20世纪末启动以来，它已成为美国各州保障学前教育质量的普遍举措。在设计和各州实施该系统时，负责评估鉴定的人员与负责指导咨询的人员须加以区分，两项职能之间具有明确的分野。

以加利福尼亚州为例，该州的“质量评级与促进系统”把参与工作的专业人员分为四类：评估员，负责审查档案材料；外部评分员，负责使用学术性教育质量评估工具进行现场评分；监控员，负责对机构进行督查，确保其保持了稳定的质量；专业辅导员，负责支持机构制订质量促进计划。可见，前两类人员的职责主要在于督导评估，而后两类更侧重于咨询辅导。

另一个例子是我国台湾地区的教育督导制度。我国台湾地区有“视导”和“辅导”两个体系，担负着不同的职能：前者为监督和行政视导，后者则重在教学辅导。有学者指出，我国台湾地区的视导体系具有自上而下的特征，辅导体系则更多是自下而上的。①各县市教育局中设立督学室，其中的国民小学教育视导组负责所辖区域内幼儿园的视导，负责监督各公立、私立幼儿园的行政、经费以及教育情况。具体而言，在县市层面，督学负责视导的内容包括：

① 王璐. 教育督导与评价制度比较研究［M］. 北京：人民教育出版社，2018：430.

（1）关于教育法令之推行事项；（2）关于乡镇教育行政事项；（3）关于学校教育及行政事项；（4）关于社会教育事项；（5）关于学校教育经费事项；（6）关于教育人员服务及考核事项；（7）关于上级主管教育机构交办事项；（8）其他应行视导事项。同时，各县市还普遍建立了“教保辅导团”制度，为幼儿园的教育教学提供具体的指导。如2012年的《台中市幼儿园教保服务辅导团设置要点》规定，辅导员采用如下方式进行辅导：（1）辅导与教学。依学校需求实施访谈咨询、专题演讲、课程规划、个案讨论、教学演示等，并进行座谈与经验分享，协助教保服务人员解决各项疑难问题。（2）研发与推广。办理教材研发工作、搜集教学资源及介绍、推广优良教学法，供幼儿园教保服务人员教学参考。（3）入园服务与访视。辅导员以巡回辅导之方式进入园所实地了解教学状况，并针对行政管理、教学活动、卫生环境提出建议，以期能促进教学正常化。（4）咨询与辅导。透过入园服务，提供相关咨询服务，并透过电话咨询及辅导员电子信箱等咨询方式办理。（5）自我评鉴与省思。每一学年由各辅导员提出年度工作报告与自我省思与建议，提供下一年度工作计划之参考。（6）追踪与辅导。依据先前入园服务与访视之园所改进记录，组成辅导团研发会，针对特别需要改善之园所进行追踪辅导。（7）资讯与传播。幼教资源网站资料之维护与更新，最新法令规章之公告。

再如澳大利亚对幼教机构的督导，其不仅重视“督”（通过对幼儿园进行评级并面向大众公布结果来实施），也重视对幼教机构的专业支持。承担两种职责的人员是不同的：前者为负责评估的“授权官员”（Authorised Officer，一些地方也有别的叫法），职责是“掌握监控、考察、评估、撰写报告的技能，并且能保持评价标准的一致性”，集中于评价本身，而不包含对幼教机构的指导；后者作为专门部门的专门人员，负责提供专业辅导。

第二，对“督”和“导”的评估指标、方式进行差异化设计。

美国加利福尼亚州的“质量评级与促进系统”分别开发了两套指标，其中“混合分层指标”(hybrid matrix)用于督查评价，而“质量持续提升路径”

（Continuous Quality Improvement Pathways）主要用于幼教机构的自我评价以及对其的指导，二者既有重叠也有不同之处。①如表1-1所示：

表1-1 美国加利福尼亚州“质量评级与促进系统”的两套指标

核心领域	用于督导评估的指标：混合分层指标	用于指导咨询的指标：质量促进持续路径
核心领域1：儿童发展和入学准备	（1）儿童观察评价 （2）儿童发展和健康筛查	（1）婴儿、学步儿学习基础与课程框架 （2）加州早期学习的社会情感基础协同框架 （3）健康与营养、体育、活动
核心领域2：教师与教学	（3）主班教师教育水平与专业发展 （4）使用《课堂互动评估系统》（Classroom Assessment Scoring System，简称CLASS）的评估	（4）教职工专业发展计划 （5）使用《课堂互动评估系统》（CLASS）或婴儿、学步儿照料机构评估量表（PITC量表）的评估
核心领域3：教育环境	（5）使用“环境评估量表”（ERS）的评估 （6）生师比和班级规模 （7）主管资格与专业发展	（6）使用“机构管理量表”或“业务管理量表”的评估 （7）家庭参与 （8）“加强家庭（Strengthening Families™）”的五项保护性因素

3. 树立以人为本的管理思想，重视对幼儿园自我评价与自我改进的指导

传统的管理思想（如泰勒的科学管理理论）忽视生产者的社会属性，只是片面地强调组织任务，后来梅奥的人际关系理论、巴纳德的均衡理论则开始强调人的因素，德鲁克提出目标管理理论，强调对生产者的自主性的激励和自我管理，才真正把个人目标与组织目标统一到一起。教育是一种主体性活动，只有尊重实践者的主体性、自主性，才能从根本上保障教育质量。因此在教育管

① 之所以称为“混合分层指标”，是因为该指标体系综合采用了“整体过关式”和“综合评分式”两种方式进行评级。“整体过关”就是机构必须符合所有指标，才能获得该评级，也就是所有指标都是拥有“一票否决权”的，此种方式往往用于最低一级的评级；“综合评分”是把各项得分相加，按照总分高低划分等级。在本书第七章将对这些形式作具体分析。

理中，树立以人为本的管理思想是必然的要求。

教育督导属于教育管理活动，当然必须关注办学者和教师的主体性、自主性，无论是“督”还是“导”，都应把它视为最终的落脚点。在“督”中，应当聚焦于办学者和教师是否能自觉地依法依规、自主地发挥创造性。而在这一焦点的外围，对具体办学行为的细枝末节是否“督”、如何“督”，则可依据“焦点”作出适当的取舍。英国在2019年新修订的学前教育督导标准中，对有关领导和管理的部分重新进行了界定，进一步强调了管理者的专业领导力，突出的是对课程领导力或教学领导力的考察。①英国督导标准的这一变化，体现了对幼儿园自我发展能力的重视，可以说切中了“发展性督导”的实质。

“导”也应当以提升办学者和教师的自主意识、自主能力为旨归。这是能让指导产生可持续效果的重要途径，也是摆脱过于依赖外部监督的管理逻辑的举措。在不少欧洲国家的教育督导中，“督”和“导”之间的融合是通过学校自评这一重要的中介机制实现的。例如，荷兰的教育督导将学校自评的情况作为督导评价的重要方面，即借助对自评的元评价（meta-evaluation）这一督导方式来促使学校自评能力的提升，从而在自上而下的“督”和自下而上的“导”之间寻求平衡，这既保证了政府能有效实施监控，又维护了学校的自主权。②自评是一个重要的话题，本书将在第五章进行讨论。

4. 提高督学对自身权威的敏感性，并采用适宜的指导方式

督导工作兼具行政和专业两种属性，实际工作中督学同时具有行政和专业两种权威。如果不能有意识地区分这两种属性和两种权威，就会导致很多负面的后果。一些督学没有意识到自己说出的每一句话都可能被幼儿园当作“金科玉律”，而是出于热心对幼儿园进行十分细致入微的指导，提出很多具体的建

① 刘昊，刘莉. 从英国最新督导标准看学前教育督导评价发展趋势［J］. 外国中小学教育，2019(6)：33-39.

② VAN DER BIJ T，GEIJSEL F P，TEN DAM G T M. Improving the Quality of Education Through Self-Evaluation in Dutch Secondary Schools［J］. Studies in Educational Evaluation，2016，49：42-50.

议。但是这些建议通常只是基于督学个人的经验，不同人的建议往往不同，他们指导得越细，就越容易限制幼儿园的视野、自主性和灵活性。在实践中，我国很多幼儿园面对“一个专家一个说法”的情况会感到无所适从。有的民办幼儿园由于不知道该如何处理迎评过程中不同督学所提出的相互矛盾的建议，再加上迎评所需要的巨大花费，最后不得不放弃了评估。这种令人遗憾的现象提醒我们，督导中的指导区别于一般意义上的专业指导，它有自身的特点和规律，需要遵循特定的原则。

督学们首先应当认识到，自己在扮演督学角色时的指导与作为一般专业人士时的指导是截然不同的。督导不是在自己的幼儿园进行日常巡班，有“局外人”和“局内人”的区别，不可同等看待。在实际工作当中，督学应区分问题的层次，根据实际情况分类施策。在督导过程中发现的问题，可以分为三个层次。

第一个层次：教育理念和原则层次，即教育方针、理念上的原则性错误或与教育法规相抵触的做法。

第二个层次：教育模式和途径层次，即幼儿园基于不同的教育理念所采取的不同的教育模式和途径。

第三个层次：教育策略和方法层次，即在具体情境中所作的教育行为选择。

对于第一个层次的问题，督学当然应当及时指出、坚决纠正。对于第二个层次的问题，需要仔细地审视和判断它是否符合正确的教育理念，符合的要求同存异，而不应僵化地进行限制。对于第三个层次的问题，通常情况下不要轻易发言，而应当允许幼儿园和教师基于自身的实际做出相应的选择，即便存在细微的不当之处，也须给其自行发现问题和修正问题的时间和空间，尊重接纳、静待花开。有关指导的具体策略和方式，将在本书第七章有关督导反馈的内容中作更具体的探讨。

第二章
学前教育督导的政策路径：以评促建

第一节　学前教育督导的供给方路径和需求方路径

一切社会行为的目的和手段之间总是存在着一定的路径。这些路径背后往往隐含着一系列的实现条件，只有满足了这些条件，路径才能“打通”，实现手段和目的的统一。教育督导也是如此，不同国家和地区的教育督导虽然在程序、内容、方法上存在非常大的差异，但教育督导的目的都是提高学校的教育质量，最终造福学生。在我国很多教育督导政策文件中的“以评促建”是与之类似的重要实施原则。但是这一原则远非说说那么简单，“评”和“建”背后的手段和目的之间同样存在着若干潜在路径。要想让督导评估真正地起到促进质量建设的作用，必须厘清这些路径，并基于理论和实际情况作出科学合理的选择，同时努力满足每条路径背后的前提条件。对这些路径的分析有助于更好地判断一个国家或地区教育督导制度是否具有现实有效性、是否合理实施具体的制度设计。

一些国家和地区颁布的教育督导文件以及研究文献已经初步涉及政策路径问题。英格兰教育标准局发布的督导框架性文件指出，督导促进学校质量提升的机制主要包括四个方面：第一，督导为学校办学设立了质量标准，树立了标杆；第二，通过督导对学校办学质量所作的认定，帮助学校树立信心，或者对其提出挑战并激发其行动，提高教育质量；第三，通过为学校提出方向性的反馈、建议，指明改进的方向；第四，通过督导过程中督学和管理者的交流来加强管理者对教育标准的理解，从而提升改进质量的能力。一些学者也曾对督导发挥作用的机制进行过探讨。[①②③]他们从设立标准、提供反馈、进行奖励或惩罚、结果宣传等比较具体的角度，探讨了作用于不同类型学校的督导机制可能发挥的作用及发挥作用的前提。有学者则对美国各州“质量评级与促进系统”的实施方式进行过类似分析。他们在评估俄克拉何马州、科罗拉多州、南卡罗来纳州、宾夕法尼亚州、俄亥俄州五个州实施该系统所取得的成效时，从投入、活动、产出、成果、目标等维度探讨了该系统路径的逻辑模型。[④]

上述文件规定和研究成果均存在一定的不足。政府文件的表述过于抽象和宏观，没有明确说明督导制度发挥作用的逻辑路径和具体机制。而几项研究所探讨的机制主要关注了督导程序上的细节，如督导评估方式方法、反馈形式、结果发布方式等，视角过于微观，也就不能站在相对宏观的视角上描绘出督导制度的逻辑路径。有鉴于此，在上述研究的基础上，本文拟从质量评估制度规约的两类对象出发进行分析，即分别探讨该制度如何作用于作为服务供给方的托育机构，以及如何作用于作为服务需求方的家长，进而尝试描绘一组复合的逻辑路径。采用这种分析思路的原因主要有二：第一，借鉴了组织制度理论的新发展。从实施对象的视角出发来审视制度设计，是近些年来组织制度理论一直强调的原则；第二，考虑了托育服务的特殊性。与一般的服务行业不同，在托育服务中，家长不是单纯的消费者，而是育儿活动的重要参与者、合作者。因此在质量评估制度发挥作用的过程中，家长必然会卷入其中，也成为该制度

---

① EHREN M C M，VISSCHER A J. Towards a Theory on the Impact of School Inspections [J]. British Journal of Educational Studies，2006，54(1)：51-72.

② EHREN M C M，ALTRICHTER H，MCNAMARA G，et al. Impact of School Inspections on Improvement of Schools—Describing Assumptions on Causal Mechanisms in Six European Countries [J]. Educational Assessment，Evaluation and Accountability，2013，25(1)：3-43.

③ JONES K，TYMMS P. Ofsted’s Role in Promoting School Improvement：the Mechanisms of the School Inspection System in England [J]. Oxford Review of Education，2014，40(3)：315-330.

④ ZELLMAN G，PERLMAN M. Child-care Quality Rating and Improvement Systems in Five Pioneer States：Implementation Issues and Lessons Learned [M]. California：Rand Corporation，2008：4.

的规约对象。而托育机构和家长的需求、期待、视角均是不同的，因此有必要加以区分，分别描述其各自的作用机制。

为了便于表述，本文将质量评估制度作用于两类对象的路径分别简称为“供给方作用路径”和“需求方作用路径”，分别探讨该制度如何在这两条路径上发挥作用，才能达成促进托育服务质量提升这一最终目标。

一、供给方路径的两种机制

1. 激励机制

在实施督导时，各国政府通常以督导结果作为资源配置的“杠杆”，根据督导评估结果实施分层管理，如进行相应的奖励或惩罚，借此激发幼儿园提升质量的动力，使幼儿园为通过督导获得较高的评级努力维持或提升质量。这一做法可称为“激励机制”。在此方面的例子有很多，如英国政府对于早期照护和教育机构进行的督导，将督导结果划分为四个水平，对于最低水平即不合格者，取消其接受政府资助的资格。

政府对幼儿园进行激励的方式主要有两种：一种是面向供给方的，即把资金发放给幼儿园；另一种是面向需求方的，即把资金（或教育券）发放给家长。这两种途径各有其适用范围以及发挥作用的前提条件。面向需求方、直接发放给家长资金的途径，与后文将要详细阐述的需求方路径有一些交叉，发挥效果的前提条件也有共通之处。

如前文所言，每一种机制发挥作用都需具备一定的前提。对于激励机制而言，它的前提是：督导对幼儿园具有高利害性，幼儿园明白努力达到督导标准所获得的收益会高于成本（包括机会成本）。高利害性的实现手段，一般有正面和负面两种。正面手段是以资金或其他形式为幼儿园提供奖励，负面手段则是对不能达到标准的幼儿园实施惩罚，如罚款、削减经费、停止享受优惠政策、进行人事调整等。

2. 扶持机制

在很多国家，政府在对幼儿园进行质量评估的过程中，还通过多种方式为其提供一定的专业指导，以增进其质量建设的能力。这种做法我们可称为“扶持机制”。例如，美国各州建立的“质量评级与促进系统”中，很多州会雇用一定数量的专业人员，在评估过程中以及评估结束后，对参与评估的机构提供培训指导，指导内容不仅包括如何迎评，也包含有关日常管理和专业服务的内容。

扶持机制起发挥作用的前提是，督导本身对幼儿园具有“高指导性”。督导评价的内容、程序能够促进幼儿园的自发诊断和改进，幼儿园在督导过程之中或督导过程之外可获得所需的专业资源。

激励机制和扶持机制是相互配合、共同作用的。前者提供动力，后者旨在增强幼儿园的能力。没有激励机制，督导就无法激发幼儿园提升质量的动力，难以充分地发挥影响力；没有扶持机制，就无法对幼儿园形成专业引领，达不到持续提升质量的效果。质量薄弱的幼儿园若长期得不到扶持，会引发强者愈强、弱者愈弱的“马太效应”。两种机制不必同时作用，在资源有限的情况下，一个国家或地区往往会根据实际进行具体分析并决定优先的着力点。

二、需求方路径的两种机制

1. 增权机制

增权机制指通过发布督导结果，让家长能够方便、准确地获知已购买或欲购买服务的质量，从而作出积极或消极的评价、购买与否的选择，并由此反作用于幼儿园，使幼儿园为吸引、延续客户而提升质量。这实质上是将家长视为消费者，通过保证其拥有“用脚投票”的选择权，利用优胜劣汰的法则倒逼幼儿园提升质量。

增权机制发挥作用的基本前提是学前教育市场必须存在较为充分的竞争，使家长拥有“用脚投票”的选择空间。必须注意的是，学前教育市场竞争具有

"地域垄断性"的特点，离家远近往往是家长选择幼儿园的重要因素，质量再高的幼儿园也很难对服务半径之外的幼儿园构成竞争威胁。若想通过强化竞争来保障质量，往往需要学前教育资源在一定区域内达到较为充足的状态。在思考消费者选择行为时，必须摒弃早期经济学那种简单"理性人"假设，要看到心理、认知、文化等多种因素对消费者选择行为的作用——家长对教育质量的重视程度、对何为优质教育的认知、所处的社会经济地位等因素都影响着他们对幼儿园的选择。[①]"增权机制"效能的发挥是十分复杂的，仅靠简单地公布评估结果，往往无法达到优胜劣汰的效果，必须对评估结果公布的对象、方式、内容等作出针对性的设计，并配以宣传、引导等手段。

2. 赋能机制

赋能机制是指在教育督导实施过程中，通过特定的设计，如向家长宣讲督导评估标准、让家长参与督导过程，增强家长扮演教育伙伴角色的能力。在借用市场经济学来探讨教育问题时，应看到教育领域的消费者和其他领域消费者的重要不同：家长并非纯粹的消费者，他们还同时担负着教育伙伴的角色。在一般消费者的监督权和选择权外，家长还拥有参与教育过程的权利。要行使这种权利，家长需要具备相应的能力，比如全面合理地认识教育质量的内涵、了解幼儿园保育教育的理念和方法、能够参与重大事项的讨论等。这些需要赋能机制促其实现。

赋能机制发挥作用的重要前提是要在督导制度的设计中重视家长的主体地位，真正将其视为教育的合作者。在督导实施程序中，为家长预留出充分的知情和参与渠道，让他们有机会通过听取宣传、亲身参与，知晓督导标准，从而树立科学全面的质量观。督导指标也应重视对幼儿园的家园共育工作的考察，督促幼儿园和家庭建立关于教育理念、教育质量观的共识，营造合作共育的氛围。

---

① CAMPBELL J，HANKEY A，SEIDEN J. Can Parental Choice Improve Education for All? [M]// SAHLBERG P，HASAK J，RODRIGUEZ V. Hard Questions on Global Educational Change：Policies，Practices，and the Future of Education. New York：Teachers College Press，2016：13.

前文所述的两条路径、四种机制，共同构成了促进幼儿园质量提升的学前教育督导政策路径逻辑模型。如图2-1所示：

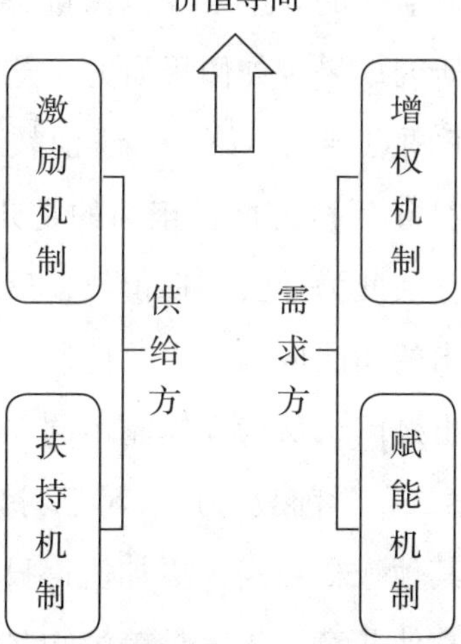

图2-1　学前教育督导政策路径逻辑模型

除图2-1中两条路径的四种机制外，还有一个不可忽视的“价值导向”因素。作为一种行政管理手段，教育督导的重要目的是对有限的资源进行合理配置，引导教育资源向期望的方向流动，实现公共服务效益的最大化。那么，要把资源引向何处呢？这涉及的是督导制度的价值导向问题，是一个国家对学前教育事业性质定位的根本反映，也是决定督导制度成败的根本所在。如果将图2-1所示的逻辑模型比喻为一辆四轮驱动汽车——两条路径所辖的四种机制就像四个轮子一样提供动力，共同驱动督导制度朝向教育质量提升的目标前进。那么价值导向就像方向盘一样，决定了督导制度对教育资源配置的方向，它体现了一个国家或地区的教育督导制度乃至它所代表的整个教育治理体系“为谁服务”的根本方向。

对于上述模型，有如下几点需要进一步说明。

第一，该模型有一定的适用范围。

大体而言，这一模型适用于对幼儿园的财政投入为瞄准型而非普遍型的国家或地区。从20世纪末到21世纪初，西方国家曾经就是否对学前教育进行普遍性投入进行过讨论。在以美国为代表的新自由主义传统市场经济体制下，任何投入都被置于“成本—效益”的天平上加以衡量，该国由此诞生了几个著名的大型学前教育投入效益研究成果（如佩里研究、芝加哥儿童—父母中心研究等）。这些研究主要得出了两点结论：第一，学前教育投入是值得的。它可以带来显著的经济收益，包括正反两方面：正面的是儿童发展达到预期水平后，未来将成为合格的劳动者并由此为社会创造价值；反面的是受教育的儿童在成年后因不参与犯罪而节省出的司法成本，以及他们自食其力所节省的社会救济成本。也有人对这一点提出疑问，认为在体制不同、社会结构不同的国家，上述结论并不一定成立。①第二，学前教育投入对于弱势群体儿童（如少数族裔、贫困家庭儿童）的效益比其他人群更高，更加值得投入。如果让这些儿童“抢跑”几步，就能“追上”其他儿童，代表是美国知名学前教育投入项目“提前开端计划”（Head Start）。包括诺贝尔奖获得者贝克尔在内的一些学者，大力主张政府应当只对弱势群体儿童进行投入。美国政府对学前教育投入的基本政策是：政府负责“托底”，确保对无力购买学前教育服务的最底层儿童群体的照料和教育；而多数人群的需求，则由自由竞争的市场来负责调节供需关系。

只有在采取此种“瞄准型”投入方式、幼儿园办园资金多为社会资本且办园质量参差不齐的国家，才需要设计和实施这套在供给方依靠资金和专业激励、在需求方依靠家长和社会大众反向监督的质量提升体系。美国、澳大利亚、英国的情况皆属此类。而在政府几乎全部承担学前教育财政投入的法国、瑞典、芬兰等“普遍型”投入的国家，学前教育质量保障体系遵循的则是另一套逻辑和路径。

---

① AOS S，PHIPPS P，BARNOSKI R，et al. The Comparative Costs and Benefits of Programs to Reduce Crime：A Review of Research Findings with Implications for Washington State［M］// WELSH B C，FARRINGTON D P，SHERMAN L W. Costs and Benefits of Preventing Crime. New York：Routledge，2018.

第二，两条路径和四种机制在互动中共同发挥作用。

前文所述的两条路径、四种机制，共同构成了督导评估促进幼儿园质量提升的政策路径模型。这四种机制之间并非互不关联的平行关系，而是有着内在的逻辑关联。

首先，激励机制和增权机制同属于动机激发机制。它们的作用都在于唤醒质量意识、提升改进动机，前者的作用对象是幼儿园，后者的作用对象是家长。二者是相互促进的关系：当激励机制得到有效发挥时，幼儿园会为改进质量投入更多资源，也能吸引更多社会资本投入到幼教服务中，进而增加家长的选择权；当增权机制得到有效发挥时，家长会具备更强的质量意识、更自觉地行使选择权，继而能激发幼儿园更加注重提升自身服务质量的动力。

其次，扶持机制和赋能机制都属于能力建设机制，都旨在提高幼儿园和家长的科学育儿能力。幼儿教育的多主体协同性决定了这两种机制是相辅相成的：幼儿园教育能力的提升离不开家长育儿观念的优化和配合，而家长育儿能力的提升也有赖于幼儿园的协助和指导。因此，其中任何一种机制的失效就会损害另一种机制。只有两种机制同时发挥作用，才能促进幼儿园和家长达成理念共识，共同形成协同合作的良好生态，最终实现托育质量的提升。

第三，两条路径上的四种机制并非齐头并进、平均发力。

纵观各国的督导制度可以看到，不同国家对于主要依靠哪种机制发挥作用，选择不同，着力点也不一样。在经济合作与发展组织（Organization for Economic Co-operatin and Development，简称OECD）各成员国所实施的学前教育督导中，供给方、需求方两方面的措施均存在着较大的不同。

就供给方而言，各国基于督导评估的结果所采取的措施大体包括如下几个方面：整改存在的问题、强制管理者接受相关培训、实施后续跟进督导、减少资金扶持、增加资金投入、关停幼儿园或暂停办学资质、将评级结果与管理者的薪资和职位挂钩等。前三个方面在一定程度上具有扶持的性质，后几个方面则更多属于激励机制。不同国家具体实施的措施并不一样，如表2-1所示：

表 2-1　经济合作与发展组织各成员国督导后所采取的措施[①]

国家 / 地区	整改存在的问题	强制管理者接受相关培训	实施后续跟进督导	减少资金扶持	增加资金投入	向社会、家长公布评价结果	关停幼儿园或停止资质更新	将评级结果与管理者的薪资和职位挂钩
澳大利亚	√	√	√			√		√
比利时（荷兰语区）	√		√					√
比利时（法语区）	√	√	√	√				√
智利	√	√					√	
捷克	√	√	√		√			√
芬兰		√	√					
法国	√	√	√					√
德国	√							
意大利	√							√
哈萨克斯坦	√	√	√		√			√
韩国	√		√		√	√		
卢森堡	√	√	√	√				√
新西兰			√					√
挪威								√
斯洛伐克	√	√	√	√			√	√

① OECD. Starting Strong IV：Monitoring Quality in Early Childhood Education and Care［R］. Paris.：OECD Publishing，2015.

续表

国家/地区	整改存在的问题	强制管理者接受相关培训	实施后续跟进督导	减少资金扶持	增加资金投入	向社会、家长公布评价结果	关停幼儿园或停止资质更新	将评级结果与管理者的薪资和职位挂钩
斯洛文尼亚	√	√	√					
瑞典	√		√					√
英国（英格兰地区）	√	√	√	√				
英国（苏格兰地区）	√	√	√					

就需求方而言，是否发布、向谁发布、发布什么督导评估结果，经济合作与发展组织各成员国的要求也不相同，如表2-2所示：

表2-2　经济合作与发展组织各成员国学前教育督导结果发布政策①

国家／地区	强制公开发布	对申请者发布	不发布
澳大利亚	√		
比利时（荷兰语区）	√（幼教机构）	√（照护机构）	
比利时（法语区）	√（总体结果）		√（个体结果）
智利	√		
捷克	√		
法国			√
德国	由幼儿园自行决定		
爱尔兰	√		

① OECD. Starting Strong IV：Monitoring Quality in Early Childhood Education and Care［R］. Paris.：OECD Publishing，2015.

续表

国家／地区	强制公开发布	对申请者发布	不发布
意大利			√
哈萨克斯坦		√	
韩国	√		
卢森堡	√（日间照护机构和家庭式机构）		√（学前教育机构）
墨西哥	√（仅针对强制性机构）	√	
荷兰	√		
新西兰	√		
挪威		√	
葡萄牙	√		
斯洛伐克	√		√（个别结果）
斯洛文尼亚	√（总体结果）		
瑞典	√		
英国（英格兰地区）	√		
英国（苏格兰地区）	√		

不同国家和地区在督导发挥作用的路径和机制的选择上，存在着诸多差异。做出相应选择时，必须基于一个国家或地区的学前教育管理制度、政策导向以及现实条件。我们在下一节将以美国和澳大利亚这两个学前教育督导评估体系发展相对成熟的发达国家为例，对两种路径、四种机制以及价值导向进行具体剖析。

第二节 学前教育督导政策路径及机制案例分析

一、美国的“质量评级与促进系统”

美国的教育管理制度并没有严格意义上的教育督导，但各州实施的学前教育“质量评级与促进系统”在很大程度上都具有督导的性质，在实际上发挥着督导功能。各州政府组织实施的这一系统，会对幼教机构的质量进行评级、提供专业指导，并向社会公布评级结果，然后根据等级为幼儿园提供资金激励。该做法自20世纪末出现以来，发展到今天已成为美国各州保障学前教育质量的普遍举措。截至2020年，已有42个州正式建立了44个“质量评级与促进系统”（其中佛罗里达州除了州一级的系统，还设有郡一级的系统）。

1. 供给方路径

从“激励机制”上看，除科罗拉多州等少数州要求所有幼教机构必须通过最低星级之外，美国大多数州的评级都以自愿参与为原则，并采用非强制、奖励性手段来激励各个机构参与评级。但近些年，越来越多的州要求州政府投资的幼儿园必须参与评级，其中既包括公共投入占比相对较高的佐治亚州、佛蒙特州、南卡罗来纳州、伊利诺伊州、肯塔基州，也包括公共投入相对较低的俄勒冈州、马萨诸塞州、罗得岛州。还有一些州如特拉华州、威斯康星州，要求接受“提前开端计划”资助的幼儿园必须参加评级。

在“质量评级与促进系统”实施的初始阶段，美国各州的激励机制并未充分发挥作用。2012年，全美参与评级的幼教机构仅37000余个。主要原因在于激励手段的吸引力不足。在一项针对美国各州评级系统的评估研究中，超过一半的被调查机构表示，对于评级他们最看重的就是资金激励。[①]虽然很多州都提供了形式多样的资金激励措施，如教职工补贴、奖学金、现金奖励等，但激

① DE MARCO A，YAZEJIAN N，MORGAN J. Evaluation of Mississippi Child Care Quality Stars Program［R］. Jackson：Mississippi Department of Human Services，2015.

励的金额却普遍很低，大多数都处于每年数百美元的水平，只有很少的州能达到数千美元。这些数额与为了维持较高星级所需的投入相比，是远远不够的。以俄勒冈州为例，政府基于质量等级给予幼教机构的资金奖励依机构规模而定，每年500~2500美元，另外还会根据园所规模提供1000~2000美元的质量提升基金。这样的奖励分量到底有多重呢？笔者参观过俄勒冈州波特兰市一所中等规模的机构，它有40~50名幼儿、4~5名工作人员，收费标准如表2-3所示：

表2-3　波特兰市一所幼教机构收费标准

来园天数	每月收费 / 美元
每周2天	620
每周3天	750
每周4天	860
每周5天	980

照表2-3计算，该机构每年的学费收入在40万到50万美元之间。与这一数字相比，区区数千美元的激励金的确显得微不足道。

为改变上述状况，美国近些年采取了“瞄准型”而非平均用力式的激励，将评级的重点放在薄弱机构上。在加利福尼亚州，参与评级的机构有70%以上属于三星（中等质量）及以下水平，获评最高星级的机构数量非常少。这意味着该州评级系统中的资金、专业人员等资源，绝大部分用在了质量中等以下的机构中。而这些资源对这些薄弱机构而言能产生“雪中送炭”的效果，足以吸引相当一部分机构参与评级。这种把钱“用在刀刃上”的办法，也体现了向薄弱机构倾斜、守护底线质量的价值导向。从覆盖面上看，上述举措取得了一定成效。在2019年全美各州的评级系统中，参与的幼教机构达到了11万所，相较于2012年增加了近2倍。[①]

美国采用的另一应对举措是提高“扶持机制”的作用，目的是在评级过程中增强幼教机构自我发展的能力。在资金投入上，很多州将更多资金用于为机构提供专业指导和支持。加利福尼亚州规定，评级系统每年接受的五千万美元拨款中必须有80%的资金用于辅导、支持幼教机构提升办园质量。[②]在评价程序上，几乎所有的州都要求幼教机构在接受正式评价前先进行自我评价，并借助多种资源，雇用专职或兼职的专业人员，与大学、研究所等机构合作，以多种形式为其开展指导服务。从最近几年的情况看，这些指导越来越多地集中于课程实施、师幼互动等具体的过程性教育因素。在评价内容和评价工具上，很多州都围绕评估指标为幼教机构提供了详细的操作说明，借此增强它们的自评能力。加利福利亚州还专门制定了一套指标用于幼教机构的自我诊断。相比那些用来评定等级的指标，加利福利亚州设定的指标更为详细，也具有更强的可操作性（参见第一章第三节的举例）。

2. 需求方路径

美国的学前教育资源虽然相对充足，但是就学前教育市场竞争的“地域垄断性”特点而言，该国的幼教机构数量还远未达到足以诱发有效竞争的饱和状态。这在一定程度上限制了美国评级制度对家长“增权机制”作用的发挥。不过，美国家长在选择幼教机构时，对教育质量诉求普遍比较强烈，在权衡多种因素时，也往往将幼教机构的教育理念和模式作为重点考虑因素。根据美国“儿童保育资源与推荐机构协会”（National Association of Child Care Resource and Referral Agencies，简称NACCRRA）的一项调查，38%的家长在选择幼教机构时的首要关切是“质量”，仅次于“距离家庭的距离”，而将收费水平作为

---

① QRIS Compendium. Create a Report［EB/OL］.［2022-08-03］. https://qualitycompendium.org/create-a-report.

② U.S. Department of Education，U.S. Department of Health and Human Services，State of California Office of the Governor . Race to the Top-Early Learning Challenge 2014 Annual Performance Report, California［R/OL］.［2022-08-03］. https://eric.ed.gov/?id=ED583173.

首要关切的只占20%。[①]美国家长选择幼教机构的这一特征，能够在一定程度上放大“增权机制”的效能。通过政府发布评级结果的方式，减少幼教机构和家长之间的信息不对称情况，能够有效地对幼教机构施加压力，敦促其提升质量。美国各州普遍重视评级结果的发布，一般会在网站上公布各个等级幼教机构的名单，以便家长检索、查找本地幼教机构，最大可能地增加幼教机构教育质量信息的透明度。美国明尼苏达州建立的“质量评级系统”（Quality Rating System）的名称即为“让家长知道”（Parent Aware）。从这个名字可以看出，该系统对于供给方“增权机制”的重视。

从美国一些州近些年来发布评级结果的方式和内容能够看出，评级制度也开始逐渐重视发挥“赋能机制”的作用。在发布方式上，主要有两种渠道：由大众媒体（主要是网站）公布信息和由幼教机构发放手册、宣传页。这两种渠道中，后者被越来越多地倚重。研究表明，以幼教机构作为评价信息的发布渠道有利于机构与家长之间建立信任和合作关系。[②]在发布内容上，一些州在发布各等级幼教机构名单的同时，还会对评价的内容、标准进行解读，向家长宣传教育质量所包含的核心因素，甚至包含如何支持、配合幼教机构做好教育的内容。发布这些内容的目的是引导幼教机构和家长树立对教育质量的科学共识，为有效的家园合作提供必要条件。

3. 价值导向

美国幼教评级制度在近些年取得了一定成效，一个重要原因在于它符合了该国对学前教育的定位以及基本的政策导向，“集中用力、精准施策”，能够有效地服务于学前教育发展的整体战略。美国学前教育历来重视对弱势群体的“补偿”功能。20世纪60年代开始实施的“提前开端计划”作为“向贫困宣战”

① NACCRRA. The Economy’s Impact on Parents’ Choices and Perceptions About Child Care [R/OL]. [S. l.]: NACCRRA. 2010[2018-11-07]. https://www.childcareaware.org/wp-content/uploads/2015/10/final_2010_econimpact_poll_report_dec_2010.pdf.

② HALL R M. Parental Choice of Nondemoninational Christian Education: Reasons for Choice, Exit, and the Types and Sources of Information Used[D]. Lexington: University of Kentucky. 2009.

计划的组成部分，目的就在于为贫困家庭提供良好的学前教育，从而让贫困幼儿在入学时能与一般幼儿站在“同一起跑线”上。美国各州所实施的评级制度较好地贯彻了这一导向，在评级对象的选择上呈现出明显的“向下看”倾向，有效地促进了资源向弱势群体、薄弱幼儿园的倾斜。

首先，美国各州的评级系统尽可能多地将质量较低的幼教机构纳入工作范围，使其有机会获得相应的资金和专业资源。在多个州的“质量评级系统”中，最低等级的要求仅仅相当于或略高于准入性审批标准，像威斯康星州的最低等级甚至低于审批标准（该州的“一星”是指执照被暂停或撤销的情况）。从各等级机构比例上看，较低等级的机构在评级系统中占据了大多数，体现出“扶助下游为主、奖励上游为辅”的导向。加入美国联邦政府“力争上游-早期学习挑战”项目[①]的20个州中，2012年、2015年处于最低两个等级的机构在参评总体中所占比例分别为42.6%、47.8%和51.8%、53.5%，呈现出明显的逐年增加的趋势。[②]低质量幼教机构被纳入评级系统之中，既可以更好地接受政府的监督，同时也有更多机会获取补贴、奖金和专业辅导资源，继而向高水平逐步迈进。

其次，美国各州明确将有公共资金投入的幼教机构作为评级的重点对象。从针对投资主体划分的统计数据中可以看到，接受评级的此类机构比例是最高的。当时的统计数据表明，至少有15个州明确规定接受公共资金的幼教机构必须参与评级，北卡罗来纳州、马萨诸塞州甚至规定了州政府投资的机构必须达到的最低等级（北卡罗来纳州规定最低等级为三星，该州最高星级为四星；马萨诸塞州规定最低等级为四星，该州最高等级为五星）。由于接受公共资金扶持的机构主要服务于弱势家庭，所以上述要求实际上是确保了弱势家庭幼儿的

① “力争上游-早期学习挑战”项目（Race to the Top-Early Learning Challenge，简称RTT-ELC），是美国教育部于2011年启动的旨在推动各州学前教育发展的一项投资项目。由联邦政府提供资金，各州申请加入后即可获得资金用于学前教育的发展。该项目十分重视教育质量，把各州的“质量评级与促进系统”作为在此方面的工作抓手，对参与项目的州的此项工作提出了非常明确、具体的要求。

② U.S. Department of Education，U.S. Department of Health and Human Services. 2015 Progress Update: Race to the Top Early Learning Challenges [R/OL]. [2022-08-03]. https://www.acf.hhs.gov/sites/default/files/documents/ecd/2015_progress_update_final_2016_07_27_accessible.pdf.

就学质量。几年来，在这些措施的支撑之下，各州弱势家庭的幼儿进入高质量机构的数量和比例都在增加。从美国教育部要求参与"力争上游-早期学习挑战"项目的各州每年上交的报告中可以看到，各州高等级机构所接收的弱势家庭幼儿数量在迅速增长，2013年、2014年和2015年这一数字分别为444851人、489801人和741554人，年平均增幅达到了30.8%。[①]

二、澳大利亚的幼教机构质量评级

澳大利亚现行幼教机构质量评级体系建于2012年。2012年之前，该国原有的学前教育质量监控系统由两部分组成：在联邦政府层面，由1993年成立的"国家幼儿教育认证委员会"（National Childcare Accreditation Council，简称NCAC）对幼教机构进行质量"认定"（accreditation）工作；在地方政府层面，由各地教育行政部门对学前教育机构实施资格审批和行政"许可"（licensing）。随着该国学前教育理念和实践的发展，该系统已无法满足新的要求，澳大利亚因此废除了旧的"认定"和"许可"制度，建立了全国统一的质量标准，并成立了专门负责幼教机构评估工作的国家级机构——澳大利亚儿童教育和保育质量局（Australian Children's Education and Care Quality Authority，简称ACECQA），负责实施全国一体化的"质量评级系统"。这一系统基于"国家质量标准"（National Quality Standard，简称NQS），对幼教机构在"教育计划及实施""儿童的幸福、健康和安全""物质环境""员工配备情况""教师与儿童以及同伴之间的关系""与家庭和社区的合作""领导与管理"七大领域的表现进行评价，继而评定为"需要重大改进""迈向质量标准""达到质量标准""超越质量标准""卓越"五个等级。

---

① U.S. Department of Education，U.S. Department of Health and Human Services. 2015 Progress Update：Race to the Top Early Learning Challenges［R/OL］.［2022-08-03］. https://www.acf.hhs.gov/sites/default/files/documents/ecd/2015_progress_update_final_2016_07_27_accessible.pdf.

1. 供给方路径

就激励机制而言，与美国的“质量评级与促进系统”不同，澳大利亚的评级制度是在全国层面建立的，具有强制性，所有注册的幼教机构都必须参与评级。不过，澳大利亚政府不会在评级后对幼教机构提供后续资金奖励，其激励主要通过评级结果附带的声誉予以体现。政府鼓励已经通过评级的机构大力宣传自己的评级结果，比如在政府网站上发布评级结果、为幼教机构提供代表不同等级的招贴画用于张贴。澳大利亚儿童教育和保育质量局还会向各个幼儿园提供宣传模板，“手把手”地教它们宣传自己的评级结果。获得“超越质量标准”评级的幼儿园可以采用如下宣传模板，幼儿园根据自己的情况填写相应内容，用作自己的宣传材料。

[在此处插入幼儿园名称]超越了国家标准

[在此处插入幼儿园名称]在“国家质量标准”的评价中，被评为“超越质量标准”等级。

“国家质量标准”是为全澳大利亚的儿童教育和保育服务设立的国家标准。各州和地区当局基于这一标准，对各个幼儿园七个领域的表现以及总体表现进行评价。

[此处插入幼儿园名称]的主管[此处插入主管姓名]介绍说：“总体表现被评为‘超越质量标准’，意味着幼儿园的质量水平在七个领域中的至少四个当中超过了国家标准。”

[此处插入幼儿园主管姓名]说：“[此处插入能够反映幼儿园优势亮点的内容。]”

例如[幼儿园主管姓名]说：“我们的户外活动区域、自然花园，教育者和儿童一起对于环境的照料，在评估中得到了很高的评价。”

“国家质量标准”是澳大利亚政府为提升儿童教育和发展水平而建立的一个针对儿童保育教育幼儿园的质量体系，该标准的执行者是澳大利亚儿童教育和保育质量局。想了解更多相关信息，可参阅澳大利亚儿童教育和保育质量局网站或该网站的家庭信息页，“开始板块（Starting Blocks）”。

媒体联系人：[此处插入幼儿园主管姓名]—[此处插入联系方式]

图2-2 获得“超越质量标准”评级幼儿园可用宣传模板

此外，对于如何联系当地媒体、如何召开媒体发布会，澳大利亚督导系统的网站也给出了详细的指导，甚至包含了“不要忘记为媒体记者预留停车位、事先找人看护孩子、提前准备好采访内容”等细致内容。

相对于“激励机制”来说，澳大利亚更重视“扶持机制”。与美国各州的评级系统相比，澳大利亚所提供的专业支持更加全面、细致。其中一个原因在于，负责评级的澳大利亚儿童教育和保育质量局同时肩负着对全国幼儿园进行管理和质量提升的责任。换言之，从建立之初评级机构就同时肩负着评级和指导两项职责。这样的安排便于更好地统筹资源，但在实际操作中评级和指导是相互独立的，二者区分明确。在指导方面，澳大利亚的主要举措呈现两个特点。

第一个特点是具体、细致的指导。比如对于教师流失问题的建议如下：根据教师的需要组织会议和培训；组织多种形式的游戏小组；为教师安排远足等社交活动；请教师参与幼儿园管理和决策；为教师提供信息和资源；鼓励教师与同行建立联系；借给教师比较昂贵的物品；在家访时安排两名同行教师以灵活分工；在教师填写各种表格时予以辅助；鼓励教师参与幼儿园之外的培训和研讨会议；提供交通方面的支持；在保险、培训、安全检查等方面进行提醒；考虑采用多种形式与教师进行沟通，如社交媒体、电话或网络电话（如Skype）；保障教师的收入；确保教师被人称呼为“教师”，因为这能帮助他们感受到职业尊重。

第二个特点是个性化的指导。澳大利亚儿童教育和保育质量局采取多种措施支持地方政府为幼教机构提供个性化的指导。例如在该局的支持下，新南威尔士州的教育部门发起了“质量支持项目”（Quality Support Program）。2018年3月至2019年5月，新南威尔士州的教育部门为142所被评为“迈向质量标准”的幼教机构提供了为期16周的三轮专业辅导，辅导的形式包括工作坊、一对一的现场访问和咨询、电话指导、网络学习等。针对该项目的评估表明，辅导取得了良好的效果，普遍提高了这些幼儿园的评级。[1]

第三个特点是重视幼教机构自我提升能力的培养，加强对幼教机构教育质量自我评价、自我提升方面的指导。自评是评级过程中的重要一环，也被视为一所幼教机构提升自身能力的关键，每一所幼教机构都必须按照要求完成自我评价，并撰写质量改进计划。澳大利亚儿童教育和保育质量局不仅为幼教机构的自评专门开发了十分详尽的指南、手册，还对如何撰写、优化质量改进计划提供了模板，将质量标准的相应指标进行了分解和罗列，使幼儿园可以一步一步地根据指导进行自我诊断，并逐个拟定改进措施。

2. 需求方路径

澳大利亚儿童教育和保育质量局把家长视为重要的工作对象和伙伴，在“增权”“赋能”两方面做了大量工作。该局专门建立了面向家长的网站。这个网站不仅向家长公布全国所有幼儿园的评级结果，同时还提供幼儿园质量评级的政策、各个等级的含义、质量评价的标准、儿童发展和学习的知识、科学育儿指导等一系列相关信息。这个网站为家长提供非常详细的资料，具有很强的操作性和实用性。比如，关于“如何选择一所幼儿园”这一问题，该网站列出了应当了解的一系列事项，既包括关于收费、补贴、托育时间等常规信息外，还包括一些相对专业的问题（如：“幼儿园的师生比是多少；教师、员工拥有怎样的资质和经验；是否接受过评级，结果如何；幼儿园如何让家长了解孩子的学习和发展，是否得到了适宜的支持”；等等）。再如，针对“你如何知道一所幼儿园是否具有高质量的教育”这一问题，网站提供了一份通俗的、便于理解并可下载打印的材料，指导家长在第一次访问幼儿园时需要了解六个问题：“你如何让我们知道孩子在幼儿园中的状况？每日活动安排是怎样的，是否有充足的多样性？孩子是否有机会进行户外活动，了解周围的环境？在学习活动中，

---

① ACECQA. Supporting Quality Improvement in Education and Care : Findings from the Quality Support Program［R/OL］.［2022-08-03］. https://education.nsw.gov.au/about-us/educational-data/cese/evaluation-evidence-bank/reports/quality-support-program-evaluation.

孩子的兴趣是怎么得到关注的？如何处理疾病和意外？幼儿园是否接受过澳大利亚儿童教育和保育质量局的评级，结果如何？”而另一份“高质量的幼儿园看起来是什么样的”材料中，则为家长列举了高质量幼儿园的特征：“教师和家长沟通有关孩子学习和发展的状况；对孩子的健康和安全进行适宜的照看；在活动中关注孩子的兴趣，鼓励孩子根据自己的兴趣去探索；在活动中孩子自己做决定、问问题，独立性不断提高；在幼儿园中孩子能感受到归属感和舒适感；孩子可以自由地出入室内外；孩子有了解有关社区和周围世界的机会。”

图2-3　澳大利亚质量评级网站为家长提供的资料——“你怎样知道所选择的托幼机构是高质量的？”①

另一个能够说明澳大利亚评级系统重视家长工作的事例是，澳大利亚儿童教育和保育质量局于2014年、2017年和2018年委托研究人员进行了关于家长

① ACECQA. How Do You Know : If the Child Care Service You've Found Is High Quality?[EB/OL]. [2022-08-03]. https://www.startingblocks.gov.au/media/1259/starting-blocks-infographic_how-do-you-know-if-the-child-care-service-youve-visited-is-high-quality.pdf.

如何选择幼儿园的研究，其中有一些有意思的发现。2018年的研究发现：供需的实际状况使很多家长选择空间有限，但所有家长都会把幼儿园的教育质量作为重要的考虑因素；家长是通过“口口相传”的方式从其他家长那里获得信息；对于了解到的评级结果，家长倾向于仅将其作为最初的事实了解，而不会把它当成最终的参考依据；很少有家长会特意打听备选幼儿园的评级结果。①这些研究表明，等级命名会影响家长对幼儿园的印象，比如“迈向质量标准”这个等级的名称，很容易让家长以为该幼儿园的教育质量是远低于质量标准的。这就导致一些家长会询问为什么低于标准的幼儿园能继续运营。这些研究也有积极的发现，比如在家长群体中知晓评级系统的比例是在不断上升的，从2017年的40%上升到了2019年的46%。随着对政府评级程序和结果的了解程度加深，家长会逐渐将其作为重要的参考依据，也愿意接受相关的专业辅导，以了解更多有关幼儿园质量的信息。比如，2019年的调查发现，在知晓评级系统的家长中有80%认为评级信息对他们选择幼儿园“有帮助”或“非常有帮助”。②这些积极的发现也激励澳大利亚儿童教育和保育质量局继续为家长“增权赋能”，在需求方路径上持续不断地改进各项措施。

3. 价值导向

与美国的“质量评级与促进系统”类似，澳大利亚的评级体系也体现了“扶弱”的价值导向，主要有两个表现。一是在选择提供专业辅导的对象时，更关注质量相对薄弱的幼教机构。例如前文提到的新南威尔士州设立的“质量支持项目”，它只面向被评为“迈向质量标准”（也就是我们通常所说的“拉一拉就上来了”）的机构提供专业辅导。二是在澳大利亚的评级系统中，十分关注弱势家庭的幼儿接受教育的情况，会集中资源向贫困地区的幼儿园、面向贫困群

① HALL，PARTNERS. Families Qualitative Research Project–Stage 2 Final Report［R/OL］. Sydney：ACECQA，（2018-06-21）［2019-10-27］. https://www.acecqa.gov.au/sites/default/files/2018-11/FamiliesQualitativeResearchProject2018Report.PDF.

② NQF. 2019 Annual Report to Congress［R/OL］. 2020［2022-08-03］. https://www.qualityforum.org/Publications/2020/02/2019_Annual_Report_to_Congress-2147382169.aspx.

体的机构提供支持。在近些年的年度报告中，有专门的一章总结接收弱势幼儿的机构的质量状况及其变化。这些举措取得了一定的成效，例如2017年至2019年，在区域社会经济发展指数[①]为1（即处境最为不利）的地区，幼教机构的质量评级获得了显著的提升，其改善速度甚至超过了社会经济指数为5（即处境最为有利）的地区的机构。

第三节　对我国学前教育督导政策路径的思考

在我国学前教育发展的新形势下，学前教育督导制度也必须进行改革以满足新的要求。本章第二节介绍了美国和澳大利亚的质量评价体系，并不是说把这两个国家的制度可以照搬到我国。从前文分析可以看出，它们自身也存在着诸多问题。不过我们仍然可以从中得到有益的启示，其中最重要的一点就是，要基于现实情况对学前教育督导制度发挥作用的路径、机制进行合理的设计。在不同的管理体制和特定的历史发展阶段，需要基于整体政策的价值导向和现实条件，对供给方、需求方这两条路径及其机制作出选择，使其更好地形成合力，促进学前教育事业的公平、优质发展。

一、对供给方路径的分析和建议

基于激励机制和扶持机制的视角来考察我国现有的幼儿园督导制度，可以发现它主要存在两个问题。

第一，督导对象忽视了薄弱幼儿园，激励机制作用难以充分发挥，不能很

① 区域社会经济发展指数，是澳大利亚国家统计局用以衡量各个地方社会经济发展程度的指标，以近5年的人口与住房普查数据为依据。

好地回应我国学前教育质量所面临的突出问题。目前我国幼儿园教育质量存在突出问题的主要是农村地区幼儿园和社会资本举办的幼儿园，但各地督导面向的大多是城市高水平幼儿园，很多地方热衷于从中评选各级“示范幼儿园”，这在一定程度上造成了资源堆积和浪费的现象。而对于质量较低的薄弱幼儿园，既没有强制参评的硬性要求，又缺乏足够的激励手段，这就导致督导无法触及较低层次，起不到“保基本”的作用。

第二，过于偏重激励机制的发挥，对扶持机制的重视不足。我国各地现行的幼儿园督导制度（包括等级评定）大多是高利害的，幼儿园通过验收即意味着收费标准提高、社会声誉提升和政府补贴等各种形式的资源倾斜，对幼儿园的激励作用巨大。但这种带有浓厚鉴定色彩的评估往往没有持续改进跟进措施，经常是“一评定终身”，制度所规定的周期性复评、退出机制等措施由于各种原因得不到执行。这就使激励中只剩下了奖励以往成绩的“励”，却没有了刺激未来动力的“激”。近些年来，随着幼儿园数量的快速增加、优质教育资源的稀释，一些地方出现了评定标准被人为矮化、同一地区的幼儿园“同优不同质”等现象。这就更需要在未来的督导工作中重视评定过程中的扶持以及评定之后的跟进，尤其是加强对质量下降的幼儿园的扶持和引导。

美国和澳大利亚的例子告诉我们，在督导体系掌握的激励资源有限的情况下，仅靠激励机制难以充分地激发幼儿园提升质量的动力。因此，突出扶持机制以促进幼儿园质量提升就显得更为重要。不过需要明确的是，督查和指导应予以区分，不应混淆。一是要区分指导方式，侧重于宏观指导、间接指导；二是与其他部门加强分工协作，形成教育治理的协同增效。这在第一章中已有探讨，不再赘述。

二、对需求方路径的分析和建议

近几年我国幼儿园数量以及学位数量虽迅速增加，但总体上依然不足。“全面二孩”和“三孩生育”政策落地后，随着城镇化进程的加速，学前教育资源的局部性短缺、结构性短缺在短期内还将持续存在，因此尚不具备通过“用脚投票”倒逼幼儿园提升质量的前提条件。美国和澳大利亚的现状也提醒我们，幼儿园竞争的“地域垄断性”形态决定了即便在资源基本充足的情况下，单纯寄希望于自由市场的“优胜劣汰”机制来确保教育质量也是不切实际的。因此，在幼儿园督导结果的发布上，必须区分为家长“增权”和为家长“赋能”两种机制，分别为两种机制进行设计，扬长避短。

在当前我国幼儿园数量不足、入园难问题尚未得到完全解决的情况下，简单向家长告知他们的孩子所在的幼儿园不合格，不仅无益于问题的解决，反而可能加剧矛盾。在向家长和社会发布督导结果时，应更加注重“赋能”机制作用的发挥，将其作为宣传、普及科学质量观的契机，将宣传督导结果和督导内容并重，采用多种方式向家长宣传评价的内容、方法和指标，扭转过于重视学业知识、忽视幼儿全面发展的倾向。这在我国当前学前教育市场的培育阶段具有特别的现实意义，能够防止“劣币驱逐良币”的现象，引导服务提供者和消费者共同营造追求科学、全面的教育质量观的风气。我国的幼儿园教育历来重视家园共育工作，2016年修订的《幼儿园工作规程》将“面向幼儿家长提供科学育儿指导”列为了幼儿园的任务之一，并在家长委员会、家长会等有关制度中对家长参与权的落实等提出了具体要求。这为“赋能”机制的发挥提供了制度保障和良好氛围。“赋能”机制应体现在督导制度设计的细节上，比如在评价主体、评价程序的设计上，要体现多元化的导向。在评价时不应只把家长作为满意度调查的对象，而是要采取多种方式将家长纳入到评价过程中。为幼儿园提供契机，以便同家长围绕教育质量问题进行深入沟通，达成共识。从评价结果的发布上看，幼儿园本身即为重要的发布主体和渠道，要鼓励和引导幼儿园作为“基地”，发挥向家长宣传、解释评级结果的作用，增进家长的理解和认同。

三、对价值导向的分析和建议

自2010年颁布《国务院关于当前学前教育发展的若干意见》以来，“广覆盖、保基本”已经成为我国学前教育事业发展政策的基本导向。在这一政策的引导下，大量的奖补资金流向中西部地区和贫困家庭。而普惠性幼儿园政策的加速落地，更进一步强化了上述导向。这彰显出我国学前教育事业在根本上坚持社会主义发展方向。但在政策引导之下，幼儿园教育督导以及评级制度的实施却尚未充分地体现这一导向。很多地方的评级仍然呈现出“向上看”的倾向，把大多数的资源和精力用于质量本身就较高的幼儿园，如“示范性”幼儿园、“高等级”幼儿园的评定上。而那些更加需要激励、扶持、指导的薄弱幼儿园却很少被纳入评价体系之中。这导致很多地方的幼儿园评级成了一项“锦上添花”而非“雪中送炭”的工作，在客观上加剧了优质资源过度集中的“马太效应”。

幼儿园督导和评级制度所能够调配的资源总量是有限的，所以需要做精准的“瞄准”式设计，让“好钢用在刀刃上”。如前所言，现阶段我国学前教育质量提升的“刀刃”是质量相对薄弱的农村幼儿园和社会资本举办的幼儿园，所以应重点考虑如何吸引、接受这些幼儿园参与督导评估并使其在此过程中获得提升。2017年教育部印发的《幼儿园办园行为督导评估办法》明确提出“以薄弱幼儿园为重点”，体现出了正确的政策引导。但必须认识到的是，把薄弱幼儿园列为督导对象，并不是简单的被督导幼儿园数量的增加，还意味着督导评估内容、方式也要随之转变。因为这些幼儿园提升教育质量的内外驱动力、期待和担忧、质量状况、发展需求等都与质量较好的公办幼儿园存在很大的不同，需要进行具体分析，进而在评价内容、评价程序、评价结果使用、激励措施等方面作出针对性的设计。

第三章

学前教育督导的三种力量——基于“三角协调模型”的分析

第一节 三种力量的内涵及其运行机制

克拉克在分析高等教育质量体系时，提出了国家、学术和市场三种力量鼎立的“三角协调模型”。他认为高等教育的协调发展与质量保障取决于这三者的博弈与制衡，既不能盲从于权威与舆论，也不能完全屈从于政治制度，或一味地迎合经济的发展需要。[①]尽管高等教育与学前教育在定位、发展规律等方面有着很大的不同，但克拉克的理论仍能对学前教育督导体系相关问题的思考提供很好的启示。

学前教育督导是代表国家的法定行政机构，为保障和提升学前教育质量所实施的活动。但对于学前教育质量提升来说，督导并不是唯一的影响因素。作为一种准社会公共产品，学前教育服务的供给、资源的配置在很大程度上需要遵从市场规律，学前教育领域中投入庞大资本的主体或人员构成了特定的利益团体，形成重要的市场力量。它们对何为质量、如何提升质量的观点和诉求不容忽视。随着学前教育发展的进一步规范化、科学化，政策的制定越来越需要以客观证据、对教育现象及本质的深刻认识作为基础，学前教育质量保障政策制定和实践也越来越离不开学术研究等专业资源的介入，与之相关的专业团体便成了学前教育质量标准界定和实施的重要参与者。

---

① 克拉克. 高等教育系统：学术组织的跨国研究［M］. 杭州：杭州大学出版社，1994.

像克拉克理论描述的那样，国家、学术、市场同样构成了我国学前教育质量保障实践中的三种重要力量。尤其是在鼓励第三方参与学前教育督导和质量评估的政策下，哪些力量能够构成合格的第三方？第三方与督导部门的关系如何界定？对三种力量的价值诉求、运行机制、互动关系的剖析，能为回答这些问题提供一个新的视角。

一、三种力量的构成和特点

1. 国家力量

教育督导是法定行政机构所实施的行政管理活动，具有法律效力。它的具体承担者是教育督导部门，本身就代表着国家力量。在实施督导的过程中，督导部门可以通过刚性和柔性两种机制发挥作用。刚性机制主要是基于法律条文和行政规章，采取取缔、强制整改等强制手段规范幼儿园的办园行为。柔性机制主要包括宣传手段、行政指导和经济手段，比如颁布专业指导性文件、开展有关质量标准的宣传教育、基于评估结果对幼儿园施以奖补措施等，激励幼儿园提升教育质量。

在教育督导体系中，国家力量的最大特点在于它具有权威性、拥有强制手段、能调动大量资源推行各种措施。但强制手段的问题是难以从根本上激发幼儿园提升质量的能动性。如果强制性和权威性未建立在科学合理的研究、论证基础之上，就可能产生违背教育规律、影响教育质量的反作用。

2. 学术力量

学术力量的代表是高等院校、研究机构以及由专业人员所组成的团体。学术力量掌握着丰富的专业资源，拥有系统、科学地制订质量标准的能力。学术力量不具有强制力，也不掌握可供分配的资源，只能通过非强制手段发挥作用。这些手段包括：参与制订质量标准，开展宣传、咨询和指导服务来推行质量标准。其活动的目的是谋求专业话语权，在教育资源的配置中尽可能发挥影响力。活动目的的实现，需要以加强专业自律、自觉地发展专业知识、提升专业服务能力为前提。

学术力量具有独立、中立的性质。在一个自主且独立、去行政隶属与去政治化的制度环境里，学术力量往往能够积极、高效地承担公共责任与义务。相对于庞大的教育行政部门，学术组织的规模较小，组织内部也没有复杂的层级结构。这种组织体制官僚化程度低、组织弹性大、组织目标性强，可以围绕不同的任务组成不同的、开放式的组织形态。①

3. 市场力量

市场力量既包括学前教育服务的供给方（即投资者），也包括需求方（即幼儿的家庭）。这两方面对于教育质量都有极大的关切，构成了推动学前教育质量保障的市场力量。②从一般的自由市场经济理论出发，学前教育市场力量发挥作用的机制是：在自由竞争与自由交换中，以质量为砝码进行学前教育资源的配置，即设法使质量高的幼儿园取得更大的竞争优势，从而逐渐淘汰低质量幼儿园。这一机制的有效运行需要满足自由市场经济的一系列假设，比如自由充分的市场竞争、健全的市场进出机制和价格机制、消费者的议价权利保障等。此外还有一个重要的前提，即消费者对产品和服务的质量要有鉴别能力、能识别何为真正的高质量。

市场机制的优势在于，它具有灵活性和高效性，能够迅速地响应消费者对教育质量的需求。但是市场力量也具有盲目性、滞后性等缺陷，在学前教育市场中突出表现为：当消费者对教育质量缺乏科学认识和判断能力时，市场力量对教育质量的认识也会出现有意无意的偏差。这就可能导致“劣币驱逐良币”的现象。此外，在自由市场竞争中还可能出现“马太效应”，导致学前教育资源过分集中进而损害公平。

① 葛孝亿，谢小金. 第三方教育评价的法理基础与运行机制：委托代理的视角［J］. 教育学术月刊，2017(3)：54-59.

② 叶飞. 学前教育纳入义务教育体系的合理性探析［J］. 教育科学，2011，27(1)：6-9.

二、三种力量的信念、权力及其协调

克拉克在论述高等教育质量保障体系时，从信念和权力等要素出发阐释了几种力量的相互影响。信念决定价值导向：信念深刻地制约着几种力量在教育质量实践中的价值选择，权力则决定了各自的作用范围和具体路径。

1. 信念的矛盾与协调

信念，在学前教育督导体系中具体表现为对教育质量的理解，不同力量的信念不同。

国家力量是全社会公共利益的代表。它开展学前教育督导的根本出发点在于实现学前教育对国家和社会的价值，为幼儿家长从事社会生产解除后顾之忧，并为提升下一代国民的素质、保障国家的未来竞争力奠定基础。国家力量追求学前教育的公平性和公益性，通过高质量学前教育的补偿作用，推动不同阶层家庭学前教育的起点公平。国家力量对学前教育质量的诉求不仅强调“社会价值”的实现，还要求对“未来生活”做好预备，比如幼儿园要为幼儿接受下一步的学校教育做好准备（即“入学准备”）。

学术力量具有的社会批判性特征，决定了其在思考学前教育质量时往往具有超前性和理想性，会更多地从实现儿童发展权利、守护儿童生命质量出发，既看重学前教育的社会价值和未来价值，也强调儿童生活、经验的本体价值，重视学前教育的“个体价值”和儿童的“当下生活”。教育的社会价值和个体价值、未来生活和当下生活之间存在着矛盾冲突，学术力量需要作出取舍。

市场力量的质量观虽然会在一定程度上受到国家力量和学术力量的影响，但是它也有自身的形成逻辑。供给方对于教育质量的界定需要在供需两方之间寻求平衡。从供给方的角度看，用最小的投入获得最大的利益就是最高的质量，这是基于“成本—效益”的视角出发来界定质量，真正的教育质量并非其首要考量的因素。而消费者除了考虑价格因素外，会更加重视教育质量。他们对教育质量的认识，往往受到文化心理、自身经验、所在亚群体所秉持的信念、所处国家和社会的竞争压力和氛围等一系列因素的影响。例如，在一个竞争激烈的社会，家长往往会重视入学准备效果、学业知识的学习，认同能够快速增进儿童此类知识的“直接教学模式”。显然，这与学术力量所倡导的完整人格教育理念下的“做中学”、在游戏中学习的教育模式是存在冲突的。另外，家长对入学准备状态的重视与国家力量的诉求也有所不同。家长的出发点更多是要在短期内赢得相较于其他儿童的个体竞争优势。在缺乏引导的情况下，这很容易导致对完整的儿童素质结构养成的忽视。

三种力量对于学前教育质量的信念，需要在矛盾互动中达成协调。在制订和实施督导评估标准时，应当寻求三者视域的融合，尽可能达成质量观念上的共识。因此必须建立有效的沟通协调机制，充分地听取各方的诉求，通过对话、讨论和宣传引导，形成共识。

2. 权力结构与协调

权力结构和组织形态在不同时空条件下的耦合关系，是决定学前教育质量保障系统能否有效运行的重要条件。在学前教育督导体系中，国家力量毫无疑问地占据主导地位。它拥有的行政权力是政治权力的一种，具有法定性。根据行政法，行政权力主要包括行政立法权、行政检查权、行政监督权、行政奖惩权。教育督导的行政权力主要体现为后三种，属于硬权力，具有强制性的特点。而在微观层面上，督学还拥有对学校开展教育评价的权力。①

学术力量的权力主要包括：咨询建议权，即为国家制定政策提供咨询和建议；指导权，即对幼儿园办学、家长育儿进行专业指导。就督导对象而言，学术力量的权力属于间接权力，即不能直接影响督导的结果以及基于督导结果的资源配置。它也不具有强制性，是一种软权力。但是学术力量接受国家力量的委托，可以被赋予一部分直接权力，如教育评价权。

市场力量主要通过“选择”来行使权力，发挥对督导体系的影响。所谓选择，对供给方而言，就是有权选择采纳何种质量观、如何管控本机构的质量；

① 苏君阳. 我国区县教育督导体制的现状、问题及对策. 国家教育行政学院学报，2008(4)：59-62.

对需求方而言，就是有权“根据自己的主观意愿，在法律规定的范围内自由选择商品或者服务，从而实现其消费利益”，简单说就是“用脚投票”的权利。它包括自主选择提供商品或者服务的经营者、自主选择商品品种或服务方式、自主决定购买或不购买任何一种商品或服务以及自主进行比较、鉴别和挑选等四个方面。[①]供给方和需求方的选择权都是受制约的：供给方的选择权受到教育法律法规和学前教育质量标准的约束，同时也受到需求方选择的制约；需求方的选择权则受制于可选择的学前教育服务的多样性和丰富性程度，其选择能力受到国家力量和学术力量的“形塑”。在学前教育领域，市场权力的有效行使需要得到国家力量的支持。自由主义经济学家在针对一般消费领域探讨国家对市场权力的作用时，更多提倡政府要扮演好“守夜人”的角色，减少对供给方和需求方的干预。但是在我国学前教育领域，由于自由充分的市场竞争尚未形成，价格机制、竞争机制尚不完善，政府不仅要做好“守夜人”，更要做好市场的培育者和引导者。政府一方面要维护公平合理的交易和竞争秩序，另一方面要保障消费者的选择权，通过鼓励扩大市场供给为消费者行使选择权提供更多的空间，同时也通过发布督导结果、进行教育宣传来提升消费者合理选择的能力。一些国家和地区的学前教育督导重视面向社会和家长发布督导评价结果，实际上也是在借助市场选择的权力对幼教服务提供者施加影响。

---

① 李昌麒，许明月. 消费者保护法：第二版［M］. 北京：法律出版社，2005：69.

第二节　学前教育督导体系中三种力量变化的比较分析——以美国为例

在一个国家的特定历史时期，国家、学术、市场这三种力量是动态变化的，以不同的形态达成平衡。三者的互动主要取决于两个因素。一是学前教育事业的定位。当学前教育主要被定位为社会福利事业，而非关乎民族未来的国家教育事业时，政府对学前教育督导体系的建设投入有限，因此市场力量在学前教育质量议题上就会拥有更多的影响力。二是投资主体的构成。政府投入与社会资本投入的比例决定了市场力量的大小，以及督导体系容纳市场机制的程度。就这两方面因素而言，美国的学前教育发展历程与我国具有一定的相似性，定位上都经历了从社会福利事业向国家事业的转变，投资主体都以社会资本投入为主、政府投资不断增加。本节以美国学前教育督导体系的历史发展为例进行分析，以期有所借鉴。

从“三角协调模型”的视角来看，美国学前教育督导体系的发展大体经历了三个时期：市场力量主导期、国家力量与学术力量上升期、国家力量主导下的整合期。

一、市场力量主导期

在20世纪80年代以前，美国各级政府只负责对幼教机构进行准入性资格审批。这种审批只关注最基本的办学条件，对于各个幼教机构的服务质量缺乏督导监控，严格来讲不存在真正的督导体系。代表学术力量的研究机构也没有大规模开展学前教育质量研究，也尚未实施专业指导性服务。这一时期的学前教育质量保障基本是由幼教机构在与家长的沟通、博弈中自发进行的，其目的主要是满足市场需求、赢得市场竞争。但对于什么是优质的学前教育这一问题，市场力量既未给出真正专业的回答，也没有能力出台和推行公认的标准。

这导致了教育质量的良莠不齐。[①]比如，1990年美国幼教机构中5岁幼儿的班级里，只有28%的机构的班额达到了美国幼教协会（National Association for the Education of Young Children，简称NAEYC）推荐的不高于20人的标准，只有44%的机构的师幼比不高于1∶10。[②]

二、国家力量与学术力量上升期

从20世纪90年代起，美国政府逐渐将学前教育提升到国家事业层面，连续颁布了多部与学前教育质量相关的法律法规，如《不让一个孩子掉队法案》《入学阅读准备法案》《早期学习机会法》等，对政府在保障学前教育质量中的责任作出了诸多具体的规定。政府尤其是地方政府普遍增加对学前教育的投入，带来了对投入效益进行考责的要求。因此各级政府针对政府投资的幼儿园制订了一系列质量标准，开始对教育设施、教育过程和教育成效实施评估、监控和激励措施。随着时间的推移，政府的督导监控范围逐渐超出了政府投资项目，扩展到所有类型的幼儿园。各州政府纷纷建立“质量评级与促进系统”，通过评估、指导、激励等措施将越来越多的机构纳入督导体系中来。

学术团体也开始关注质量问题，很多学术机构在加强质量研究的同时，也开始开展与质量提升有关的服务。例如，美国最权威的学前教育学术团体——美国幼教协会开始发布有关教育质量的立场声明，并且推出了一整套质量评估标准，为幼儿园提供质量认证与指导服务。

三、国家力量主导下的整合期

进入21世纪后，尤其是在“早期学习标准”（Early Learning Standards）得

---

① 刘昊，夏婧. 美国学前教育质量保障体系的演变及启示：基于国家、学术、市场“三角协调模型”的分析［J］. 上海教育科研，2015(3)：31-35.

② National Education Goals Panel. Data for the National Education Goals Report［M/OL］. Washington：U.S. Government Printing Office，1996［2019-10-08］. https://govinfo.library.unt.edu/negp/reports/goalsv1.pdf.

到广泛推行的背景下，美国学前教育督导体系中国家、学术、市场三种力量之间发生了深入的相互作用，形成了新的形态。

1. 国家力量的进一步加强

建立“质量评级与促进系统”的州的数量迅速增加，并且体现出权力向中央集中的趋势，联邦政府的影响力愈加提升。美国教育部于2011年启动了“力争上游-早期学习挑战”项目，由联邦政府提供资金，各州申请加入项目后可获得相应资金用于学前教育的发展。该项目把“质量评级与促进系统”作为保障学前教育质量的抓手，对参与项目的州在实施系统方面的工作提出了明确要求，要求每年汇报系统建设的进展、取得的成效。“力争上游-早期学习挑战”项目为“质量评级与促进系统”的发展注入了一股强劲的推动力。该项目实施之后仅一年，实施这一系统的州即从28个猛增到了37个。而在2012年至2015年的三年间，参与该项目的20个州的“质量评级与促进系统”所覆盖的幼儿园数量即从37000所增加到了约64000所，增幅达73%，其数量占全国所有的“质量评级与促进系统”所覆盖幼教机构总数的近74%。①在资金投入方面，有80%的州的“质量评级与促进系统”使用了联邦政府提供的资金，其中约45%的州完全依赖于联邦政府资金。所有这些表明，美国联邦政府在“质量评级与促进系统”发展中的影响力迅速扩大。尽管这些系统的实施仍然在各州层面，但它已经成为美国在国家层面保障学前教育质量的统一举措，无疑属于学前教育发展的国家战略。

在参与“力争上游-早期学习挑战”项目的州，运行中的学前教育“质量评级与促进系统”事实上显现出“联邦政府—州政府—郡县”三级管理的形态。最上一级的联邦政府通过“管钱”施加影响，它虽然不直接管理系统的实施、运行，但要求各州每年提交报告，详细描述参与评级机构的数量、类型，以及

① U.S. Department of Education, U.S. Department of Health and Human Services. 2015 Progress Update: Race to the Top Early Learning Challenges［R/OL］.［2022-08-03］. https://www.acf.hhs.gov/sites/default/files/documents/ecd/2015_progress_update_final_2016_07_27_accessible.pdf.

提供资金激励、专业支持等方面的措施和成效。

2. 国家、学术、市场三种力量在国家的主导下加强整合

整合的强化主要表现为如下几个方面。

第一，国家力量在这一时期更加倚重学术力量的专业支持。在各级政府制订标准的过程中，学术力量发挥的作用愈加凸显。很多州政府将质量评估标准交由研究机构或大学制订，或是直接采纳学界已经推出的标准。大多数州的评估标准中都引入了《幼儿学习环境评量表》（Early Childhood Environment Rating Scale，简称ECERS）或《课堂互动评估系统》（CLASS），有三十多个州以不同的方式认可美国幼教协会的质量评估结果。有的州则直接委托学术机构负责学前教育质量保障体系的部分运行工作，比如密歇根州曾委托高瞻基金会（High Scope Foundation）负责其州立学前教育项目的评估。

第二，国家力量加大了对市场力量的培育和引导。美国政府实施的督导不是将市场完全视为被动地接受管控的对象，而是采取多种措施对其加以培育和引导，促使其发挥积极作用。采取的措施主要有两个。一是保障公平、充分的市场竞争环境。各项质量保障措施如评估、财政激励、专业指导等，不会对公共资金投入的幼教机构和其他机构作区别对待。此外，各州政府还会对低质量的机构提供一定的专业支持，帮助其尽快提升质量而不是任其自生自灭、遭到淘汰，力图避免“马太效应”。二是加强宣传与信息发布工作。提升信息公开程度，为家长“增权赋能”，以提高其对幼教机构质量的判别能力和敏感度。很多州在进行评估后，都通过网络或发放印刷品等多种形式广泛、公开地发布评估结果。有的州还印制宣传品来指导家长理解这些评估工具，帮助他们选择高质量的幼教机构。这些措施都增强了信息公开的透明程度，也提升了消费者对学前教育质量的鉴别力，在一定程度上弥补了市场力量自身的缺陷。

第三，学术力量强化对市场力量的支持和指导。美国幼教协会从1985年开始开展幼教机构质量认证服务。这一服务主要面向的就是社会力量举办的幼儿园。随着服务规模的扩大，该项服务的规范性、针对性不断增强，到2003年该

协会专门成立了认证事务委员会，以确保该项服务的科学性和有效性。目前已有近万家幼教机构接受了该项服务。该委员会为幼儿园提供系统的质量评估标准，鼓励其开展自评自检，并提供专业人员上门进行第三方评估与指导。美国幼教协会的认证不仅为幼儿园提供了专业指导，还会提升幼儿园的声誉，间接地带来资金、生源等资源。

纵观美国学前教育督导体系的发展历史，国家、学术、市场这三种力量是动态变化的，如本节开头所言，学前教育事业定位、投资主体的构成影响着三者的此消彼长和互动形态。在市场力量主导期，学前教育被视为家庭和社区的义务，投资也主要来自社会资本，学前教育的质量问题尚未得到广泛关注。所以在这个时期市场力量发挥主要作用是不足为奇的。而从20世纪90年代到今天，美国之所以出现三种力量的整合，重要原因就在于政府逐步将学前教育定位为一项“国家事业”，进而增加了政府投资比重。而学术力量的声音在全社会得到重视，进而推动了学前教育质量的提升，并使整个行业逐渐采纳了全面、科学的质量观。国家力量逐渐走向前台并发挥越来越大的作用，学术力量的声音也得到了重视。与此同时，市场力量仍然发挥着巨大作用，由此三种力量都走向了前台。在相互作用中，市场力量的作用也并未削弱，而是在国家力量和学术力量的支持和引导下规范、有序的发展，继续发挥着重要作用。

第三节　我国学前教育督导体系中的三种力量

一、三种力量的比较：主导的国家力量与发育不足的学术、市场力量

在学前教育被定位为我国国民教育体系的重要组成部分后，政府在学前教育供给、质量保障中给予了更多投入，发挥着核心督导作用。此外，我国人民群众对于政府也有着充分的信任。这些决定了在我国学前教育督导体系中，与学术力量、市场力量相比，国家力量毫无疑问处于强势地位，发挥着主导作用。但是就我国学前教育督导体系协调发展与质量保障而言，国家力量发挥作用的机制仍有待于进一步理顺，后两种力量有待进一步加强。

1. 国家力量发挥作用的机制有待进一步理顺

首先，教育督导部门未被充分地赋予所应具有的地位和权力。从行政关系、人员编制上看，我国各地教育督导部门实质上是隶属于教育行政机关的一个部门，缺乏独立性，无法做到“管”和“评”的真正分离。就教育督导权力而言，它所拥有的行政权力没有获得法律的充分确认，导致实践中咨询建议等软性手段有余，而行政处理等硬性手段不足。这不仅削弱了督导的权威性，也无法对人、财、物等教育资源的配置发挥实质影响。因此，有学者指出应赋予督导人员更充分的权力，如基础教育课程改革的参与权、教育经费分配的参与权、教育行政领导与学校领导选拔和任命的参与权等。[①]

其次，我国教育督导政策体系有趋于“封闭”之嫌。它与教育领域内、外的相关部门沟通不畅，导致了政策系统的信息反馈不畅通，已有政策在执行中、执行后出现的问题不能及时反馈到相关决策部门。[②]这也影响了国家力量的统整协调。

---

① 苏君阳. 我国区县教育督导体制的现状、问题及对策［J］. 国家教育行政学院学报，2008(4)：59-62.

② 杨润勇. 关于构建我国教育督导政策体系的思考［J］. 教育研究，2007(8)：28-33.

2. 学术力量的专业能力、独立性有待加强

督导评估是一项具有较高专业性的工作，包含着丰富的理论和技术。随着政府、评估对象以及社会公众对学前教育评估科学性要求的提高，学前教育评估越来越多地需要教育学、系统科学、信息科学、法学、管理学、卫生学、心理学等多学科知识的支撑，日益呈现出作为一门综合学科的特征。虽然目前我国研究者对幼儿园教育质量的关注不断增加，但是本土化的学前教育质量研究在量、质两方面仍然不足，限制了行使咨询权和建议权的能力。学术界对于学前教育质量的组成成分及其相互关系的理论与实证研究还不够深入和广泛，尤其是大规模的实证研究较少，对各质量要素之间的复杂关系缺少充分的分析和论证。此外，对于如何从质量评价走向质量提升，建立借由评价来有效促进质量的机制、模式、方式和方法，也仍然需要在理论、实践上加以深入探讨。一些发达国家的学术组织可以从事在教育质量方面发布立场声明、制订评估标准、推行认证服务等一系列工作，而我国学术团体的工作则集中在学前教育质量方面的多学科联合研究、人员组织、实践推进等方面，尚未建立完善的机制、形成合力。

近些年，我国教育评价领域开始推行管办评分离、引入第三方评估机构的政策。不过这一政策的落地需要引入独立第三方的参与，才能使政府真正摆脱既做运动员又做裁判员的境地，实现评价的公平公正。所谓独立性，就是具有独立法人资格的第三方能够独立地行使教育评价权，且不受政府或者其他组织的干扰。目前我国的学术力量尚不具备充分的独立性。很多表面上拥有第三方名义的教育评价组织，如地方的教育评估院、大学和其他科研机构等，实际在不同程度上是行政机构的衍生组织甚至内生组织。它们通常在政府的扶持或主导下开展工作，在经费来源、人员编制、工作内容等方面，都对政府存在着严重的体制性依赖，不具备真正的独立性。①真正能够发挥第三方优势的力量不仅需要培育，同时也要考虑第三方评估制度在我国推行的适切性。

---

① 吴锦良. 政府改革与第三部门发展［M］. 北京：中国社会科学出版社，2001：342.

3. 市场力量尚未成长为合格的参与主体

市场力量发挥作用需要三个前提条件：第一，市场中有相对充分的竞争；第二，关于消费品的信息完全、充分；第三，消费者对于质量具有鉴别力和敏感性。其中第一个条件是首要条件，但在我国尚未充分具备。我国公办幼儿园和民办幼儿园之间并不存在真正的“竞争”。因为公办幼儿园享有政府的政策、人员、资金保障，绝大多数民办幼儿园在这方面无法与之相提并论。就普遍情况而言，民办幼儿园之间的竞争因地域、布局、价位等自然区隔因素，实际上也并不激烈。公办幼儿园之间的竞争通常体现为如何从政府那里获取更多的资源，不是一般意义的以生源为竞逐对象。在这样的情况下，家长“用脚投票”的空间是十分有限的。

二、三种力量的互动：以国家力量为主导的关系形态

1. 国家力量须借助学术力量的支持

学术力量需要国家力量的培育，借助国家的组织协调、资源投入，来开展有关学前教育质量和评价的基础研究及应用研究。政府也要积极转变观念，发挥学术力量专业、灵活的优势，委托其承担督导评估工作，并为其行使建议权和咨询权创造条件。我国近些年发布的一系列督导文件中都提出要探索委托第三方机构开展评估。这是在管办评分离的原则下进行的尝试，具有积极的意义。但是必须看到的是，这种尝试要取得预期成效，需要清晰地界定行政委托的法理基础。

政府委托第三方进行教育评价，本质上是教育公共行政方式转变的要求。就像休斯所言，公共行政方式的转变不是简单的政府行事方式的改变，而是治理逻辑与政治观念的变革，是在法理层面对政府角色的重新考量，是对政府和社会、公民之间关系的深刻调整。[①]依照休斯的逻辑不难发现，我国对于第三

---

① 休斯. 公共管理导论：第四版［M］. 张成福，马子博等，译. 北京：中国人民大学出版社，2015.

方评价的界定并没有基于“政府—公民（社会）”的二元法理视角。我国的体制是政社一体的，政府与社会高度一致，公共事务大多由国家管理、政府统筹，这样的体制下构建的第三方机制，具有浓厚的行政本位色彩。[①]近些年，在我国一些地方的学前教育督导实践中，一些委托第三方的尝试因政府对于第三方的法理态度模糊导致了诸多问题。很多地方督导部门仍把第三方评价视为行政评价的补充、点缀或打杂的配角，有时甚至将其当作规避烦琐财务流程的“财务引流渠”。它们在名义上被赋予了第三方的职责，但实质上并未得到真正的授权。

要使第三方评价真正落到实处，政府首先需要为第三方评价营造适宜的制度环境，建立一系列配套机制，包括对第三方机构的资质认定、遴选、考核、监督、问责以及资金的使用与监管等。要通过订立规范、明确的委托合同划清权责，为第三方行使教育评价权建立法律保障，设立科学合理的工作程序。

2. 国家力量对市场力量的引导

学前教育的质量保障不能过多寄希望于市场力量。这不仅是因为市场的盲目性、逐利性，更主要的原因在于学前教育市场竞争存在“地域垄断”的独特形态，使其很难达到其他领域那样充分竞争的程度。很多家长对于教育质量的鉴别能力不强。很多时候家长选择幼儿园并不是基于科学的教育质量观，依赖的信息常常具有表面性、片面性。仅仅通过家长“用脚投票”来激励幼儿园努力提升自身质量，无论在理论上还是在实践中都不具有可行性。

市场力量当然不是毫无发挥作用的空间。比如：市场对于消费者的需求比较敏感，能灵敏地反映出家长的教育需求，一定程度上可以起到教育质量风向标的作用；市场可以起到资源配置作用，满足家长多样化需求；民办幼儿园在课程模式和教育手段上的多样性能够弥补公办幼儿园的不足，丰富我国学前教育质量的内涵和形式。国家一方面要培育市场，使其形成良好的竞争机制；另

① 杨发祥，胡兵. 政社合作与公共服务体制的转型［J］. 学习与实践，2011(3)：94-98.

一方面要加强引导，尤其是针对民办幼儿园，应引导其尽快建立和完善行业规范，形成行业自律。一个行业的质量提升仅靠外部的强力督导是不够的，最终还是要依靠这个行业内部规范的建立和有序运行。在学前教育督导体系中，将各种体制的幼儿园一视同仁地纳入督导评估，绝不是为了削平各类幼儿园的差异，而是要引导行业内部的规范自律、培育良性竞争机制。

3. 学术力量对市场力量的支持

美国民间的专业团体早在十多年前就开始提供面向幼教机构的质量评估服务，如前文提到的美国幼教协会的认证等。这些评估服务之所以能取得一定的成功，一方面得益于这些专业团体有效地组织了人员和专业资源，并能提供较好的服务。另一方面，美国“小政府、大社会”的治理结构给了民间团体发挥作用的巨大空间。在“政府—公民（社会）”的二元法理视角下，美国的民间机构具有较强的独立性和公信力，其评估结果一般能够得到政府的直接采纳。例如获得美国幼教协会认证的幼儿园，在一些州可以获得加分或直接被认定为最高等级。

我国情况与此不同，代表国家力量的政府在我国学前教育质量保障体系中占有主导地位。因此，此类评估服务的定位只能更多地放在支持、指导层面，即通过形成性评价的手段帮助幼儿园提升质量，而不能以鉴定、“授牌”为主。这也决定了此种服务应以中低质量的幼儿园为主要对象，而不应定位在优质、高端的层面。唯有通过这种方式，学术力量才可以对市场力量发挥支持作用，借助专业指导、咨询服务，促使学前教育市场朝正确、健康的方向发展。

第四章
学前教育督导评估手段：人与工具的辩证统一

第一节　标准化工具迷思与人的价值

教育督导评估手段是教育督导评估主体与客体相互作用的媒介。它包含两种类型：一类是人化形态的手段，即代表教育督导机构实施具体督导行为的个体；另一类是物化形态的手段，主要指以工具形态存在着的各种督导评估的媒介，包括督导方案、设备、督导评估指标、调查问卷和访谈提纲等信息采集工具。教育督导评估的成效如何，既取决于人化形态尤其是督学的能力与素质的高低，又取决于物化形态的各种工具是否完善及其发挥作用的程度。督学工作的一大特点，就是既拥有专业上的个人自由裁量权，又需要在一定的工作方案和工具框架下开展工作。这就是两种手段之间的互动。

两种形态手段中哪一种在确保教育督导的成效中更有力、更值得倚重呢？理论上讲，这似乎不是一个问题。因为物化形态的手段是要靠人来使用的，而人在实施督导评估时也必须依靠物化形态的手段作为工具，二者具有相互倚重的关系。但是在学前教育督导评估实践中，究竟应以评估者的个人判断为重，还是要限制评估者的主观判断，把得到准确结果的希望寄托于“客观、科学、可操作”的评估工具？这在近些年的学前教育评估实践中成为一个重要话题。我国传统的评估指标常常由于过于抽象概括、操作性差而备受诟病。[①]随着国际上一些新的质量评估工具被介绍到中国，很多人呼吁要编制客观、具体细致

① 刘焱．试论托幼机构教育质量评价的几个问题［J］．学前教育研究，1998(3)：14-17.

的标准化评价工具，并尽可能地采用精致的量化手段，以便得到更为“科学、客观”的评估结果。一些地方的学前教育督导改革也投入了很大力气对评估指标进行修正，力图使其走上可操作、便于量化的“科学”道路。可以通过两个案例来感受这两种指标的不同。

案例一　某省市学前教育督导指标

以游戏为基本活动，保证幼儿有充足的游戏时间，尊重幼儿的自主意愿，尊重幼儿在游戏中的主体地位，教师能适时给予适宜的支持和引导。

案例二　《托幼机构环境质量评价量表（第三版）》

项目（22）积木（节选）

3 最低要求

3.1 有足够多的积木和附属材料让至少2个儿童同时搭建独立建筑。

3.2 地板上有空间供积木游戏使用。

3.3 积木和附属材料每天都可以使用。

3.4 当孩子玩积木时，教师有一些主动的参与（例如：对孩子搭建的东西进行正面评论；对搭建的作品表现出一定的兴趣；让孩子来指认形状）。

……

5 良好

5.1 有足够的空间，积木和附属材料让3个或更多儿童同时进行搭建活动。

5.2 积木和附属材料分类存放。

5.3 在人流以外的地方划出专门的积木角，备有储存设施和适合搭建活动的平面（如平坦的地毯和其他稳固的平面）。

5.4 积木角一天中有相当多的时间保持开放。

5.5 教师与幼儿有很多关于搭建积木的对话（例如：教师询问孩

子在搭建什么，或者他们最喜欢用哪种形状的积木；与孩子交流积木作品图）。

案例二比案例一的表述显然更加具体，操作性也更强。但二者之间的优劣真的是不言而喻的吗？在学前教育督导中，采用后者一定会带来教育进步吗？回答未必是肯定的。

本节尝试从如下两个角度加以讨论。

第一，标准化的评价工具、量化的方法所秉持的是什么样的方法论逻辑、质量观和评价观？它一定是“科学”的吗？需要进一步思考的是，这种方法论下的“科学、客观”对学前教育督导评估来说究竟意味着什么？它一定代表着合理的发展方向吗？

第二，在学前教育督导评估中，应当如何看待和发挥“人化手段”——督学的价值？在实践中，如何避免这样的危险：从过于倚重督学个人判断的“见人不见物”，走向过于强调工具的作用而贬低、忽视督学专业判断的“见物不见人”？

一、标准化工具之迷思

开发具体、精细的评估工具用于评价幼儿园教育质量，是20世纪80年代以来美国兴起的潮流。直到今天，这类工具的开发依然方兴未艾。这期间流行于世界的各种工具不下十几种，它们在学前教育质量标准的建构和政府督导中发挥了重要的作用。这些工具十分强调评价内容和方法的客观性，讲究心理测量学上的结构清晰、可重复、可验证等特性。这无疑反映了逻辑实证主义的传统，注重运用系统、理性和客观的方法寻求确定性、普遍性、稳定性和标准性。一些人对于标准化评价工具深信不疑，就是源于这一传统。但如果跳出科学主义的“盒子”，以局外人的视角进行反思，就能发现对这一传统的笃信实际上包含着诸多“迷思”。

1. 客观论之迷思

这种观念认为：标准化工具是对客观现象的描述，是客观、准确的，能减少人的主观判断带来的不准确性。

为使评价结果精确、权威、公平，客观化的评价工具往往坚持和突出“客观”二字。在研究范围上以可观察、可验证的对象为界限，尽力排除含混、主观的因素对评价结果造成的“污染”，忌讳含义抽象、立场飘忽、主客不分的评价指标和评价方法。例如，在评价指标中，除了对硬件条件给出量化规定，很多评价标准对于人际互动、心理氛围之类的评量，也尽量将其分为可以明确观察到的外在行为对应并给出尽可能明确的数量以作区分。

以《幼儿学习环境评量表（第三版）》（ECERS-3）为例，它对师幼互动氛围的标准是：观察期间经常看到积极的师幼互动（例如：温暖的眼神交流、微笑、交谈），没有很长时间的无互动情况；教师通常会通过适当的身体接触传达给幼儿温暖的感觉（例如：拥抱哭泣的幼儿、握住幼儿的手并认真地听、带有欣赏的眼光拍拍幼儿的肩膀）。一些指标还规定观察到的行为若要得分需达到的次数。①这种评价方式强调客观中立的原则，要求评价者进行观察时，应通过不交谈、保持面部表情自然中性等办法，避免让被评价者感觉到自己的态度。在该工具的2014版中，信息采集方式还删掉了教师访谈，只保留了非参与式观察的方法。②

这种方法很好地反映了一些学者对于评价研究量化范式的评论：研究就像是在寻找单个的、客观的真理。社会研究者认定存在一种社会现实，是可以进行量化测量的。量化范式假定可以将研究者与其研究分离开来。人们认为调查者可以在调查中采取一种客观、价值中立的立场。这一科学的分离通过研究工具和方法论的运用得以实现。这些研究工具和方法限制了研究者和研究对象之间的个人接触，而且很好地排除了偏见。③

---

① PIANTA R C, LA PARO, KAREN M, et al. Classroom Assessment Scoring System™ : Manual K-3 [M]. Baltimore : Paul H Brookes Publishing, 2008.

② HARMS T, CLIFFORD R M, CRYER D. Early Childhood Environment Rating Scale-3 [M]. New York : Teachers College Press, 2014.

③ CLARKE A. Paradigms and methods : Quantity and Quality in Evaluative Research [C] //UK Evaluation Society National Conference. [S. l : s. n.], 1995.

如果评价的目的仅仅是要得到一致、可比较的结果，那么标准化工具和量化的评价是“合目的性”的，对评价者主观经验的限制无疑也能够帮助实现这一目的。如果从“合规律性”的角度来看，它却在一定程度上背离了学前教育质量的本质，忽视了学前教育实践所固有的主观性、能动性，导致了主体性的遗失。这种倾向源于科学主义的影响，将学前教育质量类比为自然事物，认为它是一个可度量的纯客观存在，可以用数字去规定和把握其本质。但学前教育质量与自然事物是存在本质不同的。作为一种建立在交往基础上的人类活动，它是一个具有主观性、相对性的概念，不能脱离人的主观意志而存在，因此在评价中不可避免地具有内隐性、难测性。

实证主义传统所统摄下的教育质量观和评价方法论，是没有评价主体的主观性、价值立场的容身之处的。但在教育活动中排斥人的主观性和价值立场，实在是一种本末倒置的错误。要使学前教育质量本质回归到人的活动，就必须从过分追求客观可测评价工作的藩篱中解脱出来，承认并尊重评价主体的内在观念和意识系统，关注其目的、意义和创造性，尊重其文化背景、心理沉淀、反省意识等主观因素在评价过程中不可避免的影响。简言之，就是要承认人的价值。

2. *还原论之反思*

这种观念认为：为了准确地评量，就必须把精力集中于可观察、可测量的东西，比如外在的行为活动，而不要试图评价兴趣、情感、理解之类的看不见摸不着的东西。

所谓还原论，是把人类高级的心理机能还原为低级心理机能的哲学倾向。它把社会实践中的每种现象都视为最低级、最基本现象的集合体或组成物，认为可以用对这些低级现象的评量代替对高级心理机能的评量。[①]在标准化的评价工具中，这种倾向时常可见。在对游戏活动进行评价时，有一些标准和工具把对游戏条件的评量简单化为对活动区域数量的要求、对玩具材料种类和数量是否达标的

① 高峰强．现代心理范式的困境与出路［M］．北京：人民出版社．2001：60.

考察；有的评价工具把教师对幼儿语言的引导作用分解为教师与幼儿交谈的次数、反馈的回合、提出开放性问题的数量、复述幼儿语言和使用新颖词汇的次数等。这些指标诚然与游戏水平、语言水平之间存在着一定关系，但仅考察表面行为的次数只能捕捉到表面现象。不去关注游戏材料使用方式、语言互动背后深刻的思维和语义内涵，是不可能全面、深刻地揭示活动的性质和质量水平的。

早期的行为主义心理学曾把人的语言还原为“喉部肌肉运动”，把思维简化为“自我语言”。尽管教育质量外部评价中所表现出的还原论倾向不似这般极端和彻底，但是它把人的复杂意识简化为行为操作则与之一脉相承。这样做的一个后果就是消解了教育质量内蕴的教育属性，导致其无法捕捉到教育实践与幼儿发展之间关系的实质。诸多基于标准化工具评估结果的量化研究，所揭示的教育质量与幼儿发展之间的关系经常出现令人困惑的巨大差异[①]，部分原因正是来源于外部评价的上述缺陷。

对学前教育质量的评估，应当摆脱还原论的倾向，承认人类思维活动的复杂性，深入到行为表面之下去探究教师、幼儿的言语、非言语互动的教育内涵，不断发现建构生成的意义。在此过程中，标准化工具就要让位于人了。

3. *原子论之迷思*

这种观念认为：标准化工具可以像积木一样拆分开来，交由不同的人去分别评量，然后通过分数相加，就可以方便地得到准确的整体结果。

教育质量是一个多维度的概念，出于对结果进行分类统计和精确比较的需要，标准化的评估工具往往删繁就简，将其分解成为单个维度后再加以评量。维度之间是否能严格互斥、结构分割是否“不粘连”，成为考察一个评价工具质量的重要因素之一。正如达尔伯格所描述的：“首要的目标是减少所测量产品的复杂性和多样性，排除背景的影响，把它转化成有限数量的可测量标准，然

① ANDERSON L M, SHINN C, FULLILOVE M T, et al. The Effectiveness of Early Childhood Development Programs：A Systematic Review［J］. American Journal of Preventive Medicine. 2003，24(3)：32-46.

后再压缩成一系列数量化的等级——这是现代主义的梦想。”①

这种对结构效度的过分追求，会导致“肢解”学前教育质量概念的错误。教育质量并不是一个实体概念，而是教育实践若干特性的综合，某一个特性大多时候并不能脱离其他特性而单独存在。例如，我国有省市幼儿园等级评价标准中对于活动材料“丰富性”的考察，主张从幼儿活动状态来考察材料是否满足了幼儿活动的需要。这种方式超越了以往用数量清单来简单对表的僵化做法，但要探究幼儿活动需要得以满足的程度，就不得不牵涉幼儿对材料的兴趣、材料的功能和年龄适宜性、幼儿社会交往的水平，甚至教师对幼儿的指导方式。为追求维度之间的“不交叉”而要求评价者剥离这些因素单独去考察，则很容易回到单纯考察材料数量的旧做法上。

这种两难境地反映出，将整体事物拆分为单个元素并孤立对待的“原子论”式的方法论与教育质量本质特征之间的深层矛盾。如前所言，教育质量不是一个可以随意分割的物质实体。它下辖的维度也不便切分成一个个独立存在的实体，只是代表着看待同一件事物的不同视角。所以必须关注各维度间你中有我、我中有你的有机性。各地开展幼儿园评价的实际工作中，经常能看到评价者首先确立一个整体印象，然后分析各条指标“凑分”，最后再汇总成一个接近自己整体印象的总分的现象。与其简单地批评这种做法的“谬误”，倒不如认真反思：我们视之为理所当然的“部分相加等于整体”的评价方式，是否背离了教育质量概念所固有的整体性？

在学前教育质量评价中，应当避免走入条块分割、追求精致维度导致的误区，要恢复教育质量概念的整体性，允许评价维度和指标之间相互交叉的情况存在。有时甚至可以鼓励维度和指标之间发生关联，为评价者提供从多个角度进行多方印证的机会，为被评者提供进行自我反思的多种角度。这就要求采纳中华文明所强调的连续、动态、关联、整体的哲学观，摒弃西方哲学的静止、

① 达尔伯格，莫斯，彭斯．超越早期教育保育质量：后现代视角［M］．朱家雄，王峥，译．上海：华东师范大学出版社，2006：106.

孤立、实体、割裂的世界观。[①]

这种世界观上的差异，在一定程度上正是中西学前教育质量评价工具分别代表的“重体悟、重思辨”与“重技术、重工具”的传统差异的根源所在。

二、人的专业判断的价值

人的主观判断究竟是否值得信赖呢？下面两个基于实证的例子，能够分别从效度和信度两个方面为这个问题提供一点答案。

先看第一个例子。李克建等人编制《中国托幼机构教育质量评价量表（第一版）》时，曾以浙江省政府评定的三个等级（按质量高低分为省一级、省二级、省三级）的幼儿园为校标，考察了《中国托幼机构教育质量评价量表（第一版）》得分与幼儿园等级的相关性，结果如图4-1所示：

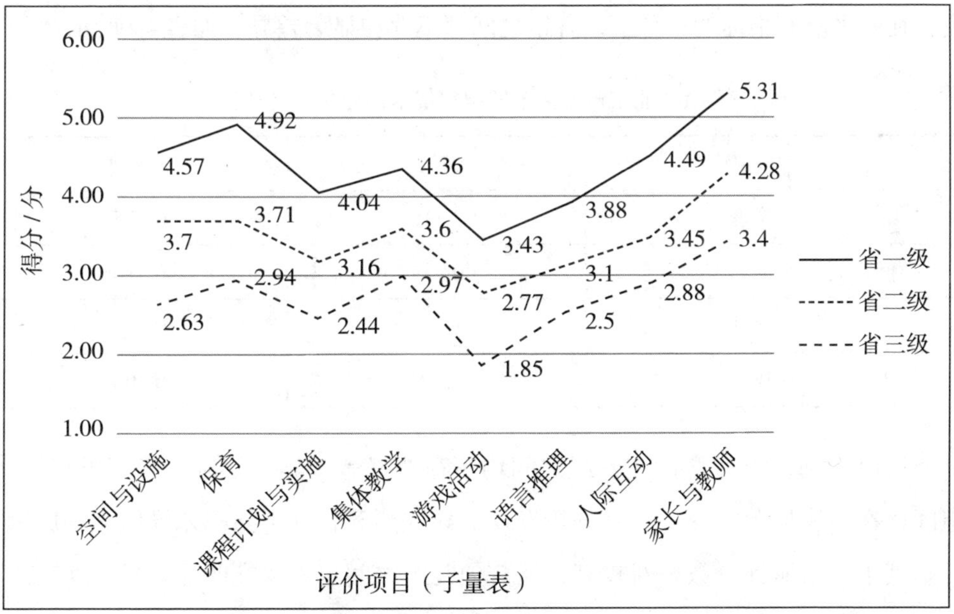

图4-1　不同幼儿园等级在《中国托幼机构教育质量评价量表（第一版）》上的对应得分[②]

① 陈来. 中华文明的核心价值：国学流变与传统价值观［M］. 北京：生活·读书·新知三联书店. 2015：13.

② 李克建. 中国托幼机构教育质量评价研究［M］. 北京：北京师范大学出版社. 2017：99.

多元方差分析表明，幼儿园三个等级对应8个子量表上的得分具有显著差异，并且幼儿园的三个等级对应每个子量表的得分两两之间也具有显著性差异。在效应量上，多元R^2值接近0.585，这表明幼儿园的三个等级对应8个子量表上的得分可以解释将近59%的变量。在教育领域中，这是一个相当大的效应量。

这项研究表明，采用诸如《中国托幼机构教育质量评价量表（第一版）》这样的学术化工具，与政府组织督学对幼儿园进行传统评定的结果相比，呈现出了亦步亦趋般的完美一致性。换句话说，督学们虽然没有使用具体、可操作的标准化工具，但评定的结果也仍然能在各个维度上有效区分幼儿园质量的不同水平。

再来看第二个例子。北京市某区2019年实施的幼儿园督导评估，根据专业领域不同将督学分为若干小组，分别入园进行现场评估。每个小组负责评估5~8所幼儿园，针对各个领域进行打分。笔者对不同小组的评分结果进行方差分析后发现，在几乎所有指标的评分上，各组之间都不存在显著差异。如表4-1所示：

表4-1　北京市某区不同组别督学评分的方差分析

指标领域	F值	显著度
园务管理	2.310	0.035
空间设施、安全与卫生管理	0.927	0.510
保教管理	1.762	0.133
保育教育	1.233	0.308

可以看到，上述指标在各组之间均不存在显著差异，仅园务管理类指标在组间存在边缘显著差异。事后分析发现，导致园务管理类指标差异较大的原因，只是其中一组所评分数相对较高，而其他几组之间也不存在明显差异。换言之，不同组的督学评分并不存在由于评估者的不同导致的系统性差异。

那么，在相对更为抽象、更难以评量的保育教育行为方面的“软性指标”上，督学们的表现如何呢？笔者进一步对这部分的指标进行了方差分析，结果如表4-2所示：

表 4-2　北京市某区不同组别督学在保育教育方面的指标评分的方差分析

指标维度	F值	显著度
教育理念	0.829	0.554
环境创设	2.047	0.079
生活活动	0.198	0.976
保育教育	0.571	0.751
游戏活动	0.772	0.596
教育活动	1.543	0.187
户外活动	0.723	0.633
幼儿评价	0.859	0.533

可以看到，在保育教育方面的所有维度上，不同组的督学评分之间也不存在显著差异。这进一步证实，尽管督学的评分带有难以避免的主观性，但这些主观性并未影响最终的评分结果。换言之，并不存在“严考官”和“松考官”的区别。

上面两个例子分别从效度和信度两方面表明：督学基于个人经验、采用非标准化的工具所作出的评价，足以胜任鉴定幼儿园质量等级的要求。

第二节　他山之石

在我国学前教育督导实践中，督学队伍整体水平还存在不足，导致了督导评估中的诸多问题。这也是广大的政策制定者、学前教育管理部门和幼儿园呼吁评量工具标准化的重要原因之一。不过，这恰恰说明督学素质、人化手段的重要性，提醒我们不能否认、贬抑人在督导评估中的重要作用。前文的分析表明：标准化的评量工具并不是万能的，对其应理性看待，要打破对实证性、量化手段的迷信，要回归教育的本质，承认教育的复杂性、难测性。这就要求评估必须尊重督学作为评估者的主观经验和专业判断力，在人和工具之间找到平衡。在国际上，有两个国家在对人和工具价值的不同态度上很有代表性，一个是英国，另一个是美国。

一、“重人”的国际经验

英国督导制度具有典型的重督学判断、轻工具指标的特征。英格兰教育标准局颁布的评价指标往往十分概括、抽象，要求督学基于个人经验对相应指标进行主观判断。例如，在“整体教育质量”方面，督导框架设定了这样的标准[①]（下文所呈现的标准适用于不同学段的各类学校，不仅是幼儿园）：

> 督学将基于如下内容对教育质量作出判断：
>
> 目标
>
> ■ 管理层采纳或建立一套对全体学习者提出较高期望的课程，尤其是对处于最为弱势处境的学习者，为其提供取得未来成功所需的知识和文化资本。
>
> ■ 课程能够充分地涵盖未来所需的知识和技能，课程的内容也围绕这些知识和技能进行了良好的组织。
>
> ■ 在学术、科技、职业方面，教师对于所有学习者都抱有同等程度的较高期望。当无法做到这一点时，如对于一些具有较高特殊需要和（或）残疾的学习者，基于他们的需要对课程进行了调整。
>
> ■ 学习者应学习所有的课程，教师所教授的内容尽可能地涵盖多个领域，仅在必要时才在特定的领域进行“专门”的教学。

① OFSTED. Education Inspection Framework：Overview Of Research［R/OL］.（2019-01-16）［2022-08-03］. https://www.gov.uk/government/publications/education-inspection-framework-overview-of-research.

实施

■ 教师在自己所教授的领域拥有良好的知识。在教师的专业知识领域之外，管理层能够为其提供有效的支持。

■ 教师能清晰地呈现学习内容，推动对其适当的讨论。他们能系统地考察学习者的理解情况，准确地鉴别出学习者的概念，并提供清晰的、直接的反馈。通过反馈，他们在必要时调整教学，而不是刻意地制造复杂的、分化的教学手段。

■ 在学习的过程中，通过教学来帮助学习者形成对所学内容的长时记忆，并将新知识整合进更宏观的概念之中。

■ 教师和管理层较好地运用评价，例如通过评价帮助学习者吸收和运用所学知识，考察他们的理解情况并改进教学。管理层能够理解评价的局限性，不让评价成为教师的不必要负担。

■ 教师为学习者创造聚焦于学习的环境。所选择的资源和材料（这不应成为教师们的不必要工作负担）反映出他们对学习的较高期望，并明显地能够支撑课程目标和组织的课程内容。

■ 使用严谨的教学方法，发展学习者对于阅读的信心和兴趣。在学习阅读的早期阶段，学习材料能够很好地贴近学习者的拼读知识水平。

成效

■ 学习者在课程的各个领域，发展出细致的知识和技能，表现良好。

■ 学习者为接受下一阶段的教育、就业或培训做好了准备。

英格兰教育标准局还针对不同学段分别编制了《督导手册》，对不同等级教育机构的表现进行了界定。如对于“优秀”水平的幼教机构，在“整体教育质量”方面的描述如下①：

---

① OFSTED. Ofsted Inspections of Early Years and Childcare Providers[R/OL].(2014-12-01)[2022-08-03]. https://www.gov.uk/government/collections/ofsteds-inspection-of-early-years-providers.

目标

■ 课程能够在坚实的基础之上有较强的目标性。所有教师都对课程目标及其意义具有充分、一致的理解。

实施

■ 教师能始终很好地实施课程，与儿童进行高质量的互动，有效地促进课程内容的实施。

■ 随着课程内容的推进，不断有序地推动儿童经验的持续增长，帮助他们充分地掌握未来学习所需的知识和技能。

成效

■ 课程能很好地让儿童掌握所知、所记。儿童积极地参与到学习和游戏中，保持高度的专注度。

■ 儿童能持续地增加词汇量，并能有效地交流。他们在表达上表现出越来越高的自信和熟练度，为未来的学习打下坚实的基础，尤其是在成为熟练的阅读者这一方面。

不难发现，英国督导指标的抽象概括程度，丝毫不亚于中国的督导评估指标。英国督导部门把作出准确评价的希望，寄托在督学的专业判断中，而不是去追求精致的指标和工具。该部门在其网站上明确指出："（督学）基于一定的证据、对照评价标准进行专业判断的时候，总是会有一些权衡和摇摆……但是督学有权，也有责任尽量根据描述，去确定一个最为契合的水平。"①

但这并不意味着英国督学的工作可以随心所欲，英格兰教育标准局对督学的资质审查、培训、考核是十分严格的，并且明确设立了淘汰、退出机制。在2015年之前，英格兰教育标准局委托过三家公司负责督学的聘任和组织管理工作。但这种做法出现了诸如聘任程序不严谨等问题，收到不少针对督导的投诉。

① OFSTED. Social Care Common Inspection Framework (SCCIF): Children's Homes[R/OL]. [2022-08-03]. https://www.gov.uk/government/publications/social-care-common-inspection-framework-sccif-childrens-homes/social-care-common-inspection-framework-sccif-childrens-homes.

于是该局在2015年后收回了此项权力，并加强了对督学的管理。例如在督学的选拔方面，申请成为督学的人员需要具备较高的能力，并且需要一系列复杂的选拔和培训程序（见附录1）：

■ 能运用证据和知识，进行准确的、专业的、深入的咨询或评判。

■ 能鉴别、选择和收集信息，达成有说服力的、公正的决定。

■ 能运用数据和其他证据，形成假设和问题。

■ 能衡量评估复杂而相互矛盾的证据，达成可靠过硬的评判并加以记录。

■ 能清晰、有说服力地、简洁地进行沟通，包括口头和书面三种方式。

■ 表现出较高水平的职业性。

■ 能运用信息技术。

英国督学的选拔和培训过程则是融为一体的，大致上要经历如下的程序：

■ 网上提交申请，说明自己为什么对成为督学感兴趣。

■ 完成在线的评估，通过填写信息、分析问题，来考察文字和分析能力。

■ 第一阶段是为时5天的面对面培训。

■ 提供一系列必要的说明性文件（如无犯罪证明）、专业责任保险等；参与一次“影子式督导”，即在一名现任督学的监督下实施督导。

■ 第二阶段是为时4天的面对面培训。

■ 参与第二次“影子式督导”（1天或2天）。

■ 完成一次“验收性督导”，即考察是否具备了督导能力，并完成网上课程。

■ 提供个人所需的信息（如接受薪酬的银行账户），提交同意书，参加第三阶段为时3天的面对面的培训，本阶段培训集中于如何进行督导评估工作。

除上述选拔过程中对督学进行的培训之外，还须接受日常的培训，主要是以会议或网上学习的方式，掌握政策和要求的变化。若没有完成日常培训，则不会被安排督导任务。

针对督学的考核则主要是根据督学所提交的督导报告，由“皇家督学”（Her Majesty’s Inspectors，简称HMI，由英国女王直接任命，是英格兰教育标准局的终身雇员，具有国家公务人员身份）进行抽查。对于工作质量有问题的，皇家督学会提出整改要求，并持续考察。如果后续考察依然不合格，则会被解聘。

二、“重工具”的国际经验

美国各州的“质量评级与促进系统”，是基于该国科学实用主义传统而设定的，更为注重采用标准化的工具。在美国各州目前已建立的44个系统中，有43个采用了标准化的评量工具，其中有36个采用的工具数量在1个以上。具体情况如图4-2所示：

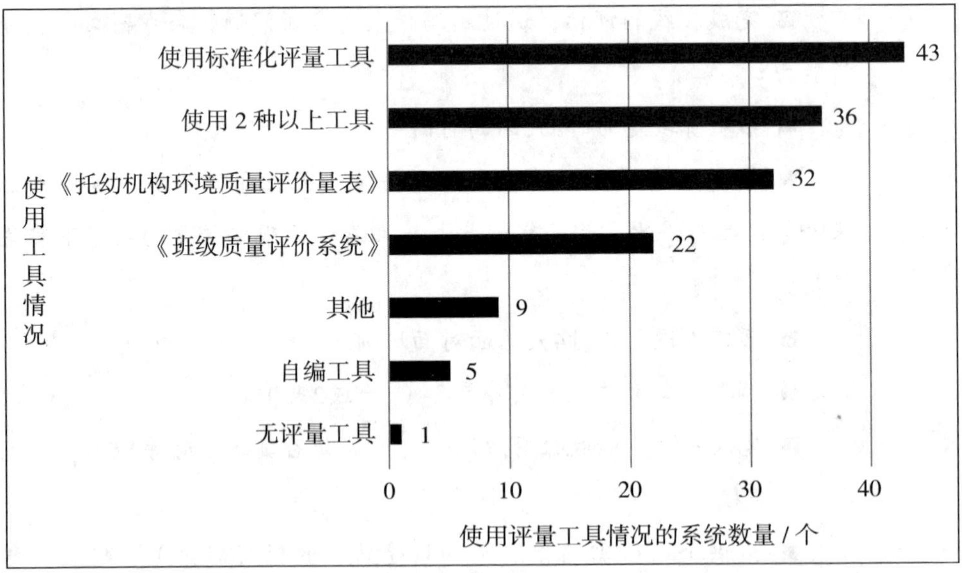

图4-2　美国“学前教育质量评级与促进系统”使用评量工具情况

其中，应用最为广泛的是《幼儿学习环境评量表》（ECERS）和《课堂互动评估系统》（CLASS）。使用前者的有32个，使用后者的有22个。两种工具都属于学术性的工具，在世界范围内的学前教育质量研究中应用广泛。它们在测量学上都具有较好的信度和效度，结构清晰、指标具体、操作性强（见第四章第一节中的例子）。但是有关这些工具的使用情况，有如下事实需要注意：

第一，在所有的州，这些学术性的工具都只是一整套评价依据中的一部分。它们所能够涵盖的评价内容有限，大多集中于幼儿园的环境、师幼互动方面，并不涉及课程设置、机构管理等方面。这些工具所涵盖不到的方面，仍然需要评估人员基于个人经验作出判断。此外，有的州（如加利福尼亚州）只是在较高等级的评价中才要求使用这些工具。

第二，对于这些学术性工具的使用人员，资质标准往往比其他督学更为严格。要使用《课堂互动评估系统》（CLASS）进行评价，必须接受系统开发者授权的一家公司为期3天的现场培训，并参加网上实操考核。其对示范案例的评分必须与“金标准”达到至少80%的一致度，才能获得资质。而该资质还须进行每年一次的复认。由于获取这种资质较难，以致一些州面临着聘请不到符合资质的人员的窘境。[①]

第三，学术性工具的使用限于对幼儿园等级的鉴定。有的州强调对幼儿园的指导，会选择更为综合性的内容，同时也更加注重指导人员在其中的作用，而不再仅仅依赖测评工具。这一点在第一章第三节给出的加利福尼亚州的例子中就可见一斑。

---

① 刘昊，史瑾．政府监控和保障学前教育质量的挑战及其应对：美国加利福尼亚州“质量评级与促进系统”的个案剖析［J］．外国教育研究，2018，45(2)：104-115.

第三节　寻求人与工具的平衡：启示与反思

关于学前教育督导评估手段的理论探讨以及对英国、美国案例的介绍，所能带来的启示是不言而喻的。简单而言就是要在人和工具之间寻求平衡。作出准确的评估，既需要相对完善的指标体系，也需要有能力很好地运用这些指标体系的人。既要防止过于倚重评估人员个人判断的“见人不见物”的倾向，也要防止过于强调工具的作用而贬低、忽视评估人员专业判断的“见物不见人”的偏颇。我国一些地区的学前教育评估指标之所以受到批评，就是源于实践中存在一些评估人员对标准理解不一以致幼儿园无所适从的现象。而造成这一现象的原因，更多在于对评估人员的培训和过程性指导、监控的不足，而不能仅仅归咎于评估工具的“不科学”。从前文所述的浙江和北京的例子可以看到，评估者其实是有潜力作出相对准确、一致的判断的（当然，要把这种潜力变为现实，需要一系列的条件）。所以只把矛头指向评估指标的概括性、抽象性，把解决评估信度问题的希望简单地寄托于具体、可量化的指标，是过度迷信标准化实证工具所导致的天真想法，是需要破除的。结合我国实际情况，对于如何寻求人和工具的平衡，有如下几点建议。

一、澄清认识

澄清认识需要看到学术性指标和行政工作需求之间存在的矛盾，并破除对学术性指标的迷信，从而理性审慎地使用学术性指标。

第一，标准化工具的应用背景。要看到《幼儿学习环境量表》（ECERS）《课堂互动评估系统》（CLASS）等工具的开发，最初是源于学术研究的需要。出于满足实证主义研究范式的要求，这些工具要极力追求客观化、标准化和普遍性。但是正如本书在第四章第一节所探讨的，对这些特性的追求会在一定程度上忽视教育质量的本质，导致了诸多深层次的问题。更重要的是，标准化工具所评量的是静态的横断面，并不能揭示一所幼儿园质量现状背后的原因、发展过程、未来潜力。而督导评估作为一种具有行政属性的工作，最终是要依靠评估结果来作出资源配置的决策。这就需要对一所幼儿园的发展基础、未来潜力作出判断，并在如何保护和激励办学积极性、如何有效地提供资料和条件实现其办学潜力等角度作出更多动态的考量。

第二，督导评估的目标取向。在科学研究中，研究者需要使用标准化的工具进行精细的横向对比，计算精确到小数点后n位的效应值，所以必须追求精确性。这样的对比大体上属于常模参照的相对评价。而督导评估要考察的则是幼儿园在多大程度上符合国家所制定的办学标准，因此更大程度上属于标准参照的绝对评价。即便要在横向比较的基础上对幼儿园进行评级，也未必需要像学术研究那样精确对比。实际上依靠督学的经验进行判断就足以胜任了，前文所述的浙江的例子就是很好的证明。

第三，专业指导职责的落实。在我国的教育督导实践中，督学不仅要对幼儿园办园质量进行监督、鉴定，还被赋予了专业指导的职责。实际上，让被督导的幼儿园感觉无所适从的，往往并不是对评级的结果存在多大疑问，而是督学的指导“一人一个说法”，不知道究竟该听谁的意见。导致这一现象的原因，是督学的指导过杂过细、过于倚重个人有限的经验，而不懂得抓大放小、针对不同层面的问题进行不同方式的引导。这种混杂了行政权威和专业权威的指导，指导得越细致、越具体，就越容易限制幼儿园的办学自主性、灵活性。从这个角度看，督学在对幼儿园进行指导时，同样需要警惕具体、细致评估指标的滥用。要达到好的指导效果，需要平等协商的专业探讨氛围、对幼儿园具体情况的深入理解、对不断试错的容忍度、对持续改进和静待花开的耐心。但实践中督学的指导是被嵌入到督导考责之中的，上述几点一般都很难做到。

第四，学术性工具使用人员资质要求。学术性工具的“精致”并不意味着它可以代替人的作用。并不是有了操作性强的工具，就一定会带来准确的评价结果。这是一种对学术性工具的误解，甚至是异想天开、不切实际的期望。实际上恰恰相反，正如前文所述，使用这种工具对于评估者的要求更高，需要更多的培训和监督。

总之，在督导评估工作中，虽然应适当提升评估指标的具体性、操作性，但对其优势与局限应有清醒认识，不应从一个极端走向另一个极端。

二、评估内容及方式、方法的优化

优化的原则是要同时发挥人和工具的价值，“两手抓，两手都要硬”。即一方面要完善工具，另一方面要加强督学资质认定和培训。下面就关键的几点提出具体建议。

1. 评估内容的完善

评估内容的重点应放在如何树立质量观和价值观的正确导向，并有效地回应实践中存在的突出问题。一是评估内容结构要完整，不能有重大缺失。比如在我国很多地方的幼儿园评估指标中，对于课程设置的系统性、管理的民主性、教师工作条件和待遇等问题都存在一定程度的缺失。在设计评估指标时，就应当关注这些方面，并吸收先进的理念和研究成果，体现出明确的指标要求。二是要合理地确定评分使用方式。纵观世界各国的学前教育督导评估制度，判定等级的方式主要包括三种：一是“逐条过关式”，即每条指标都要通过才算达标；二是“逐级过关式”，即为特定的等级设定一系列指标，只有每一条指标都达到了方能获得该等级的评定；三是“分数区间判定式”，即给所有指标打分，最终根据总分所处的区间判定等级。三种方式各有优势和劣势，也就各有不同的用途。通过对定级方式的灵活设置，可以有效地回应实践中存在的突出问题，更好地发挥评估的导向作用。就“分数区间判定式”而言，可以基于某一个阶段学前教育发展的实际情况，定期调整分值权重，使能够反映现阶段突出问题的指标承载更大权重、受到更多重视；或是针对不同等级水平的幼儿园设置不同的权重（比如，在督导相对薄弱的幼儿园时赋予办园条件更大权重，而对于基础较好的幼儿园赋予课程教学等内涵式指标更大权重）。这样就能做到“同一把尺子，有不同的刻度”，实现区别化的精准施策。关于督导评估工具的设计、有关计分和定级的方式是一个常常被人忽略的重要话题，本书第七章将加以具体的讨论。

2. 优化评估的方式、方法

在一定程度上，督导评估的关键不在于指标本身有多具体，而是在于对评估内容的处理，也就是评估的方式方法。相对于评估内容指标而言，它能在更大程度上影响评估结果的准确性。在我国学前教育督导实践中，评估方式的不当带来了不少问题，其中比较突出的是对文字资料的过度依赖。文字资料能够在一个侧面反映一所幼儿园日常工作的常态和发展历程，是一种不可或缺的信息收集与呈现方式。但是对文字资料的过度依赖，对文字资料的要求过多、过细，会给幼儿园带来巨大的工作负担，也会给造假、粉饰留下一定空间，损害督导评估工作的权威性和正当性。有太多园长和教师为写材料、备资料而叫苦不迭，为“迎接评估＝倒腾盒子”的黑色笑话而摇头不已。凡事“留痕”的工作方式，是督导工作中的形式主义、官僚主义的突出表现，亟待破除。而破除的办法，就在于认真研究和优化信息收集方式。英国督导实践中强调的“三角互证”方式是一种值得借鉴的方式。它要求督学按信息来源的重要性进行排序：首先依据的是现场观察结果，其次是与管理人员和教师及幼儿的谈话，最后才是文字资料。英格兰教育标准局还要求，各个来源的信息只有相互印证才可采信。加强督导评估过程中的集中会商机制，鼓励督学全面掌握信息、从多个角度进行综合研判，是必要的改进方向。有关内容将在本书第七章详细探讨。

3. 基于“督”和“导”两种功能的区分，对督学选拔、培训区别化安排

监督鉴定、支持指导功能本不相同，要以此为据对督学的选拔要求和培训作出区别化的安排。就工具和人之间的矛盾而言，工具在督查鉴定方面能够发挥更大作用，而在指导方面则更需要彰显人的价值。尽管两种功能都需要督学具备相当的学识和经验，但细究起来也存在微妙的区别。例如，对幼儿园的质量水平作出鉴定，需要的是对指标本身的精准理解、不掺杂个人经验并作出客

观判断的能力；而对幼儿园实施具体的业务指导，需要的则是主观上的理解和共情、对问题背后原因的灵敏判断、良好的沟通和交流能力。笔者在参与和组织学术性工具评估者培训时发现，在采用严谨的指标作出客观的判断方面，往往是经验不多但思路清晰的人更容易达到信度要求；而那些经验丰富的评估者，往往拥有更强的共情倾向，在评估时喜欢探寻问题的原因，为评估对象“找理由”“想办法”，往往达不到信度要求。这种有趣的现象值得玩味，也发人深思。因此着眼督导功能差异、督导者工作背景和特点作区别化的培训，便成为必须要做的工作。

第五章
学前教育督导中的自我评价与外部评价

第一节　自我评价的概念、起源和价值

一、自我评价的概念和起源

像教育领域的很多概念一样，自我评价也没有一个举世公认的界定。在现有文献中有一个常被引用的定义："自我评价是一个对教育实践进行反思的过程。这一过程是系统化的、透明的，以提升学生表现、改进教师的专业化和组织化的学习为目标。"[①]另一位权威学者给出的界定："主要由学校发起，在学校整体发展的背景下，出于作出决策、实施变革的目的，认真选择参与者、系统地描述和评估学校运行状况的过程"。[②]

上述两个界定在对自我评价特征的表述上虽然略有差异，但在其核心属性上具有如下共同点：第一，在主体上，自我评价的发起者是学校自身而不是来自外部的某个主体；第二，在目的上，自我评价的目的是评估学校的教育教学质量并对其实施改进；第三，在方式上，自我评价是一个持续性的过程，而不是单纯追求评价的结果。

在此有必要对自我评价与内部评价（internal evaluation）的概念进行一点区分。学界通常把这两个概念通用，但早期曾经有学者从较为严格的意义上对二

---

① MACBEATH J. Background，Principles And Key Learning：Self-Evaluation［R/OL］.（2005-10-29）［2017-07-29］. https://dera.ioe.ac.uk/5951/3/self-evaluation-background-principles-and-key-learning.pdf.

② VAN PETEGEM P. Vormgeven aan Schoolbeleid：Effectieve-Scholenonderzoek Als Inspiratiebron Voor de Zelfevaluatie van Scholen［M］. Leuven：Acco. 1998：72.

者进行过区分。例如有学者指出，学校评价有四类主体：A，评价的发起人或委托人；B，评价的实施主体；C，数据和信息的提供者；D，评价结果的报告对象和使用者。[①]在实践中，针对学校的评价可能发生于多种不同的场景，上述四类主体也就会出现多种组合。按照这位学者的界定，区分内部评价和外部评价的重点在于A、B、C三类主体，当它们同时来自学校外部时就属于外部评价，同时来自学校内部时就属于内部评价。但是并非所有的内部评价都是由学校本身负责实施的，也存在A、C、D都来自学校内部但是委托校外专业人员实施评价的特殊情况，此类情况虽仍然属于内部评价，但却不能称为自我评价。换言之，只有评价的实施主体来自学校内部时，才能称为自我评价。进行上述区分并不是做文字游戏，其意义在于，对于不同类型的评价主体的区分尤其是对评价发起者的关注，提醒我们重视评价"为谁服务"的问题。这是理解不同形态的学校自我评价的定位、程序、方式方法的关键之一。有必要指出的是，从教师个体层面上看，学校自我评价的实施过程也会包含着他评，例如教师之间的互相评价、管理者对教师的评价等活动。从这个角度看，"内部评价"一词似乎更为准确。但是出于约定俗成的习惯，学界一般还是在学校这一组织层面界定"自我"，大多数文献中还是使用自我评价这一术语。

学校自我评价是20世纪90年代前后在欧洲出现的概念。它的出现既有理论学术方面的背景，又有源于实践方面的推动原因。理论学术方面则主要在于评价理论和方法的进展，在此影响下学校有效性与学校改进研究的新发展以及第四代评价理论、教育治理学说的兴起。实践方面的推动力原因在于，在20世纪90年代欧洲各国政府普遍实施的自上而下的考责体系（以教育督导为主要方式）的压力下，学校层面逐渐产生了一股反作用力，增强办学自主权的呼声开始出现并越来越强。由此，在这一时期的欧洲教育治理体系中，出现了将管理权力向学校下放的"去中心化"趋势。以学校为主体实施的评价由此应运而生，

---

① SCHEERENS J. School Self-Evaluation：Origins, Definition, Approaches, Methods and Implementation［M］// NEVO D. School-based Evaluation：An International Perspective.［S. l. ］：JAI, 2002：35-69.

并受到了理论、实践两个方面的重视。可见，自我评价从一开始就是作为以教育督导为代表的外部评价的对立面（或者说是矛盾体的另一面）而出现的。欧洲各国政府逐渐把学校自我评价纳入了教育督导的程序之中。在一些国家和地区的教育督导体系中，自评更多处于附属者的地位，在内容、程序、结果使用上较多地受到外部评估的制约，如英国。而在另一些国家和地区，自评则享有更多的自主性和独立性，相对较小地受到外部评估的限制，如荷兰。

正是由于自我评价从一开始就和外部评价相交织，一些学者在界定自我评价的外延时往往也是从它和外部评价的关系出发来进行的。比如，有学者从自评所具有的内部性和外部性的程度出发，按照内部性从低到高、外部性从高到低的顺序将其划分为如下几个层次①：

第一，自评纯粹作为政府考责体系的副产品。政府组织实施外部评估，之后把评价结果反馈给学校，作为学校改进的依据。（这里的评价发起者和实施者都不在学校内部，因此实质上并不属于真正的自我评价。）

第二，学校实施的自我评价首先是满足外部考责的要求，而督导又会以学校自评的情况为依据对其进行元评价。

第三，同时具有两种目的的自评，一是为外部评价提供信息，二是服务于学校的质量改进。

第四，自我评价作为某个学校质量改进项目的一个组成部分（有多所学校参与的），用以判断该项目的成效。

第五，基于个体学校“量身定制”的个别化的自我评价。

---

① SCHEERENS J, VAN AMELSVOORT H W C, DONOUGHUE C. Aspects of the Organizational and Political Context of School Evaluation in Four European Countries[J]. Studies in Educational Evaluation, 1999, 25(2): 79-108.

二、自我评价的价值

自我评价理论源于20世纪90年代学校管理中学校有效性和学校改进两个主题的研究。这两个主题在研究范式和方法上有所区别：前者更多采用实证的方法、量化的手段探索学校中的各种变量与学生成绩之间的客观关系；后者则更偏向质性的方法，从利益相关方的诉求和体验等角度来考察办学质量，重视探寻、反思、自我审议等方法的使用。随着教育评价研究的发展，这两个主题都逐渐引入了评价的视角和方法。比如在有关学校有效性的实证研究中，发现了在学校和班级层面的评价、反馈与学生学业成绩之间的正向关系。后来据此所形成的一些理论，则突出了评价和反馈机制在管理中的重要性。① 在学校改进领域，研究发现评价可以帮助学校在愿景和现实之间搭建一种阶梯，通过评价来衡量目标和现实的距离，从而制订现实可行的改进计划，能让愿景和目标不再显得过于抽象和华而不实。② 与上述有关的研究进展，极大地丰富了学校有效性和学校改进研究的内容和成果，凸显了自我评价的理论价值。同时，它也反过来使得评价突破了自上而下的外部评价范畴，让自我评价开始成为学校进行内部管理的一种重要手段。这种手段几乎得到了所有学者的重视，如学校自评研究的先驱麦克贝思所说，“学校能够在较高的水平上使用自我评价和自我提升的工具，是一个国家教育健康发展的指标”③。

已有实证研究揭示，自评对于学校质量的积极影响主要集中在两个大的方面。

第一是组织质量的提升，包括改进学校质量的思维方式和工作方式，以及

---

① SCHEERENS J, VAN AMELSVOORT H W C, DONOUGHUE C. Aspects of the Organizational and Political Context of School Evaluation in Four European Countries[J]. Studies in Educational Evaluation, 1999, 25(2): 79-108.

② HOPKINS D, BERESFORD J, WEST M. Creating the Conditions for Classroom and Teacher Development[J]. Teachers and Teaching, 1998, 4(1): 115-141.

③ MACBEATH J. Schools Must Speak for Themselves: The Case for School Self-Evaluation[M]. New York: Routledge, 2005: 1.

学校内部人员的社会关系、组织氛围和文化的改善等。有学者指出，自评的实施能让学校对自己需要改进的方面更为敏感。[①]一些学者在荷兰的研究发现，实施自我评价学校的管理层和教师们会就质量问题进行更频繁、更开放的咨询，学校管理层会进行更多的班级观察。[②]一些学者在英国的研究发现，自我评价的实施使管理者增加了深入班级教学观察的次数，家长和学生也能更多地参与到自评中来。[③]还有学者发现，自评可以让学校更好地发现自身专业发展需求，对于变革也更主动。[④]

第二是教育教学方面的改善。一些学者考察了美国九所实施自我评价的学校后发现：与其他采用传统管理模式的学校相比，这些学校教师的技能和知识、教学计划的水平得到了显著提升；在教师的教育反思中，他们不再把学生的学业归因于外部因素，转而思考自己的教学方式是否有效。[⑤]其他学者也有类似的发现，他们发现自评能够提高教师对于教学效率的敏感性，让教师对学生的需求作出更好的回应，并进行更多的合作式反思。[⑥]

自评也存在负面的影响，其中最常见的是给教师带来的工作负担。一些学者在几个欧洲国家和中国香港地区的研究都揭示了学校在实施自评时，带给教

① NEVO D. School Evaluation：Internal or External？[J]. Studies in Educational Evaluation, 2001, 27(2)：95-106.

② SCHILDKAMP K, VANHOOF J, VAN PETEGEM P, et al. The Use of School Self-Evaluation Results in the Netherlands and Flanders[J]. British Educational Research Journal, 2012, 38(1)：125-152.

③ DAVIES D, RUDD P. Evaluating School Self-Evaluation[R]. Berkshire：National Foundation for Educational Research, 2001.

④ NEIL P, JOHNSTON J. An Approach to Analysing Professional Discourse in a School Self-Evaluation Project[J]. Research in Education, 2005, 73(1)：73-86.

⑤ GALLIMORE R, ERMELING B A, SAUNDERS W M, et al. Moving the Learning of Teaching Closer to Practice：Teacher Education Implications of School-Based Inquiry Teams[J]. The Elementary School Journal, 2009, 109(5)：537-553.

⑥ WAYMAN J C, STRINGfiELD S. Technology-supported Involvement of Entire Faculties in Examination of Student Data for Instructional Improvement[J]. American Journal of Education, 2006, 112(4)：549-571.

师的工作压力和繁重负担。[①②③④⑤]有学者基于其在中国香港地区的研究对此提出建议，校长可以对此发挥调节作用，通过强化自评过程中的学习机会，在一定程度上减轻教师的精神压力。[⑥]还有学者指出，对于自评所产生的大量数据如果不能进行很好的梳理和使用，也会成为教师的负担和困惑。[⑦]如果自我评价仅仅是为外部督导提供数据的手段，而不是真正服务于学校质量提升的目的，就会导致教师对自评产生负面认知，损害自评的效果。[⑧]

---

① DAVIES D, RUDD P. Evaluating School Self-Evaluation［R］. Berkshire：National Foundation for Educational Research，2001.

② HALL C, NOYES A. The Impact of School Self-Evaluation Processes on British Teachers' Views of Their Work and Professionalism［C］//British Educational Research Association Annual Conference.［S. l：s. n. ］, 2007.

③ WONG M N C, LI H. From External Inspection to Self-Evaluation：A Study of Quality Assurance in Hong Kong Kindergartens［J］. Early Education and Development, 2010, 21(2)：205-233.

④ VÁZQUEZ M I, GAIRÍN J. Institutional Self-Evaluation and Change in Educational Centres［J］. International Journal of Leadership in Education, 2014, 17(3)：327-352.

⑤ MACBEATH J. New Relationships for Old：Inspection and Self-Evaluation in England and Hong Kong［J］. International Studies in Educational Administration, 2006, 34(2)：2-18.

⑥ MACBEATH J. The Impact Study on the Effectiveness of External School Review in Enhancing School Improvement through School Self-Evaluation in Hong Kong：Final Report［R］. Hong Kong：Education Bureau, 2008.

⑦ WROE A, HALSALL R. School Self-Evaluation：Measurement and Reflection in the School Improvement Process［J］. Research in Education, 2001, 65(1)：41-52.

⑧ DE GRAUWE A, NAIDOO J P. School Evaluation for Quality Improvement：Issues and Challenges［C］//Meeting of the Asian Network of Training and Research Institutions in Educational Planning, Paris：International Institute for Educational Planning, 2002.

第二节　自我评价与外部评价的矛盾和统一

一、自我评价与外部评价的差异

1. 目标定位和价值取向上的差异

学校评价一般可以有两种目标定位：一是考责，即满足政府对学校进行考责的要求；二是改进，即指向学校自身的质量提升。①

就最初目的而言，外部评价主要指向的是前者，而自我评价主要指向的是后者。一些学者的理论以这两种目标定位为纵轴，以评价标准来源为横轴，区分了四种情况。②

表 5-1　不同取向和标准下自评与外评共存的四种情况

评价标准来源	目标定位	
	法定的外部标准	非法定的外部标准或学校内部的标准
政府对学校的考责	情况一	情况三
学校改进	情况二	情况四

如表 5-1 所示：情况一只强调采用外部标准来对学校进行考责，自我评价没有存在的必要；与此相反，情况四主要依靠的是学校自评，外部评价虽然也能发挥作用，但并非必需；情况三指政府基于每一所学校自行确立的标准来实施考责，这在现实中很少存在；只有情况二的自我评价和外部评价真正产生交集时，二者才有可能发生相互促进作用。

① CHENG Y C. The Pursuit of School Effectiveness : Research, Management and Policy［M］. Hong Kong : Chinese University of Hong Kong, 1996.

② VANHOOF J, VAN PETEGEM P. Matching Internal and External Evaluation in an Era of Accountability and School Development : Lessons from a Flemish Perspective［J］. Studies in Educational Evaluation, 2007, 33(2) : 101-119.

一些学者的探讨反映了自我评价和外部评价在定位上的矛盾：外部评价往往服务于监管、考责或激励措施，属于终结性评价，通常具有“高利害性”；而自我评价不是为了配合某种外部的激励制度，而是为了满足幼儿园内部保教质量提升的需求，是“低利害性”的，更多地具有形成性评价的特征。

目标定位的不同，决定了两种评价所秉持的价值追求的差异。高利害性的外部评价需要使用数据进行横向比较，追求的是权威性和外部的公平。外部评价的价值主要存在于评价实施者与评价对象的外部关系中，具有明显的外向性。而自我评价则重点关注幼儿园内部，其追求的价值寓于组织氛围和教育成效的提升中，是指向内部的价值。出于这个原因，很多学者在探讨自我评价的问题时，常常从学校内部出发去探寻影响其效能的因素。有人指出，学校在开展自我评价的过程中应当追求信任、开放、透明、合作的组织氛围。[①]一些实证研究也表明，在信任、开放、合作的氛围下进行学校自我评价，所取得成效会更高。[②]

有学者列举出自评所应秉持的四个理念：第一，人类是自然的学习者；第二，发展和变化应当是来自内部；第三，反馈对于个体学习和组织发展是至关重要的；第四，人们倾向于信守自己所作出的承诺。[③]自评所需要的这种积极人性假设，与外部评价背后的逻辑有着很大的不同。笔者熟悉的一位英国幼教机构负责人曾经把《幼儿学习环境评量表》（ECERS）引入到自己的机构中，期望为教师们的自我反思提供一个参照，但数月后就基本闲置不用了。她对这段尝试的一个深切感受是，这种用数字和图表来评分的办法不适合我们，它们给不了我们什么有用的反馈，激发不了教师们寻求改变的热情。

---

① MACBEATH J. Schools Must Speak for Themselves：The Case for School Self-Evaluation［M］. New York：Routledge, 2005.

② DAVID R, TEDDLIE C, Reynolds D. The International Handbook of School Effectiveness Research［M］. London：Psychology Press，2000.

③ MACBEATH J. Schools Must Speak for Themselves：The Case for School Self-Evaluation［M］. New York：Routledge，2005.

2. 评价内容和方式上的差异

（1）评价内容和指标撰写方式。

自我评价的内部指向性和外部评价的外部指向性，会反映在各自的评价内容上。表5-2总结了经济合作与发展组织各成员国学前教育督导体系中外部评价和自我评价的内容，二者存在明显不同。①

表5-2　经济合作与发展组织各成员国学前教育督导体系中外部评价和自我评价的内容

外部评价	自我评价
师幼比例	对服务质量的总体满意度
室内、室外环境	游戏环境、教室、教师办公室质量
健康和（或）卫生制度	制度执行情况
安全制度	教师之间的合作
学习和游戏材料的使用	教师与管理者之间的合作
教师资质	教师与家长的沟通
工作计划、教师发展计划	教师整体质量
工作条件（如工作满意度、教师流失率、薪资、工作量等）	材料提供及利用
课程实施	课程实施
人力资源管理	领导与管理
财务管理	工作条件（如工作量、薪资、专业发展机会等）

基于评价目的和取向的不同，两种评价的内容选择范围也不一样。很多实证研究表明，学前教育质量中存在着一些关键性的要素，其中有些因素影响作

① OECD. Starting Strong IV：Monitoring Quality in Early Childhood Education and Care［R］. Paris.：OECD Publishing, 2015：94.

用大，如教师教育水平、师幼互动质量等。[①]有些因素则发挥“中介”或“调节”作用，如师幼关系、班级情感氛围等。[②]有了这些可以“窥一斑而知全豹”的关键因素，作外部评价时仅考察部分指标就能对幼儿园整体质量作出较为准确的评判。在实践中，为了能够在相对短的时间内评价更多的幼儿园，很多外部评价往往只关注这些关键因素。例如美国加利福尼亚州的“质量评级与促进系统”，区分了用于外部评价的鉴定性指标（“混合分层指标”）和用于幼儿园自我评价的指导性指标（“质量促进持续路径”）。前者较为精简，包含的指标内容较少。[③]

如果自我评价的目的是指导幼儿园开展全面质量诊断和提升，就需要采用尽可能全面、细致的指标，来为幼儿园指明各项工作的方向和方法。指标的撰写方式也不会仅仅描述“做得怎么样”“达成了何种状态”这种结果，更多则是采用“该怎样做”“如何达成理想状态”的方式来描述质量实践的方法和过程。美国幼教协会的质量评价指标体系即把自身定位为帮助幼儿园改进质量的自评工具提供的指标体系十分全面、详细，对幼儿园在各个方面应当如何开展工作进行了具体描述，堪称一部“幼儿园工作操作手册”。[④]

（2）信度、效度要求。

同外部评价一样，自我评价也有信度和效度的要求，但是检验自我评价的信度、效度标准与外部评价存在不同。

---

① EARLY D M, BRYANT DM, PIANTA R C, et al. Are Teachers' Education, Major, and Credentials Related to Classroom Quality and Children's Academic Gains in Pre-Kindergarten[J]. Early Childhood Research Quarterly，2006 (21)：174-195.

② PIANTA R C, HAMRE B K, ALLEN J P. Teacher-Student Relationships and Engagement：Conceptualizing, Measuring, and Improving the Capacity of Classroom Interactions[M]// S CHRISTENSON, A L RESCHLY, C WYLIE. Handbook of Research on Student Engagement. New York：Springer，2012：365-386.

③ California Department of Education. Overview of the Quality Process[EB/ OL]. (2015-10-10)[2018-08-11]. https://www.qualitycountsca.net/child-care-providers/.

④ NAEYC. NAEYC Early Learning Program Accreditation Standards and Assessment Items[R/OL]. [2022-08-03]. https://www.naeyc.org/sites/default/files/globally-shared/downloads/PDFs/accreditation/early-learning/standards_assessment_2019.pdf.

在效度上，外部评价为了保证结果的精确性，同时为了便于分类比较，一般要求指标具有较好的结构效度，追求各个子维度之间的排他性、互斥性，指标的各水平之间也要有较好的区分度。而自我评价则可以维护教育质量概念的整体性，允许维度之间相互交叉、重叠，以便为自评者反思提供多个角度的支持。

相较于结构效度而言，自我评价更加强调内容效度，即评价内容的适宜性与评价目标的一致性。

在信度上，外部评价强调评分者一致性信度，且往往通过对评价内容、程序的标准化以及对评价者的严格训练来达成。这些标准化的办法可能带来负面后果，如忽视了被评价者的个性化差异、压缩了被评价者自主探索办学方式的空间。此外，整齐划一的评价程序也容易忽视和抑制评价者个体经验的价值，使外部评价陷入方法中心论和机械化的误区。一些研究者发现学校自评的信度很差，甚至有人总结道："自评的结果的不可信是'恶名远扬'的。"[①]近几年一些学者研究发现，教师们自评中填答问卷会受到个人动机、"好被试"心理等因素的影响，导致结果的不客观。[②]

如果以外部评价的信度、效度标准来衡量自我评价，自我评价的信度水平会很低，因此直接采用自评的结果充当外部评价的依据是不适当的。但必须看到的是，外部评价和自我评价在信度、效度上的追求是不同的，直接拿外部评价的信度、效度标准来衡量自我评价，似乎是犯了"关公战秦琼"式的错误。这对自我评价是不公平的。自我评价的信度不能依靠简单的一两个系数来判定，而是要看自评过程中参与主体在多大程度上采用了有效的沟通策略[③]，在决策过

① SCRIVEN M. Evaluation Thesaurus[M]. California：Sage Publications, 1991：228.

② FADDAR J, VANHOOF J, DE MAEYER S. School Self-Evaluation：Self-Perception or Self-Deception? The Impact of Motivation and Socially Desirable Responding on Self-Evaluation Results[J]. School Effectiveness and School Improvement，2018，29(4)：660-678.

③ SAMMONS P, HILLMAN J, MORTIMORE P. Key Characteristics of Effective Schools：A Review of School Effectiveness Research[R]. London：University of London，1995.

程中是否听取了多个利益相关方的意见[①]，是否将自评与其他工作进行了协调整合[②]，以及团队最终是否形成了共同的目标[③]等。

（3）评价方法与结果呈现方式。

外部评价一般使用标准化的工具和程序，以及非参与式的观察、访谈、问卷等客观化的方法。为了使之可量化、可比较、便于理解和宣传，外部评价的结果通常采用数字的方式呈现。相应地，对证据的记录也通常采用数字或检核表等量化方式。这些追求外部一致性和公平性的量化方法，往往以漠视幼儿园的个性、牺牲对实践内涵的深刻了解、窄化教师的视野为代价。[④]有人说："采用纯工具化的手段来思考自我和他人是一种愚笨的方式。个体经验影响着我们每个人，造就了我们的不同。如果从这些经验中抽象地剥离出来，我们就无法真正理解自己。这意味着，采用外部的标准、检核表的方式来检视自我，是行不通的。"[⑤]

自我评价不应该追求标准化的工具或程序，而是要讲究适切性，也就是基于每所幼儿园的独特特点和目标，选择适合本园的评价内容或指标，采取能够与本园既有工作相整合的程序和方法。它不排除参与式的信息采集方式，允许评价者与被评价者在互动中逐步达成相互之间的深入理解。记录和分析的方式也是灵活的，不排斥量化的方法，但是同时也提倡以文本、图像、影音资料、

① MORTIMORE P, SAMMONS P, STOLL L, et al. School Matters［M］. Berkeley：University of California Press, 1988.

② WIKELEY F, STOLL L, LODGE C. Effective School Improvement：English Case Studies［J］. Educational Research and Evaluation, 2002, 8(4)：363-385.

③ POTTER D, REYNOLDS D, CHAPMAN C. School Improvement for Schools Facing Challenging Circumstances：A Review of Research and Practice［J］. School Leadership & Management，2002，22(3)：243-256.

④ ROEGMAN R, GOODWIN A L, REED R, et al. Unpacking the Data：an Analysis of the Use of Danielson's (2007) Framework for Professional Practice in a Teaching Residency Program［J］. Educational Assessment, Evaluation and Accountability，2016，28(2)：111-137.

⑤ BRADY A M. The Regime of Self-Evaluation：Self-conception for Teachers and Schools［J］. British Journal of Educational Studies, 2016, 64(4)：523-541.

档案袋等多种方式呈现，采用质性的方法加以分析。①

在指标的撰写上，外部评价中不排除采用负面的表述（如“教师有嘲笑、斥骂幼儿的行为”），这不会妨碍外部评价者作出客观的判断。但自我评价中，尤其是涉及教师个体的行为时，应避免负面的表述，防止由于“好被试”心理带来的自评偏差。比如“大多数活动无法吸引大部分幼儿”“教师很少回应或参与幼儿的活动”之类的写法，会让教师下意识地避而远之，且不一定起到促进作用。而如果改用正面的写法，如“活动能吸引部分幼儿”“教师对幼儿的活动有时能给予回应和参与”，就可能会让教师更愿意接受，从而作出更符合事实的选择。

外部评价和自我评价的要素差异可用表5-3进行简要总结。

表5-3　外部评价和自我评价的要素差异

要素	外部评价	自我评价
评价目的	监管、考责或激励，终结性评价，往往具有高利害特征	质量的自我诊断与改进，形成性评价，低利害
价值取向	权威性、外部公平性，追求外部性价值	信任、开放、透明、合作，追求内部性价值
评价内容	可以仅对部分关键性指标进行“以点带面”快速鉴定，以提高工作效率	需要对教育质量的全要素、教育实践的全过程进行细致的考察
指标撰写角度	“做得怎么样”“达成了何种状态”	“怎样做”“如何达成理想状态”
信度、效度要求	强调结构效度、评分者一致性信度	强调内容效度、评价过程中评价者与被评价者逐步建立共识
工具与程序	标准化，要求一致的内容、标准、程序和方法	非标准化，允许幼儿园根据本园实际确定评价内容、评价程序

① COOPER B S, EHRENSAL P A L, BROMME M. School-Level Politics and Professional Development : Traps in Evaluating the Quality of Practicing Teachers［J］. Educational Policy, 2005, 19(1)：112-125.

续表

要素	外部评价	自我评价
信息采集方式	非参与式的方法	可以采用参与式的方法
结果呈现和分析方式	检核表、数字记录，量化分析；正面表述、负面表述	量化、质性（文本、图像、影音资料、档案袋等）；尽量用正面的表述

总之，幼儿园的自我评价不应照搬外部评价的内容、方式和方法。幼儿园在自评时完全套用外部评价的非参与式观察、量化评分、横向比较等方式，是不适宜甚至是有害的。

二、自我评价与外部评价的统一

在实践中，自我评价和外部评价往往是相伴而生的。正如内沃所言："当外部评价存在时，必须建立一个内部（自我）评价的机制；当学校成立了内部（自我）评价的团队时，他们也应当寻求某种具有系统性的外部评价。我们既需要有内部（自我）评价，也需要有外部评价，二者以建构性的方式共存。"①外部评价和自我评价之间不只有矛盾和差异，还应该探索它们如何才能实现协调统一、互为助益。实践中有不少同时进行外部评价和自我评价的尝试。澳大利亚的一项调查发现，在接受外部评价之后，幼教机构的负责人对于实施自我评价及自身质量的自信心得到了大幅度提升。②中国香港地区的一项实证研究也表明外部评价对于幼儿园自我评价的支持作用。该研究分析了80所幼儿园的评价报告，发现幼儿园在自我评价上表现出的水平与其在"教与学"方面的表现呈正相关，并且外部的质量评估对于自我评价以及整个教育质量而言，是一个

---

① NEVO D. Dialogue Evaluation：Combining Internal and External Evaluation［M］// NEVO D. School-Based Evaluation：An International Perspective.［S. l.］: JAI. 2002：3-16.

② ACECQA. NQF Annual Performance Report 2019［R/OL］.［2020-01-20］. https://www.acecqa.gov.au/resources/research/apr.

具有促进性和富有成效的过程。[①]

学者们也从理论上进行了一些探讨。

1. 对彼此的益处

内沃对此进行了比较系统的探讨，在两个方向上分别总结了三点积极作用。[②]

首先，外部评价对内部评价有三方面的积极作用。第一，激励学校自我评价。在很多时候，自我评价是由于外部评价的压力而产生的。自我评价费时、费力。当缺乏外部评价的激励时，学校常常缺乏足够的动力去实施它，而外部评价可以产生督促作用。第二，扩展自我评价的视野。一所学校的视野往往是受限的，而外部评价能够提供更为广阔的参照，提供更具有普遍性的评价标准，并可以提供国家或地区的整体数据供学校参照。第三，为自我评价提供合法性支持。自我评价往往由于缺乏客观性和良好信度而受到诟病，不过外部评价却可以验证其结果。但要注意的是，这并不是说外部评价要严格地考察自我评价的准确性，盖上“验讫合格”的章，而是要在对其客观性和信度保持一定宽容的条件下，与自我评价进行对话，分享信息、共同讨论，帮助学校加深对自身优势和问题的理解。

其次，内部评价对外部评价也能发挥三个方面的积极作用。第一，扩展外部评价的视野。外部评价因为要面向多所学校，因此其评价标准必须追求普遍性，致使无法顾及个体学校的独特性和特别需求，自我评价恰恰能够在此方面弥补局限。第二，为外部评价结果作出更好解释。外部评价结果只有透过每一所学校的视角加以考察，才能揭示导致这些结果的多方面因素。第三，促进外部评价结果的使用。在各所学校进行自我评价的过程中，把外部评价的结果与

---

① WONG M N C, LI H. From External Inspection to Self-Evaluation：A Study of Quality Assurance in Hong Kong Kindergartens [J]. Early Education and Development, 2010, 21(2)：205-233.

② NEVO D. Dialogue Evaluation：Combining Internal and External Evaluation [M]// NEVO D. School-Based Evaluation：An International Perspective. [S. l.]：JAI. 2002：3-16.

自身的工作相结合，真正利用它来促进学校的改进。学校自评能够增进自身评价素养的提升，这能反过来促进学校对外部评价结果的理解和使用。

上述益处只是理论上的可能，要让它们在现实中得以实现，还需要一定的前提条件，有学者为此在理念、方法论和沟通三个层面提出了建议。他在理念层面指出：首先，要树立评价是为了达成更好的理解而不单单是为了进行评判这一理念；其次，要看到评价的局限性，不可盲目夸大评价结果的所谓客观性；再次，无论是外部评价还是自我评价，都应致力于提出合理、具体可行的改进建议。在方法论层面：首先，要把评价视为一个持续不断的过程；其次，外部评价者和自我评价者之间应保持双向的信息沟通，承认自己的局限性并互通有无；再次，评价应当聚焦于真正重要的、与实际需求相关联的主题。在沟通层面：首先，外部评价和自我评价应建立相互的尊重和信任；其次，评价应当在公平的条件下进行，评价者和被评价者的付出和收益具有一定程度的平衡（比如自评沦为仅供研究者们采集数据的工具，就没有存在的意义）；再次，双方要共同承担评价所产生的后续结果。①基于该理论，荷兰学者结合荷兰的情况提出了如下建议：第一，在考责和学校改进两种取向之间进行明确的区分，避免两者相混淆带来的一系列矛盾冲突（这与本书第一章所论述的原则是一脉相承的）；第二，将评价视为一种持续的过程而非一次性的任务；第三，为自我评价慎重选择主题，它必须与学校的个体发展需求相关，因此选择的权利应当交给学校而不是由外部评价为其指定；第四，认可和鼓励各方参与者的专业性，包括学校、督学以及其他的专业支持者；第五，确保自我评价的质量，这既需要学校自身的努力，也需要外部提供指导和支持，在外部评价中也需要对学校的自我评价质量进行“元评价”。②

---

① NEVO D. Dialogue Evaluation：Combining Internal and External Evaluation［M］// NEVO D. School-Based Evaluation：An International Perspective.［S. l.］：JAI. 2002：3-16.

② VANHOOF J, VAN PETEGEM P. Matching Internal and External Evaluation in an Era of Accountability and School Development：Lessons from a Flemish Perspective［J］. Studies in Educational Evaluation, 2007, 33(2)：101-119.

2. 外部评价和自我评价相结合的模式

外部评价和自我评价理论上的相互助益，必须通过适宜的程序性安排才能得以实现，有学者提出了两者共存的可能模式。有研究者梳理了如下三种模式。第一，平行模式，即二者同时进行，然后将结果进行比较。这种模式背后的假设是，自我评价无法取得可信的数据和结果，因此需要有外部评价的验证，来确保自评的准确性。第二，序列模式，即先后进行。比如先进行自评，外部评价可以将自评结果作为依据；或者反过来先进行外部评价，并为学校自评关注重点提供参考。第三，合作模式，外部评价者和学校共同决定评价的内容和标准，共同实施以获得更为统一的评价结果。①上述三种模式中，前两种都采用来自外部的标准，并不能充分地彰显学校办学的自主权和个性化，因此研究者指出，最终的发展趋势是走向合作模式。不难看出，这与上文内沃提出的建议在理念上是相通的。

本章第一节提到的五种自我评价形式，实际上也从某种角度揭示了自我评价与外部评价共存的形态。此外，有学者基于评价与改进的关系而划分的三类学校评价，也为理解二者关系提供了一种独特的视角。这三类学校评价包括：第一，对改进的评价，即对学校改进的成效进行价值判断；第二，旨在改进的评价，即通过评价来提供反馈，帮助学校改进质量；第三，作为改进的评价，即采用行动研究的方式，把评价渗透到日常的改进之中。②三类中的第一类在很大程度上属于终结性的外部评价，第二类和第三类则涉及了自我评价的范畴。

上述对于外部评价和自我评价关系、模式的探讨确立了一个坐标系。它使得在分析各国学前教育督导评估体系中的自我评价时，认清自我评价处于何种

① KYRIAKIDES L, CAMPBELL R J. School Self-Evaluation and School Improvement：A Critique of Values and Procedures［J］. Studies in Educational Evaluation, 2004, 30(1)：23-36.

② WEST M，HOPKINS D. Using Evaluation Data to Improve the Quality of Schooling［R］. Frankfurt, Germany, ECER-Conference. 1997.

位置，从而更好地理解各国自我评价的模式。将前文所述的几个经典理论下的评价模式置于“外部—内部”关系的坐标系中，其大致关系如图5-1所示：

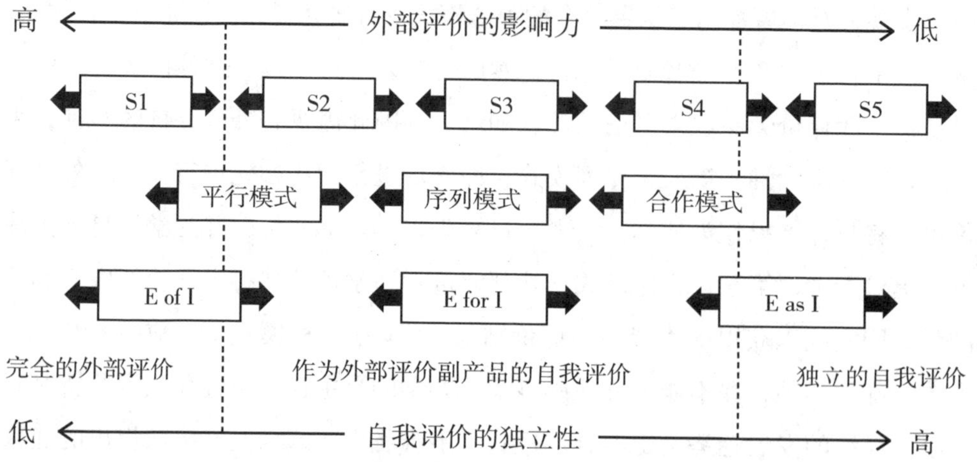

图5-1 几种理论的评价模式在“内部—外部”关系坐标系中的对比

上图中，S1至S5分别代表五种类型自我评价形式；平行模式、序列模式、合作模式为自我评价和外部评价的三种关系模式；E of I、E for I 和E as I分别代表“对改进的评价”“旨在改进的评价”和“作为改进的评价”。

第三节 国际学前教育督导评估中自评的发展趋势

在学前教育督导评估领域，很多国家和地区都把自评纳入了正式的评估程序中。经济合作与发展组织所作的调查就表明，在该组织的24个成员国中，有19个学前教育督导体系中包括不同形式的自我评价。[①]本节将使用前两节所梳理

① OECD. Starting Strong IV：Monitoring Quality in Early Childhood Education and Care[R]. Paris：OECD Publishing，2015.

的理论工具，对几个具有代表性的国家、地区的自评应用进行对比分析。首先要说明的是，本节是在与外部评价的关系框架下探讨自评问题，也就是图5-1两条竖虚线之间的部分。那种完全由幼儿园自行发起、不受外部考责影响的自我评价（例如德国蒂泽等人开发的“QuiK模式”[①]）不在讨论之列。

本节探讨的对象包括美国各州的“质量评级与促进系统”、澳大利亚的评级系统、英国的教育督导、新加坡的幼儿园评估系统，以及中国香港地区的督导体系。自我评价在这些体系中都带有作为外部评价“副产品”的特征，主要表现为两大方面：第一，非自发性，即幼儿园所进行的自评都是由外部评价引发的，是在外部的压力或激励下进行的；第二，结果使用的外部指向性，即自评的结果要用于外部评价，接受督导评估的审视，并作为其工作依据之一。从这些国家和地区的自评中也能够看到，自我评价本身的价值和意义得到了不同程度的重视，各国和地区逐渐以多种方式赋予其更高的地位和更大的灵活性，而不再仅仅把它视为外部评价的附庸、单纯为督学准备资料的信息采集活动。这种“从上走到下，从外走向内”的趋势值得特别关注和探讨，具体表现在如下几个方面。

一、赋予自评一定的独立性，视其为持续性过程

一些国家和地区有关自评的要求中都体现出持续性倾向，而不仅仅是将其作为迎接外部评价的一次性任务。自评并不随着外部评价的结束而终止，幼儿园会基于自评结果制订改进计划并持续实施。澳大利亚要求幼教机构的自评包含五个循环衔接的步骤：（1）对服务理念的反思；（2）基于国家法规和七个质量领域的标准进行自我评估，对于有违法规的做法立即纠正；（3）找出自身的优势和需要改进的方面；（4）基于自评结果，制订质量改进计划并持续实施；（5）回顾并反思实施效果。上述五个步骤构成了一个循环，是在日常的工作中

① TIETZE W, VIERNICKEL S. 0-6 岁幼儿日托幼儿园教育质量建设与发展［M］. 田春雨，罗毅，译. 济南：山东科学技术出版社. 2019.

持续进行的过程。如图5-2所示：

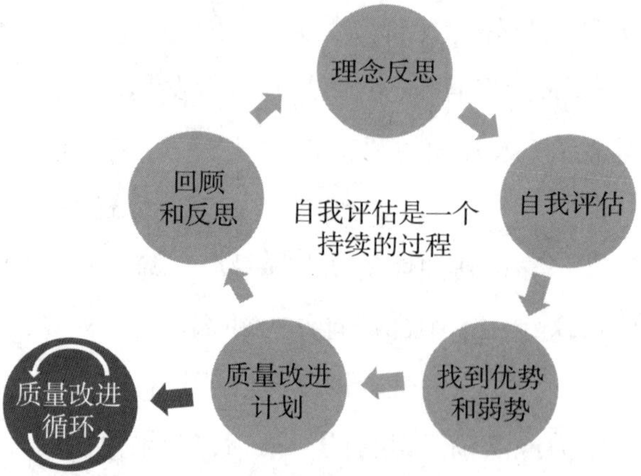

图5-2　澳大利亚自我评估步骤循环图

与之类似，中国香港地区要求幼儿园进行的自评包含三个步骤：评估—策划—推行。香港特区政府教育局强调，这三个步骤应当是持续不断进行的，基于面临的机遇、挑战的不断变化，每年都要重新进行自我评价。如图5-3所示：

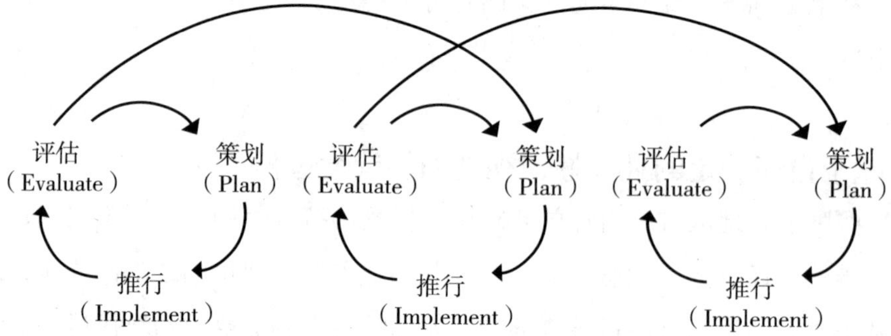

图5-3　香港特区政府教育局倡导的自我评价步骤循环图

香港特区政府教育局强调，应当将自评的理念“实践在恒常工作中”：员工须将“策划—推行—评估”的循环理念实践于恒常工作中，经常评鉴所负责的工作是否达到预期目标，思考进一步改善的良方，从而不断提升工作效能。为此，幼儿园应当考虑根据实际情况成立自评工作小组、家长小组等来开展有关工作。设立工作小组取决于幼儿园的需要，成员宜有各方代表，以广纳不同观点，从多角度审视学校，以增强自评的客观性。在这个过程中，幼儿园要通过树立信念、营造氛围、在实践中注重使用自评结果等手段，推动、建立一种自评的文化氛围。

很多国家和地区的学前教育督导都强调，自我评价实施应当请整所幼儿园的教师员工共同参与，而不是少数管理人员通过小范围商议得到自评结果。自评过程中必须广泛地收集多方意见，最终达成共识，而管理者在其中须发挥领导、协调作用。香港特区政府教育局《自评工作手册》中阐述了校长（园长）在自评中的角色定位和职责：

校长（园长）为学校自评的核心人物，须对自评持强烈支持的信念，掌握自评的技巧，凝聚团队，带领员工落实自评的策略，当中包括：

● 带领员工：

√ 掌握学校自评的理念和技巧；

√ 认识和应用《表现指标（幼儿园）》；

√ 建立自评机制和确定评估的方法；

√ 认识“学与教”是学校工作的核心，通过课程的统筹、监察和检讨，不断推展课程，达成学校的教育目标；

√ 全面检视学校的工作成效，编写学校报告；根据办学宗旨、学校情势，以促进儿童学习为目的，制订下年度工作计划，推动学校持续发展；

√ 定期检讨自评机制的效能。

● 指导自评工作，监察流程和成效。

● 设立足够和适切的渠道，让利益相关方（shareholder）知悉《学校报告》内容。

二、将自评视为教育质量管理的组成部分

自评既属于幼儿园日常工作的一部分，自然也是评价幼儿园质量时所要考察的重要内容。澳大利亚质量标准的第七个领域“管理与领导”中有一个条款为“持续改进”，针对自我评价提出了要求：

> 经常性地动态更新质量改进计划，使幼儿园不断改进质量。建立有效改进质量的循环，以质量改进计划为抓手，以“国家质量标准”和学习发展标准为依据，为质量改进找到适宜的目标。在教师员工会议上设置自我评价议题，在集体讨论中促使他们反思，让持续性的质量改进能够反映所有人的声音。建立并保持一种持续反思、自我审视、提出挑战、激发干劲、营造较高满意度的文化氛围，以便让所有人提升自己的教育计划和实施效果，从而直接助益于幼儿的学习。

新加坡评价指标的“规划与管理”部分，也对自我评价提出了要求。它将自我评价划分为三个水平：第一水平，每年进行自我评估；第二水平，教师参与年度自我评估；第三水平，自我评估和下一年的行动计划相一致。

英国教育督导对自我评价的要求比较有特点。与澳大利亚和新加坡不同，英国现行评价标准中并没有“自我评价”的字眼儿。但实际上，英国教育督导最早关注到了自我评价，这与欧洲学界对学校自我评价的研究最早起步也最为系统有关。2015年之前，英国要求学校接受督导时须向督学呈送自评报告，并介绍实施自我评价的过程、结果使用的方式，英格兰教育标准局还曾就自评报告模板作过规定。但2015年之后，该局对中小学陆续取消了这一要求，也不再规定自评报告的模板。取消自评报告最主要的原因是为了赋予学校更多的办学自主权和灵活度，不以统一的格式限制自评。另外的原因则是实际中出现的一些问题，例如一些学校为了应付自评报告而花钱请人指导，但又看不到这样的自评所带来的好处，产生了一些怨言和反对声音。

2019年，英格兰教育标准局在幼教机构督导中也取消了对自评报告的有关要求。2019年之前督导评估指标“领导和管理”部分明确要求“对教育质量的

自我评估”，比如“良好”水平的幼儿园需要做到：“自我评价准确，能涵盖家长、教师员工和儿童的看法。管理者基于《早期学习基础阶段》的要求认真计划，共同采取有效的措施改进质量”。在督导过程中，自评报告作为督学了解幼教机构、作出评判的重要依据发挥过重要作用。督学们往往会在督导当天的第一时间索要自评报告，一方面是借助自评报告来了解机构的整体情况，另一方面也要看机构在自评中能否对自我工作进行客观的反思。但到2019年，英格兰教育标准局修订了幼教机构督导手册，对督导评估方法和标准进行了较大的调整。在方法上，不再要求呈送自评报告，其原因与取消中小学自评的原因类似，主要是为了保护幼教机构办学的自主性和灵活性，但这并不意味着修订后的督导标准忽视了幼教机构对自身质量的持续性审视和改进。在评估内容上，新的督导评估指标不再把“领导和管理”单独列出，而是将其“散落”在其他各个方面的内容之中，要求督学在进行其他各个方面的督导过程中，收集有关领导和管理工作质量的证据。这一变化体现出对领导和管理工作的新理解：领导和管理工作的宗旨和定位是为了支持、保障教育教学活动，并围绕这些活动进行自我反思、调整、改善，因此不应脱离其他工作而对其进行剥离式的考察。[①]可以看出，新的标准虽然取消了“自我评价”的字眼儿，但实际上是把自我评价的要求渗透到管理工作的各个方面，这实质上是对自我评价的加强。

三、自我评价的自主性和灵活性得到不同程度的体现

在自我评价的自主性和灵活性上，各国和地区的要求存在着差异。有的国家和地区的自评内容以照搬外部评价为主，有的则对自评内容不作细致的规定，尽量为其留出更多自主性和灵活性的空间，以适应每所幼儿园的具体实际。前者以美国、澳大利亚、新加坡为代表，后者以英国和中国香港地区为代表。美国大部分州、澳大利亚和新加坡所颁布的评估标准，同时适用于外部评价和自

① 刘昊，刘莉. 从英国最新督导标准看学前教育督导评价发展趋势［J］. 外国中小学教育，2019(6)：33-39.

我评价。这些政府为幼儿园提供的自评指南、手册甚至自评报告模板中，都是直接把指标罗列出来，然后在每条指标下面留出空白供幼教机构填写自评结果。如澳大利亚为幼教机构提供的自评工具，见表5-4：

表5-4　澳大利亚评估标准中“促进每一名幼儿的学习和发展”自评表

概念	序号	内容	与指标内容相关的表现描述／自评依据	达到标准	未达标准
学习目标框架	1.1.1	课程的决定有助于每一名幼儿的学习和发展，涉及自我认同、与社区的联系、身心健康、有学习自信、能进行有效的沟通	（空白，供幼教机构填写）		
……	1.1.2	……			
……	1.2.3	……			

美国大多数州的自评标准与此类似，是把外部评价指标直接转换为自评表格，留出空白和分数栏让幼教机构填写。一些州如内华达州、艾奥瓦州，甚至把一些标准化评量工具的指标列到表格中，直接转换成了自评工具。如艾奥瓦州的自评工具，直接采用了《幼儿学习环境评量表（修订版）》（ECERS-R）的维度和指标：

表5-5　美国艾奥瓦州自评表

《托幼机构环境质量评价量表（修订版）》条目	所关注的问题（列出条目序号）	优先度（1. 高；2. 中；3. 低）	我要做出的改变（有哪些挑战？如何应对？）	我需要的资源	花费（1. 高；2. 中；3. 低）	预计完成日期	后续跟进措施
1. 室内空间							
2. 日常照料设施、游戏和学习							
3. 休闲和舒适设施							
4. ……							
5. ……							

与澳大利亚相比，美国照搬外部评价指标的倾向更加明显。这种做法可能与该国偏量化计量、轻质性分析，惯于分解事物，喜好具体可见的行为指标、拒斥抽象模糊的经验判断等学术传统和思维习惯有关。美国学界对于学校自评的研究也不像欧洲那样丰富深入，在实践中也较少有系统的探索。美国的“质量评级与促进系统”对于自我评价的理解和应用，与欧洲相比要薄弱得多。近些年美国也有一些专业辅导机构借鉴自评的理论，研发了相对完善的自评模式，并在对幼儿园开展的专业指导中进行了应用。[①]不过由于这些模式的落脚点是帮助幼教机构通过外部评级，其“外部评价副产品”的特征仍然十分明显。

在自评结果的呈现上，美国、澳大利亚和新加坡略有不同。新加坡和美国大多数州都要求幼教机构向督导评估人员呈送并介绍自评报告。但澳大利亚和英国类似，不要求幼教机构在接受评估时必须呈送自评报告，而只需展示其基于自我评价所采取的持续改进措施。

① ROBERTSON R, DRESSLER M. Prove It：Achieving Quality Recognition for Your Early Childhood Program[M]. Minnesota：Redleaf Press, 2009.

与美国、澳大利亚、新加坡三国相比，英国和中国香港地区督导制度对自评内容的规定比较宽泛。中国香港地区与英国相似，对自评内容的要求也是比较抽象、概括的。例如：

- “自我评估”在内容编排上，是以检视年度工作计划及现况作起点评述，然后让学校回顾过去一年的发展，重点评述“学与教”及“对儿童和教师的支援”，经过这些步骤，学校知悉本身的发展基础，再思考将要面对的转变，以助探讨未来发展的方向和规划来年的工作计划。
- 学校拟定的发展计划，将会成为下年度学校报告的检视起点。

除了内容、结果呈现，还有自我评价实施的方法，也能够体现自我评价的独立性和灵活性。各国和地区在这一点上表现较为一致，都强调要采用多种方式来收集信息，包括问卷、访谈、观察等，尤其是提倡要在幼儿园内部形成全体教师员工共同参与自我评价的机制，营造民主、开放、诚实的反思氛围。

英国之外的欧洲国家的自评也体现出较大的灵活性。在斯洛文尼亚，每所幼儿园都必须进行自我评价，但是自评的内容、工具则可以自主选择。该国教育部组织研发了一些评价工具供幼儿园选择，包括：面向教师的问卷，内容包括教师工作满意度、员工合作、课程计划与实施、日常活动开展等情况；面向管理者的问卷，内容包括结构性质量要素、教师管理、教师专业发展等相关问题；面向家长的问卷，内容包括家园合作情况、对幼儿园的满意度等。有的幼儿园自评还会开展幼儿访谈，询问孩子对于幼儿园、教师、活动、人际关系、氛围的看法。在采用自选工具进行评价后，幼儿园需要对数据进行整理和分析，并在此基础上制订改进的计划。①

基于上文的分析，如果将几个国家和地区督导体系中的自评置于“外部—内部”关系的坐标系中进行粗略定位的话，其大体位置如图5-4所示（本图并非

① OECD. Starting Strong IV：Monitoring Quality in Early Childhood Education and Care [R]. Paris：OECD Publishing, 2015：85.

基于严谨实证分析作出，只是简明直观的示意）。图5-4在图5-1的基础上，增加了一个自我评价灵活性的纵向维度。

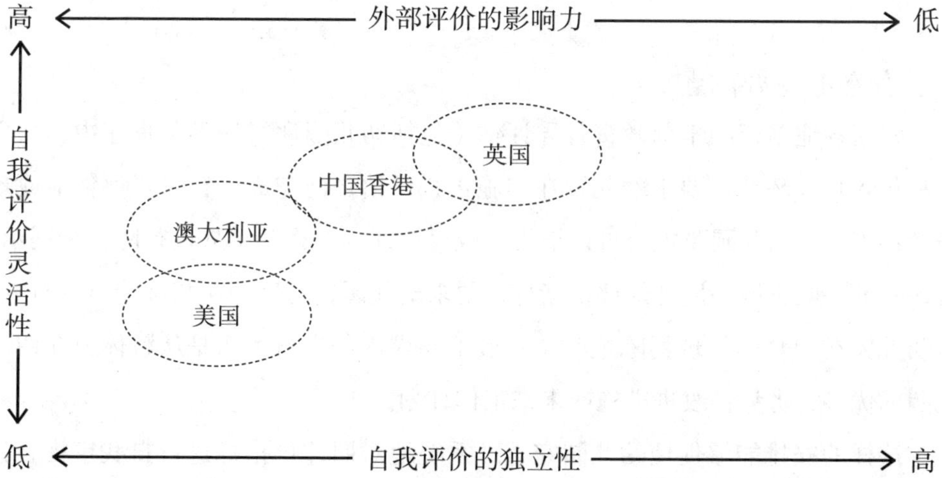

图5-4 不同国家和地区督导体系中自我评价在“外部—内部”关系坐标系中的定位

总之，尽管当前各国各地政府对学前教育施加的外部考责的压力愈加增大，其督导也愈加带有“高利害”的特征，但依然能从英国、中国香港地区的实践中看到：作为一种独立存在的活动，自评的价值也在逐渐地得到重视，自我评价发挥价值的空间在不断增大。比如，对自评内容、方式不再作过于僵化、细致的要求，鼓励幼儿园根据自身情况选择自评的重点，利用自评收集多方面信息、建立全体员工的集体反思机制等做法都是这一趋势的反映。在这样的趋势下，内沃所言的自我评价对外部评价的三种益处（扩展外部评价的视野、为外部评价的结果作出更好的解释、促进外部评价结果的使用），或多或少地有了实现的可能。

第四节　我国学前教育督导评估中的自评问题及反思

一、存在的主要问题

我国各地施行的学前教育督导评估（包括幼儿园评级评类）程序中，几乎全都包含自评环节，要求幼儿园在实施正式评估之前完成。在正式评估前或现场考察当天，幼儿园要提交自评报告，或对自评的过程和结果进行陈述和展示。自评标准一般直接采用外部评价指标，要求幼儿园针对每一条指标给自己打分。但幼儿园在向督学作现场陈述时，一般不要求逐条进行，而是从整体上介绍幼儿园的优势、劣势、改进措施或未来工作计划。

这样的安排能够促使幼儿园完整、系统地对照评价指标进行自我审视，让管理者全面把握国家教育方针和对办园质量的具体要求。对比内沃的理论，外部评价较好地发挥了对自我评价的激励、扩展视野的作用。但是整体来看，自我评价在我国学前教育督导评估体系中的地位还是很低的，它只是作为外部评价的准备环节，其本身价值没有得到充分的认可和重视。如果将其置于图5-4“外部—内部”关系坐标系中，它可能处于靠左、靠下的位置。我国学前教育督导中的自评缺乏独立性，主要表现在如下几个方面。

1. 实施程序

从实施程序上看，自我评价只是作为信息采集的一次性预备步骤。广大幼儿园实施自我评价时，往往是少数领导层主导，教师参与度普遍较低，教师的职责也只是提供佐证材料。调查中发现，在填写自评分数时，有时是园长一人填写自评分数，有时是园长直接安排某个教师去填。这样的自评谈不上全体成员参与，就使自我评价丧失了营造反思氛围、激发批判性思考、促进民主管理的作用。

实践中也有实施较好的自评案例，如下：

督导前的自评过程[①]

一、成立自评领导小组

2018年2月28日，我园成立了以园长为组长的自评领导小组，领导小组成员包括执行园长、保教主任、后勤助理、保健医、厨师班长、年级组长。随后，多次召开自评领导小组会议，认真学习文件精神，仔细分析《北京市海淀区幼儿园全面实施素质教育评价指标体系》（以下简称《评价指标体系》），在此基础上，讨论、明确相关工作的分工部署。

二、全面动员和培训

2018年3月2日，在全园计划工作会上，园长进行了督导工作动员，向全园教师介绍了此次督导的意义、自评工作计划。通过动员，激发全园教职工高度重视、认真准备、积极接受督导工作的热情。3月上旬，自评领导小组带领全园教职工解读《评价指标体系》，教职工根据《评价指标体系》进行本岗位工作的调整、改进与完善。

三、制订自评工作计划

园长要求各部门在认真学习督导方案的基础上制定相应的部门工作计划，在管理、教学及卫生保健等方面进一步细化责任，落实督导工作。对照《评价指标体系》，结合各部门的责任分工和管理目标，我园将评价指标进行了分解，组成管理、保教及卫生保健三个专项自评小组。同时，邀请中科启元公司品质部相关管理人员共同参与自评工作。

四、开展专项自评工作

我园制定自评方案和流程，分成三组进行专项自评。首先，将三级指标逐一落实到个人，并由各组自评工作负责人带领小组成员进行

① 本案例来源于中国科学院第一幼儿园的《自评报告》。

实践活动考察，查阅相关资料，完成相应的《专项自评量表》。然后由小组成员汇总自评情况，分析优势与不足，要求各组针对自查的问题，在两周内进行调整、改进。

五、完成自评工作报告

问题整改两周后，专项自评工作小组进行第二次自查。根据调整与改进后的情况，各小组负责人统计本小组成员针对各项三级指标的平均分，汇总自评工作意见，撰写本小组的专项自评报告。在此基础上，自评领导小组对各专项自评报告进行客观分析，总结成绩和经验，分析问题，完成《幼儿园督导自评报告》和《督导自评表》。

六、全园会审议通过

2018年3月30日，园领导在职代会上宣读了《幼儿园督导自评报告》，并经教职工代表审议通过，要求做好督导前的各项准备工作。

上引自评案例中，幼儿园自上而下地进行了动员，最大可能地调动所有教师参与到自评工作中，形成了集体研讨、共同反思的氛围。

2. 信息采集和呈现方式

我国自评中信息采集和呈现主要采用两种方式：自评得分和文字报告。表面上看这样的方式兼顾了工具的量化和质性，能发挥二者的各自优势，但是近距离观察却能发现存在不少问题。

第一，量化计分本来就不应该是以反思改进为导向的自我评价所采用的主要方式。实际工作中很多评价指标比较抽象笼统，比如“坚持社会主义办园方向，贯彻党的教育方针、政策和国家法律、法规，认真执行教育行政部门的规定，有正确的办园指导思想和办园目标”，“坚持精神引领，建设园本文化。师幼间、教师间、幼儿间、干群间具有民主、平等、合作、和谐、健康、活泼的氛围”等，这些指标作为自我反思的方向性指引是没有问题的，但是如果一定要用数字来表示幼儿园在多大程度上达到了要求，3分跟5分究竟相差多少、相差在哪里，都不易说得清。

第二，在外部考责的压力下，自评分数往往难以体现真实状况。为了避免给督学留下不好的印象，幼儿园在给自己打分时通常都有高估的倾向。以北京市2019年参与督导评估的159所幼儿园的自评分数为例，统计发现，在全部29个三级指标、10个二级指标、2个一级指标上，这些幼儿园自评分数无一例外都高于督学的评分。[①]高出的比例［（自评得分－督学评分）／督学评分×100%］在2.2%到28.2%之间。具体情况如下：

表5-6　北京159所幼儿园自评得分高出督学评分的情况

指标	指标个数/个	高出10%以下的指标数/个	10%~20%的指标数/个	高出20%以上的指标数/个	最小高出比例/%	最大高出比例/%	高出比例的平均值/%	高出比例的中位值/%
三级指标	29	8	9	12	2.2	28.2	16.7	19.0
二级指标	10	3	3	4	3.7	24.6	16.5	17.9
一级指标	2	0	1	1	13.8	21.7	17.7	—

是否和外部评价相一致当然不能作为衡量自评准确性的标准，不过上面的例子的确能够说明，采用量化的计分来呈现自评结果的方式可能存在问题。

第三，文字报告与自评过程相脱节。我国内地对幼儿园自评报告的内容通常不作具体要求，其形式多跟前文介绍的我国香港地区的要求类似，即无须根据评价指标逐条呈现，只需整体陈述优势、劣势及改进措施即可。这样的做法有利于赋予幼儿园自评的灵活性，但要注意的是，我国香港地区要求提交的自评报告并未脱离评价指标，实际上各所幼儿园实施的自评还是需要基于评价指标来进行，并采用多种信息采集方式（如问卷、谈话等）收集各个层面的意见。

① 北京市的督导评估标准将指标划分为“刚性”和“非刚性”二类，前者主要包含园舍条件、基本规范等硬性的要求，幼儿园自评打分时对此基本没有自由裁量空间，因此这里的结果只是统计了“非刚性指标”。

自评报告的内容也基本是围绕评价指标进行的信息汇总和分析，香港特区政府教育局2018年出台的新规即要求，自评报告要聚焦于“学与教”“对儿童和教师的支援”等方面。而我国内地很多幼儿园的自评报告存在与评价指标脱节的现象，加上一些地方过于重视表面上的特色化、个性化，使得一些幼儿园的自评报告过于追求文字的优雅华丽、形式的工整对仗，但缺乏实质的内容，陷入了形式主义的泥淖。

3. 自评结果使用

我国很多幼儿园往往在督导评估结束后把自评结果束之高阁，后续的改进措施则完全仰外部评价、反馈之鼻息。自评结果与日常工作出现了脱节，自然也就谈不上基于自我评价形成不断改进、持续循环的螺旋上升了。

实际上，我国的幼儿园日常工作中并不是没有自我评价。很多日常管理工作都包含了评价的成分，具有一定的全面性、周期性和连续性。比如保教管理工作中的园长进班指导（即教学督导）、定期组织的半日活动评价或保教评价、教师业务考核等，都是在运用评价的手段来实现监督、引导、激励和反馈改进功能。不过这些工作与督导评估前的自评没有形成内在关联，它们之间仍是割裂的。

笔者对于北京市159所幼儿园自评结果的分析表明，自评和外评结果差异的绝对值，与幼儿园的总体评分、各二级指标评分之间，均呈现出显著的负相关。尤其是管理类的指标，相关度在-0.268至-0.384之间，均在$\alpha=0.01$的水平上达到显著水平。换言之，质量越高的幼儿园，自评得分与督学的评分越接近。这印证了那句著名的论断：自评能力是一所幼儿园办学水平、管理能力的重要体现。自评应该成为考察幼儿园质量的一个重要侧面，同时也应成为对幼儿园提供指导的重要切入点。

二、反思与建议

1. 督导评估工作的整体设计层面

首先，应当充分尊重自我评价本身的价值，并在此基础上加强外部评价与自我评价之间的联系，努力使二者相互贯通，让自上而下、自下而上的两股力量形成合力。具体工作可以从以下几个方面入手。

（1）尊重自我评价的独特价值，对用于自评的评价标准、评价程序和方式进行不同于外部评价的设计。

本章第二节已经分析了自我评价在评价取向、内容、方式方法上与外部评价之间的诸多不同，实践中必须尊重这些不同，尽量作出差异化的安排，而不应在自评中直接照搬外部评价的内容和方法。国外一些督导评估分别为幼儿园的外部评价自我评价制订了不同的标准，前者较为概括、粗略，后者更加全面、细致，分别照顾到了两种评价的不同目的和需求。如第一章提到的美国加利福尼亚州的“质量评级与促进系统”中的“混合分层指标”和“质量促进持续路径”，就体现了上述区别。

深圳市2015年颁布的《深圳市优质特色示范幼儿园创建指导手册》是一个不错的本土例子。该手册“前言”阐明了它用于幼儿园自我评价的定位：“申请创建优质特色示范幼儿园的幼儿园，要认真研习本手册各项要求，反思并规范保教行为，提高认识水平和实践水平，为幼儿学习与发展、为教师专业发展提供支持和引导，不断提高保育教育质量。”这本手册从“学习环境”“一日生活”“学习活动”“管理文化”四个方面引导幼儿园思考和评价自身保育教育实践状况，在每一个方面提出了若干期望达到的目标。每个目标都用一句话描述了整体期望，后面用表格列出了从低到高的四个水平的要求，为幼儿园的不断改进描绘了渐进式的阶梯。尽管该手册关于评价方式的要求还带有照搬外部评价的色彩，如：要求进行3个小时的非参与式观察，观察者之间现场不作交流，表情自然平和；在观察现场不提问，不干扰教师和幼儿的活动。但该手册的重要价值，显然不在于幼儿园自评后所打出的分数和绘制的图表，而在于把这些指标用于日常审视、改进教育教学的反思过程和实际成效。

（2）把自我评价视为幼儿园管理工作的重要方面，在督导评估时作为衡量幼儿园管理水平的重要标准。

澳大利亚、新加坡、英国的评价标准为此提供了一些示范。近年来，国内一些地方研制的评价标准也能看到类似的尝试。浙江省编制的《浙江省现代化学校评估细则（幼儿园）》就提出，“建立完善的幼儿园教育质量内部自评与改进机制，有效推动幼儿园环境、课程、教师专业发展、园务管理、家长与社区等方面质量的持续提升”，并对幼儿园自我评价的形式、运行机制、结果使用、与外部评价的关系等作出了合理可行的规定。《上海市幼儿园办园质量评价指南（试行稿）》在保教管理中对“质量监控”作出了规定，引导幼儿园形成全面的质量监控制度，其较高水平上的具体要求如下：“2.1 定期对全体员工的工作进行评估，有分析、反馈、改进措施。2.2 形成符合实际的课程反馈调整制度与机制。2.3 建立自评机制，引导保教人员开展自我评价，持续改善保教行为。2.4 能把握办园条件、课程实施、幼儿发展等状况，提升质量监控成效。”这些要求都体现了自我评价常态化、把自评作为一种工作机制融入到日常管理当中的思想。

但必须注意的是，很多研究都提醒，繁重的工作量是导致自评效果不佳的重要因素。①②③这要求幼儿园管理者不应把自评视为一项额外的工作，而要把它和幼儿园日常管理工作融为一体。我国幼儿园日常管理中的一些活动虽然在名义上不叫自我评价，但实际上已具有评价的色彩。如果能从评价视角对其加以梳理、整合，让这些管理活动共同发挥收集信息、进行自我诊断的作用，不仅不会使自评增加工作量，反而能够起到合并同类项、“减能增效”的效果。这在后文中会详细讨论。

（3）重视幼儿园自评工作，提供适宜的指导。

幼儿园督导工作的“指导”功能应当聚焦于宏观指导、间接指导，而自评

① HALL C, NOYES A. The Impact of School Self-Evaluation Processes on British Teachers' Views of Their Work and Professionalism［C］. British Educational Research Association Annual Conference.［S. l：s. n. ］, 2007.

② WONG M N C, LI H. From External Inspection to Self-Evaluation：A Study of Quality Assurance in Hong Kong Kindergartens［J］. Early Education and development, 2010, 21(2)：205-233.

③ VÁZQUEZ M I, GAIRÍN J. Institutional Self-Evaluation and Change in Educational Centres［J］. International Journal of Leadership in Education, 2014, 17(3)：327-352.

指导就属于一种间接指导。这样的指导能够避免过于细致的直接指导所导致的“视野窄化”现象以及对幼儿园办学自主性和灵活性的限制，又能激励幼儿园基于自身情况探索个性化的办学模式和方法，从而更好地适应实际需要。用常用的话来说，“授人以鱼，不如授人以渔”。香港特区政府教育局为幼儿园的自我评价提供了问卷模板、数据分析模板等评价工具，并定期举办有关自我评价的工作坊活动、经验交流会，就是一个很好的例子。

2020年2月，中共中央办公厅、国务院办公厅印发的《关于深化新时代教育督导体制机制改革的意见》中也指出，要“指导学校建立自我督导体系，优化学校内部治理”。这里所谈的自我督导就属于自我评价，体现了政府层面对于自我评价工作的重视。

2. *在幼儿园管理工作层面*

（1）借用自我评价的视角和方法，对管理工作进行系统化重构。

跟国外相比，我国幼儿园的规模较大、管理层级多、内容复杂，比如保教管理工作，就包括保教制度建设、规划计划、日常规范、保教督导（深入班级指导，或称“查班”“巡班”）、半日活动评价、保教评价、教（科）研、教师培训等。管理工作的庞杂有时给业务干部和老师“令出多门、各自为政”之感，让其疲于应付、疲惫不堪。导致这一情况的原因是多方面的：在宏观管理体制上，上级教育行政或监管部门的要求可能比较僵化，削弱了幼儿园对各项工作价值的认识和内在动力；而幼儿园在管理理念和方法上，未能采用系统论的思维，将保教管理工作视为一个整体的系统，没有达到“减能增效”的效果。

要解决上述问题，需对管理工作进行系统化重构。这个系统可以以自我评价为逻辑主线，设置三个相互关联的子系统。第一，“评价标准”子系统，包括确立保教工作常规要求、制订制度、建立保教人员规范、确立保教活动的质量要求等工作。这个标准不能是对外部统一标准的简单套用，而应该基于幼儿园实际和特色，在全体教职工达成共识的基础上确立的，并注意在各项制度、规范之间建立一致性，尽可能地采用相同的文本表述。第二，“评价实施”子系统，不仅包括传统意义上的保教评价、半日活动评价、教师考核等工作，还包括业务干部日常所实施的保教督导，即通常所说的深入班级指导。这些工作应在目标、内容、方式上形成内在一致性：在目标上，要共同致力于收集信息、分析研判问题；在内容上，应基于相同标准，避免一项工作一套标准的“令出多门”现象；在实施方式上，上述工作都应视为重要的形成性评价手段，坚持发展性、过程性评价取向。本子系统的保教督导工作（即进行指导），各地称“巡班”“转班”“查班”等，具有天然的形成性评价特征，因此应被视作核心。第三，“评价结果反馈”子系统，包括教研、培训、教师专业发展规划与支持等工作。这几项工作都应在对结果分析、研判的基础上开展，其中前二者主要致力于解决共性问题，后者侧重于解决教师的个性化问题。上述三个子系统相互关联，构成一个循环往复、螺旋上升的过程，目标是形成动态调整、不断改进的、持续的良性循环。[①]如图5-5所示：

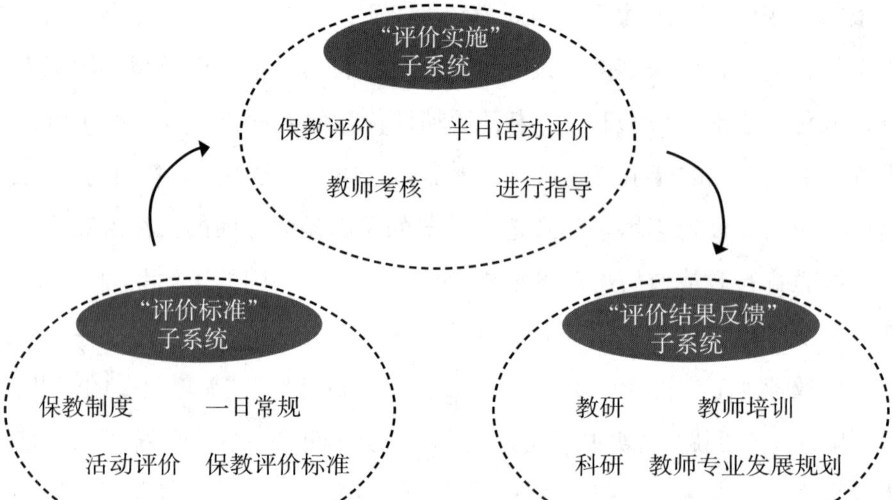

图5-5　自我评价视角下的幼儿园保教管理系统

① 刘昊. 幼儿园教育质量自我评价的学理逻辑与实践路径［J］. 教育测量与评价，2020(1)：17-22.

（2）把自评作为一种工作方式，有效地运用自评工具促进教师专业发展。

有学者指出，自评对于教师专业发展具有促进作用。[①②]实现这一作用的重要前提，是帮助教师建立自我评价、自我反思的意识和习惯。在此过程中，有效运用自我评价的方式方法、工具和标准十分重要。有研究考察了我国幼儿园使用《课堂互动评估系统》（CLASS）培训教师、进行教学反思的效果，发现培训后教师们教学反思内容的广度、深度水平都有不同程度的提升。[③]有幼儿园在使用这些外部评价工具时，还基于中国教师的语言习惯、思维特点以及自我反思的需要对其进行了改造，比如原北京市东华门幼儿园的彭迎春园长带领教师们改编了的《课堂互动评估系统》（CLASS）：

表5-7　北京市东华门幼儿园用于教师反思的简化版《课堂互动评估系统》（CLASS）

维度	具体指标	正反注解
“学习爱的表达”	学习在语言、表情、动作中表现出对幼儿的关爱	关爱—漠然
	正向期待，鼓励为主	正向—负向
	能意识到幼儿的需要，觉察到哪些幼儿需要额外帮助	敏感—迟钝
	给予幼儿更多自主做事的空间	宽松—高控
“一起来当孩子王”	指导语清楚、明确、前后一致	清晰—模糊
	对幼儿的行为表现有观察、有反馈	观察了解—主观判断
	通过关注积极行为和使用暗示性的线索解决行为问题	化繁为简—费时费力

① BLOK H, SLEEGERS P, KARSTEN S. Looking for a Balance between Internal and External Evaluation of School Quality：Evaluation of the SVI Model［J］. Journal of Education Policy, 2008, 23(4)：379-395.

② WONG M N C, LI H. From External Inspection to Self-Evaluation：A Study of Quality Assurance in Hong Kong Kindergartens［J］. Early Education and Development, 2010, 21(2)：205-233.

③ 王美佳.《课堂互动评估系统》在幼儿园教师教学反思中的实践运用研究［D］. 北京：首都师范大学，2020.

续表

维度	具体指标	正反注解
“一起来当孩子王”	教师对幼儿行为问题有预见，并能较好地监控	预见性强—后知后觉
	建立谈话机制，发挥幼儿自我管理的能力	自主管理—被动约束
“好活动练成记”	半日活动安排合理，幼儿生活丰富	活动丰富—单一乏味
	教师对于课程和物质材料准备充分	准备充分—仓促应教
	组织活动时能综合运用听觉、视觉、操作等多种途径；灵活采用集体、小组、分散等多种形式	形式多样—静坐说教
	过渡简明扼要，活动（学习）时间最大化	高效转换—费时等待
	幼儿感兴趣、参与度高	
“越互动越聪明”	教师经常组织幼儿进行讨论、分析、质疑和推理	思维参与—听指令做事情
	教师为幼儿提供计划、想象和发挥创造力的机会	创造性—统一答案
	教师能够通过高质量的反馈给予幼儿认知支架（多回合的互动；给予幼儿更多经验；促进幼儿的思考、质疑）	互动深入——问一答
	教师鼓励幼儿的坚持性和参与度	学习品质—学习结果
	促进教师和幼儿、幼儿和幼儿之间多回合的交流	多向交流—单一互动
	教师使用的语言丰富而多元，能给幼儿带来新经验	用词丰富—语言枯燥

也许有人会觉得，这样的改造把《课堂互动评估系统》（CLASS）原本具体、客观的指标变成了抽象模糊的语言，把之前清晰互斥的维度变成了交叉重叠的拼盘。但当对自我评价与外部评价的差异有了清晰的认识，对自我评价的取向、目的和方式方法有了深入的体会后，相信熟悉《课堂互动评估系统》（CLASS）的读者看了这样的“土味改造”后，也会像笔者一样，发出赞赏的会心一笑吧！

第六章
学前教育督导评估的内容标准

第一节　学前教育督导评估内容选择的双重筛选器

一、学前教育督导评估内容选择的复杂性

学前教育的质量水平是督导评估的核心内容。[①]质量这个概念最初产生于工业生产领域，指的是事物、产品或工作的优劣程度。20世纪下半叶，质量概念被移植到教育领域，并引发了追求教育质量的思潮与运动。人们最初追求的是一种绝对主义的质量观，它与权力、控制、有限的教育资源等紧密相关，体现了精英主义的特征，但是这种绝对的质量观很快被相对的质量观替代了。[②]艾德沃德对相对主义质量观的内涵进行了界定：一是"程序概念"意义上的质量观，即质量就是要符合预定的标准、目的或用途。只要达到了顾客的要求和期望，它就是有质量的，因此也就没有一个绝对化的标准；二是质量属于"变化概念"。它是一个复杂的过程，"这些比较抽象的概念可能包括关怀、服务顾客以及社会责任，通常就是使顾客满意的问题中那些困难而模糊的核心部分"。[③]相对主义质量观将质量视为开放的架构，它永远处于不断发展变化的过程中。

随着相对主义质量观的流行，教育评价模式在这一时期也发生了巨大转变。

---

① 此处讨论的主要是针对幼儿园的督导评估，即我国督导部门职责清单中的"督学"或"监测"部分，而不包括对政府职能部门的督导即"督政"。

② 刘昊. 超越质量话语与建构质量标准：兼论我们对待后现代主义的态度［J］. 学前教育研究，2008(5)：3-7.

③ SALLIS E. 全面质量教育［M］. 何瑞薇，译. 上海：华东师范大学，2005：10.

传统泰勒式目标导向型评价模式这样定义“评价”：“确定教育目标在多大程度上得到了实现的过程。”①由于教育领域中的目标通常是若干要素综合在一起的复合体，目标并不总是十分明确或确定，教育服务的利益相关方往往对何为有价值的目标、何为有质量的教育存在着不同的理解，因此后来的评价模式不再只针对教育目标的实现。例如斯塔弗尔比姆提出的“CIPP评价模式”中，背景、输入、过程、结果被全部纳入评价范围，而不再以某个单一目标为指标。“CIPP评价模式”与传统评价模式相比，最大的不同在于它能够听取来自教育过程中多个主体的声音，综合多种不同的教育质量观。有人也因此批评“CIPP评价模式”淡化了价值判断，但实际不然，主流模式对于信息取舍本身就已经暗含了评价者的价值取向和目标选择。

当前世界各国学前教育督导评估的内容标准，基本脱胎于“CIPP评价模式”，基本涵盖了背景、输入、过程、结果等方面，只是在不同的国家和地区各有侧重。在这样的评价模式下，以哪种“结果”作为最终参照，评估哪些“背景”“输入”“过程”，只是选择的产物。学前教育质量概念的复杂性，则决定了作出这些选择的复杂性。

学前教育质量概念的复杂性体现在多个方面。第一，它涉及多个认识角度，不同利益相关方对于什么是高质量的学前教育，存在迥异甚至相反的理解。第二，它涉及多个认识层次，既关系对幼儿有直接作用的班级物质环境和精神环境、师幼互动，又与间接的要素如幼儿园管理、教师工作条件、资金投入、家园社区关系、管理体制机制等有关，早期学者曾将其划分为“近端”和“远端”要素。②第三，它是一个多结构的概念，如在大多数研究所采用的“结构性质量”“过程性质量”和“成果性质量”三分法中，三种要素在层次上可以相互

① TYLER R W. Basic Principles of Curriculum and Instruction[M]// FLINDERS D J, THORNTON S, FLINDERS D J, et al. Curriculum Studies Reader. 2nd ed. New York：Routledge，2004：69.

② DUNN L. Proximal and Distal Features of Day Care Quality and Children's Development[J]. Early Childhood Research Quarterly，1993，8(2)：167-192.

嵌套、交织在一起，构成更加复杂的结构。第四，它还是一个不断变化的概念，会随着国家的政策变化、学前教育资源的涨落流动、教育观念的演进等发生变动，借用斯宾塞的名言形容它，“唯一不变的就是变化本身”。

在审视各国学前教育督导评估内容时，首先要树立这样一个观念：从来不存在一个天然合理的内容体系，此时此地看起来理所当然、习以为常的评估指标，放在彼时彼地可能需要作面目全非的调整。因此在讨论督导评估指标时，简单地堆砌罗列各国指标，对于理论和实践的用处都不是很大。探究各国指标优劣的工作程序，须先以学前教育观念、政策和研究进展为背景，绘制一幅国际评估指标的历史演变图谱，然后通过图谱作横纵结合的比对分析。这是一项工作浩繁的工程，远超本章所要探讨的内容范围。在本章后面几节和下一章中，笔者会先剖析内容选择的逻辑工具，即讨论评估内容选择的理性基础，然后对一些主要国家或地区的督导评估指标进行粗略对比，力图找到现今主流督导评估趋势中的普遍性共识，并对我国各地评估内容进行反思，最后探讨具体指标的撰写和呈现方式等技术问题。

二、学前教育督导评估内容选择的双重筛选器

理论上，与学前教育相关的一切都可以成为督导评估内容。但实践中不可能做到事无巨细的全面覆盖，必须加以选择或筛选，把那些不重要、不现实的内容剔除，保留那些认为值得投入资源加以评估的部分。这个过程就像淘金一样，先淘除泥沙，然后对选出的矿砂进行冶炼，最后铸造成形以存储利用。只不过在学前教育督导评估中，需要从混沌的主体客体的形态、行为、互动、关系中或个体、群体的感知、体验、状态中，提取若干成分要素并赋予其价值判断的意义，然后梳理、组织、加工，最终呈现为可理解、可使用的评估指标。

这一筛选过程需要使用双重筛选器。第一重筛选器是数据和经验。数据，即基于统计模型探索各要素的关系以及对因变量影响力和机制的数值；经验，

即从客观现象出发，概括总结、提炼并被公认为属于高质量教育的共同要素，上升、深化后可以成为一定的理论。第二重筛选器是价值取向和文化传统。价值取向，即基于儿童观和教育观，以及由此形成的学前教育价值取向；文化传统，是一个国家或民族的历史所积淀而成的规则、理念、秩序、信念的集体意识。

前两者属于较为浅层的方法技术层面，数据和经验分别采用量化和质性的方法提取关键的质量要素，二者可以混合使用，相互支持、印证。后两者则是本体论和认识论层面的，在更深的层次上决定着前两者的表现，其中的文化传统在很大程度上影响着价值取向，而价值取向也反过来也会对文化传统发挥一定的作用。

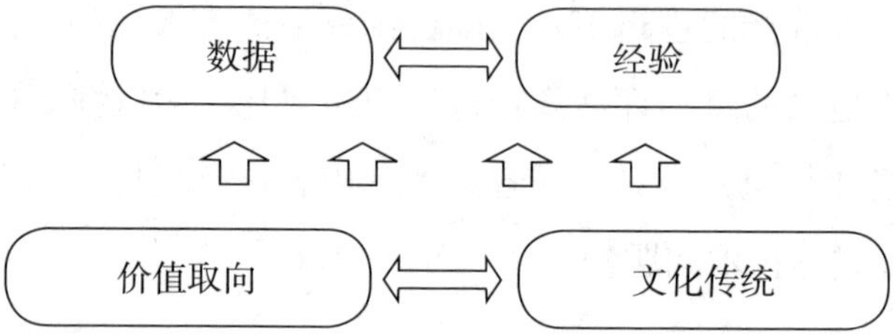

图6-1　学前教育督导评估内容选择的双重筛选器

1. 数据和经验

（1）数据。

利用统计的方法探索自变量和因变量之间的关系，通过构建模型来确定对因变量具有重要影响作用的自变量，这是确定质量评估内容要素所必需的基础性研究，在当前追求“询证政策”的大潮下尤其受到重视。这方面的研究文献非常丰富，随着研究方法的改进，几十年来的研究愈加深入和细致，所建构的数学模型也不断从简单走向复杂，从单因素走向多因素，从线性走向非线性。这些研究超越了抽象的理论思辨和个体的实践经验，用之于学前教育督导评估内容选择，可以比较系统地回答“什么是高质量的学前教育”的问题。借助这类模型确定评估要素，使得无论是卢梭、华德福，还是蒙台梭利、瑞吉欧，无论是政府举办的幼儿园、教会幼儿园、私立幼儿园，还是家庭式的教育机构，以及任何一种学前教育模式、办学体制，都有了一把可以丈量质量高低的标尺。更重要的是，实证研究揭示出：哪些因素是有价值的、价值几何；这些因素是如何发挥作用的，是关键的作用还是次要的作用；它们要达到什么条件才可以发挥好的作用。[①]这些问题的答案无疑能使学前教育质量督导评估标尺变得更为精细，评估者只要借助它观察一所幼儿园的各个要素，就能大体知晓幼儿能否从中获益、获益多少。今天国际上流行的学术性评价工具的每一个维度，几乎都以一些实证依据作为基础，其背后无不是这样的数学模型。而被西方学前教育界奉为质量评估理论和工具圭臬的“最佳实践”一词，来源于医疗和看护领域，其原本含义就是“基于最佳证据的实践”（practice based on best evidence）。

然而，上文所述只是理论预设中的理想状态。几十年来的研究结果表明，证据尚未给我们提供完美的答案。已有研究虽然数量巨大，但是得到的具有稳定性的结论并不多。普遍的情况是，采用不同的方法、在不同的时间、不同的地区、针对不同的对象所做的研究，得到的结果往往迥异甚至矛盾的。比如过程性质量，北美地区的研究发现它们对于幼儿发展成果的效应值一般都小于0.1，一些甚至小于0.05（效应值一般采用“差异值/平均数”的方式计算），另外一些研究没有发现显著的影响作用甚至发现了负面作用。欧洲国家和发展中国家的一些研究结果同北美一样，也存在很大的差异。又如结构性质量，一些研究者发现生师比、班级规模对幼儿发展具有低度到中度的影响，但另外一些研究却没有发现二者之间存在显著关系。显然，仅靠数据分析来获得确切、稳定结论的想法是不现实的。

以数据模型为督导评估内容的筛选器，具有如下的先天缺陷。

首先，社会科学中采用科学实证主义的量化研究方法具有一定的天然缺陷。

---

① 刘昊. 学前教育质量评估研究中统计分析方法的新发展［J］. 学前教育研究，2013(2)：21-26+36.

与自然现象相比，社会现象具有极度的复杂性，试图采用源于自然科学的实验研究来设计、量化统计方法，把社会现象的影响因素像“滴定”“萃取”一样剥离清楚，原本就是不可能完成的任务。在最早提出“最佳实践”一词的医疗看护领域，词语背后“最佳证据”的含义就是基于实证研究的黄金标准——对干预效果进行随机取样、对比相对的实验组和控制组进行严格实验设计——所得到的研究证据。①这样的设计在学前教育领域显然是不现实的，实际上几个经典的大规模研究如佩里研究、芝加哥儿童—父母中心研究也正是由于其取样和研究设计的缺陷而一直遭到诟病。尽管后来发展出了一些替代随机化研究设计的方法如断点回归设计，但这些研究实施起来仍然十分困难，而且结论依然不尽一致。

其次，理论模型与现实条件之间的差距。科学研究可以把各种要素条分缕析地逐个解剖，但公共政策却无法作同等程度的精细定制。举例来说，有很多关于质量门槛的研究，考察各种质量要素达到何种程度时才会对儿童发展带来有效的积极影响。一些研究采用了广义相加模型等非线性的建模方法，得到了比较精确的结论。比如有学者基于《托幼机构环境质量量表》的七个维度，针对儿童的身体、社会、认知等方面分别建模，发现不同的发展领域所要求的门槛限制各不相同，相互之间存在着较大的差异。②这样的研究结果十分精致也令人信服，但是在实际的督导评估中却很难直接参照执行——要在多个不同的发展领域分别确定幼儿园评估的标准，既不现实，也无必要。类似有关质量门槛的研究更大程度上属于基础性研究，而不是可以直接运用于实践的应用研究。

数据模型除了上述两点缺陷，还有一个更为根本的问题，它是“结果导向”的，即判断一个因素“好坏”的唯一标准是它跟因变量之间的关系，有显著关

① FERGUSON L，DAY R A．Evidence-Based Nursing Education：Myth or Reality？［J］．Journal of Nursing Education，2005，44(3)：107-115．

② SETODJI C M，SCHAACK D，LE V N．Using the Early Childhood Environment Rating Scale-Revised in High Stakes Contexts：Does Evidence Warrant the Practice ？［J］．Early Childhood Research Quarterly，2018，42：158-169．

系就是好的、重要的，无显著关系就是无关紧要、可以舍弃的。这样的标准消解了必要的价值判断。

（2）经验。

要深刻理解教育现象，我们还需要指向过程的证据，也就是要解释各种要素对于主体的意义，而这即是“经验”的作用。正如戴维斯所言：“证据还需要说明在教育、医护活动当中，学生、患者感受到的‘后果’：他们对自我的感受、对社会价值的感受和自我认同。这些问题就需要更为质性的和‘自然化’的研究方法，比如民族志、细致的观察、面对面的谈话等。”[①]质性、“自然化”的研究方法用于教育督导内容评估选择，即“经验”筛选器的使用。

在学前教育质量研究领域，有一些研究重视“经验”的作用，比如英国的“EPPE研究”（Effective Provision of Pre-School Education，简称EPPE，可译为“有效学前教育项目”）就使用大规模的观察、访谈的方法，从研究者的眼中、实践者的口中采集质性研究资料，总结出了优质幼儿园的若干特征。[②]该研究提出了“持续的共同思考”的教学方式，实现了对先前教育质量预设框架的突破。这从一个侧面说明了质性方法相较于量化方法的优势，可惜这类研究还很不够。

肯定经验的价值并不意味着否认数据分析的价值，实际上英国“EPPE研究”也是在数据分析的基础上才发现了那些优质的幼儿园，并将其作为提炼“经验”的样本对象。“数据”和“经验”这两种筛选器，应当结合起来使用。“经验”有助于对“数据”结论进行审查和解释，或者可以把数据结论放在相关理论的视角下加以审视，而不是唯数据论。

---

① DAVIES P. What is Evidence-Based Education?［J］. British Journal of Educational Studies, 1999, 47(2): 108-121.

② SIMMS M. Early Childhood Matters: Evidence from the Effective Pre-School and Primary Education Project［J］. Early Years, 2011, 7(4): 205-206.

2. 价值取向和文化传统

（1）价值取向。

采用实证方法尤其是数学模型探讨质量要素时，需要首先明确一个问题：以什么作为因变量？换句话说，就是要拿什么作为衡量各个要素价值的基准。基准的选择，体现着价值取向。

关于学前教育的价值，历来存在着儿童本位与成人本位、当下生活与未来准备、本体价值与工具价值的争论。基于不同的儿童观和社会需求，不同国家在不同时期对学前教育价值的认识是不一样的，这在根本上影响了对“何为高质量的学前教育”这个问题的回答。美国机构式学前教育勃兴于第二次世界大战时期，主要是为了满足妇女从事生产的需要，所以当时幼儿园的主要功能在于为幼儿提供必要的看护，并不承担教育功能。20世纪60年代，社会和政府逐渐注意到不同阶层幼儿发展中存在鸿沟，认识到早期教育在弥补这些鸿沟上的功能，于是开展了“提前开端计划”等项目以促进弱势幼儿的入学准备，这增加了幼儿园功能上的教育色彩。2001年美国通过了《不让一个孩子掉队法案》，这使学前教育更进一步提高了对学术知识、技能的重视，对美国幼教重社会情感、轻学业认知传统在一定程度上作了修正。美国对幼儿园教育质量进行评估是在21世纪之后开始的，它所推动的“质量评级与促进系统”在各州的评估指标中，以及这一时期兴起的“早期学习标准化运动”中，都能够明显地看到强化教育功能的印记。[①]可以想见，假设第二次世界大战后美国即进行关注教育功能的幼儿园教育质量评估工作，那么其评估指标和今天的一定会有所不同。这些变化的背后，有人力资本经济学理论的身影，也体现着儿童人类学的主张，当然最为根本的还是政治社会学视角下对于国家和社会需要所作的研判。

很多国家和地区今天的学前教育质量评估标准，都受到了“发展适宜性教育”（Developmentally Appropriate Practice）概念的影响。这个概念由美国幼教

---

① 刘昊，冯晓霞. 经济危机下的美国早期学习标准化运动：趋势、困境和机遇［J］. 学前教育研究，2009(11)：7-13.

协会在20世纪80年代首次提出，后又历经多次变化，尤其是对学术性知识技能的态度，前后发生了几乎一百八十度的转弯。在1987年发布的第一份“立场声明”中，对幼儿园教授“文字意识”是持反对态度的，认为“单独地教授相关技能，如认识单个的字母、背诵字母表”和“专门为教授字母表、拼音、书写设计活动”是不适宜的。[①]但在1997年的版本中却又提出，“让儿童有机会发展文字意识……理解单词的多种用法，学习字母、字母和音节的组合，认识对他们有意义的单词”是适宜的。[②]到了2009年，新发布的“立场声明”又进一步强调儿童掌握拼音规则的重要性，敦促教师“当儿童努力认识字母或组合字母时要提供帮助”[③]，并“把字母表放在儿童能够看到的地方供其查看”[④]。

英国在2019年新颁布的幼儿园督导评估标准中，则采用了“文化资本”的概念来概括教育目标要求。所谓“文化资本”，在英国国家课程文件中被定义为“使儿童成为受过良好教育的公民所需的核心知识”。那么需要哪些核心知识，当然要依据社会和国家的需要而定。

（2）文化传统。

对督导评估内容发挥影响的另一要素是文化传统，其影响有时并不外显，但却更为深刻和稳定。在不同文化传统影响下，人们对学前教育质量的理解存在着巨大的差异。[⑤]西方国家的幼儿园一般认为，较高的师生比是高质量教育的必备条件，因为只有如此才能建立亲密的师生关系，并为幼儿自主选择和自由活动提供保障。但日本的幼儿园则认为适宜的师生比为1：30，这远远超过

① BREDEKAMP S．Developmentally Appropriate Practice in Early Childhood Programs Serving Children from Birth through Age 8［M］．Washington：National Association for the Education of Young Children，1987：55．

② BREDEKAMP S，COPPLE C．Developmentally Appropriate Practice in Early Childhood Programs［M］．Rev．ed．Washington：National Association for the Education of Young Children，1997：131．

③④ COPPLE C，BREDEKAMP S．Developmentally Appropriate Practice in Early Childhood Programs Serving Children from Birth through Age 8［M］．3rd ed．Washington：National Association for the Education of Young Children，2009：143、148．

⑤ 李召存．探寻文化回应性的学前教育质量评价［J］．教育研究，2017，38(4)：64-71．

了西方人所能理解的界限，但在该国却并不代表教育的低质量。[①]20世纪末期，随着后现代主义、女性主义等思潮的流行，学前教育领域也掀起了对科学主义、绝对主义、文化霸权式的质量评价标准的反思。美国幼教协会提出的“发展适宜性教育”因为对文化差异的不敏感而遭到了很多批评，所以该协会2009年发布的“立场声明”中，专门将“发展和学习是在多种社会文化情境中发生、并受其影响的”列为儿童发展的一条重要原则。[②]美国幼教协会在此后开发或修订的质量评价工具中，也都强调要在教育实践中尊重幼儿的文化背景差异。

文化对于质量评价标准设立的影响绝不仅仅在于对少数族群幼儿的关照，还体现在对儿童学习和发展的理解、对儿童和教师关系的理解等方面。我国学者李琳等人讨论了《幼儿学习环境评量表（第三版）》（ECERS-3）在评估价值取向、“多样性”理解、学习内容和学习方式的理解等方面与中国幼教实践的诸多差异。[③]这些差异在最根本的层次上源于中国人“责任先于自由、义务先于权利、集体高于个人、和谐高于冲突”的文化基因。[④]构成中国当今教育文化背景的不只是儒家思想，新中国成立以来全社会普遍接受的社会主义价值观，和改革开放后市场经济所带来的崇尚自我、自主、实用的价值观等融合在一起，形成了十分复杂的样态。[⑤]有学者反思中国20世纪80年代以来的幼儿园课程改革时指出，对中国传统文化的挖掘和重视不足是导致理论和实践存在鸿沟的重要

---

① 托宾，薛烨，唐泽真弓．重访三种文化中的幼儿园［M］．朱家雄，薛烨，译．上海：华东师范大学出版社，2014．

② NAEYC．Developmentally Appropriate Practice in Early Childhood Programs Serving Children from Birth through Age 8［EB/OL］．［2022-08-03］．https://www.naeyc.org/sites/default/files/globally-shared/downloads/PDFs/resources/position-statements/PSDAP.pdf.

③ 李琳，范洁琼．基于ECERS-3评量表的幼儿园班级学习环境质量评估及其文化反思［J］．教育测量与评价(理论版)，2019，(6)：17-26．

④ 陈来．中华文明的核心价值：国学流变与传统价值观［M］．2005．北京：生活·读书·新知三联书店：56．

⑤ BUSH T，HAIYAN Q．Leadership and Culture in Chinese Education［J］．Asia Pacific Journal of Education，2000，20(2)：58-67．

原因，所以在构建学前教育质量评估指标体系时，应当充分地吸取这一教训。[①]

一个典型的问题，是对待集体教学的态度。很多学者关注中西幼儿园教学模式上的差异并作过深刻的论述。刘焱等人指出：中国虽然在客观上确立了以儿童为中心的主流话语，但是教师主导的集体活动和集体教学在实践中仍然是主要的课程实施途径。[②]李辉则认为：中国的幼儿园不会放弃引导儿童成为群体或集体一员的价值观，教师不会失去其在整个教育过程中的主导地位，集体活动和集体教学也不会失去其重要地位。[③]笔者2017年对北京25所幼儿园园长1179篇“查班记录”的编码分析也印证了上述观点。在几种活动形式中，园长们最关注的是集体教学活动（相关查班记录占总数的44%）；而在区域活动、生活活动中，园长们对于“活动目标”“教师对幼儿的指导”的关注，也超过了对“观察发现幼儿兴趣和需要”“对自主性的养成和支持”的关注。[④]不过在近年一些地方教育部门修订的评估指标中，也开始看到回避集体教学的倾向，比如不区分不同活动形式，或只强调游戏活动等。这一倾向背后的一个原因，可能是为了淡化不同活动形式之间的条块分割，以倡导游戏活动、集体教学之间的有机融合。这种有机融合很大程度上是一种理想状态，可能超出了目前大多数幼儿园的“最近发展区”，容易进一步加深理论与现实的鸿沟，并削弱评估指标的指导价值，在笔者看来这种尝试有些得不偿失。

文化对于督导评价的影响还体现在思维方式上。中国传统哲学讲究连续性、动态性、整体性的宇宙观，强调从整体上把握事物，因此没有建立起西方

---

① ZHU J X. Early Childhood Education and Relative Policies in China[J]. International Journal of Child Care and Education Policy, 2009, 3(1): 51-60.

② LIU Y, FENG X X. Kindergarten Educational Reform during the Past Two Decades in Mainland China: Achievements and Problems[J]. International Journal of Early Years Education, 2005, 13(2): 93.

③ 李辉. 普遍论抑或相对论：中国学前教育改革之文化学反思［M］// 朱家雄. 中国视野下的学前教育. 上海：华东师范大学出版社，2007：58.

④ 刘昊. 我国幼儿园园长教育质量观之管窥：基于1179篇“查班”记录的实证分析［C］. 上海. 学前教育质量评价高峰论坛，2018.

哲学那样把事物剖解分割之后加以分析的思维习惯。[①]在幼儿园督导评估实践中，经常能够看到督学首先会对幼儿园确立一个整体印象，然后摊入各条指标去“凑分”，以最终汇总成一个靠近自己整体印象的总分。与其简单地批评这种做法的“谬误”，倒不如从思维方式的角度尝试着去理解：“部分相加等于整体”的评价方法，与中国人连续、动态、整体的宇宙观之间可能存在着深层的矛盾。而这正是西方质量评估工具与源自中国文化传统的评价之间最根本的差异所在。解决这些矛盾的关键办法，就是运用好第二重“筛选器”：深刻体悟中国的文化和教育传统，并基于中国学前教育发展的现实需求进行价值取舍。

第二节　学前教育督导评估内容的国际比较

通过对督导评估指标双重筛选器的分析可以看到，学前教育督导指标表面上是来源于数据和经验层面的实证研究结果，但真正起决定作用的还是其背后隐藏着的价值观。本节专门把国际比较的着眼点放在影响督导评估指标的价值观上，从两个层次展开讨论：一是各国或各种评估工具的评估内容结构，它能反映人们对各个质量要素重要性的认识；二是各内容领域包含的具体内容和价值导向。

一、评估内容结构

选择用以分析评估内容结构的对象时，遵循如下原则：第一，从有关国家或地区政府发布的督导评估指标中提取评估内容。不包括课程政策文件，如英

① 杜维明．试探中国哲学中的三个基调［M］．//杜维明．杜维明文集：卷五．2002．武汉：武汉出版社：4.

国的《早期教育基础阶段》、芬兰的《幼儿保育教育国家课程指导》等；不包括民间团体制订的评价标准，如美国幼教协会的评估标准、《国际儿童教育协会全球指南评量表》；也不包括针对班级内部或教师行为的学术性评估工具，如《幼儿学习环境评量表》（ECERS）、《课堂互动评估系统》（CLASS）等。第二，只针对中心式幼儿园，并且集中于为3~6岁幼儿提供服务的机构，排除家庭式幼教机构，以对应我国学前教育的学段和体制，便于比较和借鉴有关经验。

本节参照《强壮开端（四）》报告中对经济合作与发展组织国家幼儿园督导的调查，选择十项最为常见的方面进行比较：①师生比（有的国家、地区将其与班级规模相联系）；②健康与卫生；③安全管理；④机构管理，包括教师队伍管理、园务管理等内容；⑤教师资质与培训；⑥工作条件与待遇；⑦空间与环境；⑧学习与游戏材料；⑨课程设置与实施；⑩家园与社区，即家园合作与社区参与。[①]

用以比较的国家和地区包括：美国使用"质量评级与促进系统"的42个州及特区、欧洲的17个国家及地区、大洋洲的2个国家、美洲的2个国家、亚洲的5个国家及地区。美国的资料来自各州"质量评级与促进系统"采用的评估标准；欧洲国家中，英国英格兰地区的资料来自英格兰教育标准局颁布的《督导手册》，英国苏格兰地区的资料来自该地区教育部门颁布的《早期教育质量框架》，其余欧洲国家资料均来自《强壮开端（四）》报告；澳大利亚的资料来自该国《国家质量框架》；新西兰的资料来自该国教育评价办公室颁布的《教育质量指标与框架》；美洲的智利和墨西哥、亚洲的哈萨克斯坦和韩国的资料来自《强壮开端（四）》报告；新加坡的资料来自该国颁布的《质量评价量表》；中国香港地区的资料来自该地区教育部门颁布的《表现指标》；中国台湾地区的资料来自该地区教育部门颁布的《幼稚园基础评鉴指标检核表》。

---

① OECD．Starting Strong IV：Monitoring Quality in Early Childhood Education and Care［R］. Paris.：OECD Publishing，2015.

这些国家和地区的督导评估标准中，前述十个方面的情况如表6-1所示：

表6-1　世界26个国家和地区的评估内容

国家／地区		评估内容									
		师生比	健康与卫生	安全管理	机构管理	教师资质与培训	工作条件与待遇	空间与环境	学习与游戏材料	课程设置与实施	家园与社区
欧洲	比利时（荷兰语区）		√	√		√		√	√	√	m
欧洲	比利时（法语区）	√	√	√		√			√	√	m
欧洲	捷克	√	√	√	√	√	√	√	√	√	m
欧洲	芬兰	√	√	√		√					√
欧洲	法国	√	√	√				√	√	√	m
欧洲	德国	√	√	√	√	√	√	√	√	√	m
欧洲	爱尔兰	√	√	√	√	√		√	√		m
欧洲	意大利	√	√	√		√	√	√	√	√	√
欧洲	卢森堡	√	√	√	√	√		√	√	√	m
欧洲	荷兰	√	√	√		√		√	√		m
欧洲	挪威	√	√	√		√		√		√	√
欧洲	葡萄牙	√	√	√		√		√	√	√	m
欧洲	斯洛伐克	√	√	√		√	√	√	√	√	√
欧洲	斯洛文尼亚	√	√	√	√	√	√	√	√	√	√
欧洲	瑞典	√		√		√		√	√	√	√

续表

国家／地区		评估内容									
		师生比	健康与卫生	安全管理	机构管理	教师资质与培训	工作条件与待遇	空间与环境	学习与游戏材料	课程设置与实施	家园与社区
欧洲	英国（英格兰地区）		√	√	√	√		√		√	√
	英国（苏格兰地区）	√	√	√	√	√	√	√	√	√	√
大洋洲	澳大利亚	√	√	√	√	√		√	√	√	√
	新西兰	√	√	√	√	√			√	√	m
美洲	智利	√	√	√	√	√	√	√	√		m
	墨西哥	√	√	√				√	√	√	√
亚洲	哈萨克斯坦	√	√	√	√	√	√	√	√	√	√
	韩国	√	√	√	√	√	√	√	√	√	√
	新加坡		√	√	√	√	√	√	√	√	√
	中国香港地区		√	√	√	√		√	√	√	√
	中国台湾地区		√	√	√		√	√		√	
个数总计		21	25	26	15	23	11	23	22	22	——①

① m代表数据缺失。由于本项内容数据缺失较多，此处不予统计。

美国42个州及特区的情况如表6-2所示：

表6-2　美国42个州及特区“质量评级与促进系统”中的评估内容

行政区划	师生比	健康与卫生	安全管理	机构管理	教师资质与培训	工作条件与待遇	空间与环境	学习与游戏材料	课程设置与实施	家园与社区
阿拉斯加州			√	√	√	√	√		√	√
阿肯色州		√	√	√	√	√	√		√	√
亚利桑那州	√	√	√	√	√		√	√	√	
加利福尼亚州	√	√	√	√	√		√	√	√	
科罗拉多州	√	√		√	√	√	√	√	√	√
华盛顿哥伦比亚特区							√	√	√	
特拉华州	√	√	√	√	√	√	√	√		√
佛罗里达州		√	√		√				√	
佐治亚州	√	√			√				√	√
艾奥瓦州	√	√		√	√		√	√		√
爱达荷州	√	√	√	√	√		√	√		√
伊利诺伊州	√	√	√	√	√		√	√		√
印第安纳州	√	√	√	√	√		√	√	√	
肯塔基州	√			√	√				√	√
路易斯安那州									√	
马萨诸塞州		√	√	√	√		√	√	√	√
马里兰州	√	√	√	√	√	√	√	√	√	√
缅因州	√		√	√	√		√	√	√	√
密歇根州	√	√	√	√	√	√	√	√	√	√

续表

行政区划	师生比	健康与卫生	安全管理	机构管理	教师资质与培训	工作条件与待遇	空间与环境	学习与游戏材料	课程设置与实施	家园与社区
明尼苏达州		√	√	√	√		√	√	√	√
蒙大拿州	√	√	√	√	√					√
北卡罗来纳州	√	√		√	√		√	√	√	√
北达科他州	√	√		√	√		√	√	√	√
内布拉斯加州	√	√	√	√			√	√	√	√
新罕布什尔州	√	√	√	√	√	√	√	√	√	√
新泽西州		√	√	√	√	√	√	√	√	√
新墨西哥州	√	√	√	√	√		√	√	√	√
内华达州	√	√	√	√	√		√	√		√
纽约州		√	√	√	√	√	√	√	√	√
俄亥俄州	√			√	√	√	√	√	√	√
俄克拉何马州				√	√		√	√	√	√
俄勒冈州	√	√	√	√	√		√	√	√	√
宾夕法尼亚州		√	√	√	√	√	√	√	√	√
罗得岛州	√	√	√	√	√		√	√	√	
南卡罗来纳州	√	√	√	√	√	√	√	√		√
田纳西州	√	√	√	√	√	√	√	√	√	√
得克萨斯州	√	√		√	√		√		√	√
犹他州	√	√	√	√	√		√		√	√
弗吉尼亚州	√				√				√	
佛蒙特州		√		√	√	√	√		√	√

续表

行政区划	师生比	健康与卫生	安全管理	机构管理	教师资质与培训	工作条件与待遇	空间与环境	学习与游戏材料	课程设置与实施	家园与社区
华盛顿州		√	√	√	√		√	√	√	√
威斯康星州					√		√	√	√	√
个数总计	28	33	28	36	39	14	36	31	35	34

根据两个表格的数据，可以发现以下特点：

第一，对教师资质与培训的考察是最为普遍的评估内容。把它作为督导评估内容的，美国42个州及特区中有39个，其他26个国家和地区中则有23个。从世界范围来看，为幼儿园教师制订专业标准并提出一定的学历要求，早已成为普遍的趋势，这些要求也都体现在了各国的督导评价指标体系中。很多研究也表明，教师的素质是影响学前教育质量最为核心的要素。从内容上看，各国在此方面的要求主要包括：对教师资质的要求，基于国家的法定标准进行考察；对教师专业发展的支持，经考察为教师提供的各种形式的培训是否充分有效。

第二，对师生比考察。美国之外的其他国家普遍将其纳入督导评估标准，个别未纳入的均为师生比原本就比较高的国家或地区。美国42个州及特区中，只有28个州将师生比作为评估内容，表面上看似乎不如其他国家重视此项指标。但是细致分析后可以发现，未纳入州的学前教育发展水平本身也都相对较高。以2014年至2015年的数据计算，在那些未考察师生比的州，3~4岁幼儿进入州立学前教育机构的入学率平均为25.3%，超过了全国平均数（16.28%），并远远高于那些考察师生比的州（11.76%）。[①]

① 由于美国各州“质量评级与促进系统”数量增加最多的时候是在2015年左右，因此此处取2014年至2015年的入园率进行对比。数据来源：NIEER．State of Preschool Yearbooks［EB/OL］．［2022-08-12］．https://nieer.org/state-preschool-yearbooks．

第三，相比过程性质量，对于结构性质量的考察较多。上文所述受到关注较多的教师资质与培训和师生比都属于结构性质量要素。此外，除美国外的26个国家和地区中，将空间与环境、学习与游戏材料纳入督导评估范围的分别有23个和22个。结构性质量之所以在督导评估指标中得到较多关注，原因可能在于结构性质量涉及的是办园条件，是保障教育质量的最基本条件。另外，相比过程性质量而言，结构性质量更易于考察，在督导评估实践中也更易于实施。

第四，安全管理、健康与卫生和家园与社区也是得到普遍关注的内容。学前教育阶段的学生身心发育不成熟，需要成人的照料，也需要更为健康安全的环境。家庭、社区是幼儿成长的主要场所，因此幼儿园需要和家长、社区建立良好的合作关系。这些方面的指标都体现出了幼儿阶段教育的特点。

第五，过程性质量中，课程设置与实施得到了普遍关注。各国在对课程实施督导评估时，关注的方面很广，既包括课程的整体设置，也包含课程的实施过程，如师幼互动、幼儿活动开展的状况等。具体内容将在下文进行讨论。

二、各内容领域包含的具体内容和价值导向

借助各国督导指标和一些学术性评估工具，我们从上文所关注的十项常见内容中选择五个方面来分析其下辖的具体内容和蕴含的价值导向。这五个方面分别是：机构管理、空间与环境、学习与游戏材料、课程设置与实施、家园合作与社区参与。之所以不再分析师生比、健康与卫生、安全管理、教师资质与培训、工作条件与待遇几方面，因为这几个方面相对而言都是比较“硬性”的条件性标准，会受到既定法律或法规的约束，又与各国或地区学前教育发展的实际水平联系紧密，在价值导向上并无太多可以讨论的空间。此外，空间与环境、学习与游戏材料两个方面在对象文件中通常会有交叉，笔者亦将二者合并分析、报告。

1. 分析目的

针对世界多国督导评估指标、若干学术性评估工具，分析它们在五个方面的价值导向（或称质量观）上的共同点。这里所说的价值取向，是对具体指标

内容所坚持的导向的抽象概括。尽管学前教育质量观从长远来看是不断变化的，但它在一定时期内仍具有共性和稳定性。通过文本分析来考察国外在价值导向上的共识，对于我们思考中国本土督导指标具有着重要的参考意义。

2. 分析对象

用以支持本研究的分析对象既包括多国或地区的督导评估指标，也包括国际上得到广泛应用的学术性质量评估工具。前者包括澳大利亚“幼儿园质量评估标准”、新加坡“幼儿园评估标准”、中国香港地区“幼儿园教育督导指标”、中国台湾地区“幼儿园课程与教学品质评估表”、美国四个州（马萨诸塞州、印第安纳州、马里兰州、密歇根州）的“质量评级与促进系统”的评估指标等8个督导评估指标。后者包括《幼儿学习环境评量表（第三版）》（ECERS-3）、《课堂互动评估系统》（CLASS）、《国际儿童教育协会全球指南评量表》第3个质量评估学术工具。在分析具体领域时，个别文件由于指标相对过少，因而未被纳入最终分析，文件使用具体情况见下文表格中所示的“来源标准文件所占百分比”。

3. 分析方法

本书采用质性研究中的文本分析方法。先使用NVIVO软件对指标编码、归类，分三步进行：首先，以开放的态度对指标条目逐个编码，并贴标签，使之概念化；其次，在对资料进行不断检视与比较的过程中，归纳出标签和概念所归属的范畴，确定关键字，在本级形成“节点”；最后，对确定的关键字继续归类，形成类属。根据形成的类属，统计其所包含节点出现的数量、百分比，以此确定该类属在各个指标文件中受重视的程度。这里的百分比是根据每一个指标文件的指标数量计算出来的加权平均百分比，以尽量减少某个类属在个别指标文件中因比重过大所导致的失真现象。

不同指标文件的内部结构往往不同，有的标准的指标内容不分等级、逐条罗列，有的标准的指标内容则先被划分为若干等级，每个等级内又含有相同的内容。比如《幼儿学习环境评量（第三版）表》（ECERS-3）的4个指标等级和《课堂互动评估系统》（CLASS）的3个指标等级，指标等级不同，但内容指向往往是一样的。为了均衡、准确地反映节点数量，笔者针对上述不同情况采取了不一样的处理方式。对于《课堂互动评估系统》（CLASS）、新加坡“幼儿园评估标准”、澳大利亚“幼儿园质量评估标准”、中国香港地区“幼儿园教育督导指标”，只对处于最高水平的指标内容进行编码；对于《幼儿学习环境评量表》（ECERS-3）、中国台湾地区“幼儿园课程与教学品质评估表”，仅对处于最高和次高等级的指标内容进行编码，而当这两个水平上的内容指向基本相同时，只作一次编码，不再重复编码。

4. 分析结果

（1）机构管理。

机构管理涉及制度管理、自发评估、人际沟通与关系氛围、理念文化等十个具体部分。所分析的指标文件显示，制度管理、自我评估、人际沟通与关系氛围、理念文化等方面受到了广泛重视。分析结果如表6-3所示：

表6-3 “机构管理”指标包含内容分析结果

指标包含内容	节点数/个	节点数加权百分比/%	来源标准文件/个	来源标准文件所占百分比/%
制度管理	14	22.7	4	80.0
自我评估	13	14.2	4	80.0
人际沟通与关系氛围	13	11.5	4	80.0
理念文化	9	12.3	5	100.0
规划与计划	7	9.8	3	60.0
教师福利与支持	5	9.0	3	60.0
财务管理	5	6.2	3	60.0
教师考评	5	6.0	3	60.0
组织架构	3	5.1	2	40.0
档案管理	3	3.1	3	60.0

在制度管理层面，一般强调要建立有章可循的规章制度，制度可行且运行有效，以便为各项工作提供有效保障。制度的具体内容多与某项工作相关，如《国际儿童教育协会全球指南评量表》即提出“机构的规章制度支持和促进同家庭、社区建立积极的建设性的伙伴合作关系”“机构建立保护儿童的程序”。另有一些评估指标强调须对制度进行评估、修订，如澳大利亚的评估指标规定，为幼儿园的服务订立切实可行的成文的制度，并经由教职工组成的委员会作定期检查和评估。

在自我评估层面，大多数评估指标都强调幼儿园应将其作为提升管理效能的有效手段。具体内容包括：建立自我评估的机制以持续提升教育质量，如中国香港地区的督导指标要求“学前机构有定期检讨自评机制”；自评参与者的多元化，如澳大利亚评估指标要求“所有的教师和工作人员，以及希望参与的家长和儿童，都须参与有效的自我评估和质量改进过程，以促进幼儿园服务的持续改善”，美国印第安纳州的评估指标则要求“每年由家长和教师共同开展机构评估”。

在工作氛围和良好人际关系层面，多数评估指标把它与管理效能紧密相关，对此着墨颇多。大都强调在管理中应促进教师员工之间的良好沟通，营造令人舒适、愉悦、融洽的工作氛围等，强调了管理中的公平性和公正性。

在理念文化层面，各国和地区的评估指标大多提到了幼儿园应有明确的教育理念、价值观，并强调要将其融入日常的工作中。如澳大利亚的评估指标提出“教师和工作人员定期检查机构理念，该理念须一贯地体现于机构运作的方方面面”，新加坡的评估指标中提出“将愿景、使命和核心价值观转换成战略计划”“领导者在教师间培养一种专业化学习和合作的文化”等。

（2）家园合作与社区参与。

各国和地区的评估指标对这一方面较多强调的是家庭和幼儿园之间的信息沟通、幼儿园教育过程中家长和社区资源的利用、为家长提供支持和资源。具体见表6-4：

表6-4 “家园合作与社区参与”指标包含内容分析结果

指标包含内容	节点数/个	节点数加权百分比/%	来源标准文件/个	来源标准文件所占百分比/%
与家庭间的信息交流	20	33.0	6	90.0
家长参与机构活动	12	24.9	7	100.0
利用社区资源	11	18.6	5	70.0
为家长提供支持和资源	10	14.2	5	70.0
建立教育共识	4	6.6	3	40.0
尊重与支持家庭关系	2	1.9	2	30.0
社区参与幼儿园管理	1	0.7	1	10.0

在信息沟通层面，各个国家和地区的评估指标都重视幼儿园、家庭之间双向的沟通，沟通内容包括有关幼儿园的综合信息、教育理念和价值观、课程和教学信息、儿童学习与发展的信息等。评估指标也提到了交流沟通的方式，如美国密歇根州评估指标区分了“正式交流”和“非正式交流”的方式，马里兰州评估指标提到“一对一”的家长会、档案袋的交流方式等。

在家长和社区资源利用层面，这些评估指标强调了家长和社区不仅可以参与日常课程与教育活动，也可以介入幼儿园的管理和决策。比如《国际儿童教育协会全球指南评量表》提出“与家庭和社区代表合作，共同制定幼儿园工作计划，参与管理和评价工作”“家庭与社区代表须参与决策的过程”，美国密歇根州评估指标提出“为家长提供参与机构管理的机会”，新加坡评估指标要求“家长参与到计划的修订中，以满足幼儿的不同学习需要”。

（3）空间与环境、学习与游戏材料。

空间与环境、学习与游戏材料在各国和地区的评估指标中多有交混，本文在分析时也将二者合并讨论。在前期标签化和类属化的过程中，尽量从字里行间找到指标内容所指向的价值取向，并将其概括、凝练为某种特性。如表6-5所示：

表6-5 “空间与环境”“学习与游戏材料”指标包含内容分析结果

指标包含内容	节点数/个	节点数加权百分比/%	来源标准文件/个	来源标准文件所占百分比/%
安全性	43	20.4	9	90.0
教育性	33	15.2	8	80.0
多样性与灵活性	39	12.7	7	70.0
充足性	70	10.4	7	70.0
维护与调整	19	5.7	7	70.0
空间设置的合理性	16	5.6	7	70.0
年龄适宜性	20	4.8	6	60.0
对幼儿的便利性	26	4.8	6	60.0
趣味性	12	4.7	3	30.0
清洁卫生	11	4.2	6	60.0
满足特殊儿童需要	12	3.9	4	40.0
舒适性	21	3.4	4	40.0
可得性（使用时间）	16	3.1	3	30.0
对教师使用的便利性	3	1.0	3	30.0

空间与环境、学习与游戏材料均与物质条件相关，各国和地区评估指标所强调的主要特性聚焦于安全性、教育性、多样性与灵活性、充足性。在安全性层面，有的评估指标要求较为宽泛，有的评估指标给出了十分具体详细的要求。如美国马里兰州评估指标对于户外游戏区域的安全性界定为：“户外游戏区域没有尖锐或危险的物体、垃圾、动物及有毒的植物、园林喷雾剂、酒精、烟草、毒品以及其他危害。这些区域必须有良好的排水系统，有安全的人行道和小路，如果游戏区域靠近道路或不安全的区域，需要提供栅栏以保护安全。”

教育性指的是空间布置、材料提供蕴含学习机会，能够以自身为载体促进幼儿的学习和发展。值得关注的是，多个评估指标都强调环境布置应体现与教育活动主题之间的关联性。例如：《幼儿学习环境评量表（第三版）》（ECERS-3）提出，儿童作品的展示要“与近期班级中的教育活动相关，并从中清楚地看到儿童的兴趣所在，以及他们所讨论的内容”；中国台湾地区的“幼儿园课程与教学品质评估表”则要求，“学习区之规划能与主题或方案课程相互配合，或能彰显、呈现课程教学之意涵或理念”；美国马里兰州评估指标则提到，“整个房间的布置能够反映儿童当下的学习成果与经验”，“材料、学习中心和公告板与课程主题和教学单元相关”。多样性、灵活性也是环境设置和材料提供时的重要因素，要根据不同儿童的发展需求进行灵活调整，体现差异化教学，满足个性化的需求等。

（4）课程设置与实施。

在课程设置方面，各国和地区的评估指标除了对于课程内容教育性（即要能够促进幼儿的学习与发展）的重视之外，大多数文件都强调要对课程进行定期的评价并基于评价结果进行及时调整。如《国际儿童教育协会全球指南评量表》要求“综合地、持续地对课程加以评价，以保持达到当地的或国家的高质量学前教育的标准”；中国香港地区的督导指标提出，“学前机构有妥善的机制（如：查察课前准备、观课及查阅儿童的作品等），以监察课程的推行，并能适时向学前教育工作者作出回馈，有助改善教学质素”。

此外，课程内容安排的灵活性也受到了关注。例如，中国香港地区的督导指标提出，“教学计划够灵活，让儿童有发挥的空间，并让学前教育工作者能因儿童即时反应和兴趣把活动调节或修改”。各个评估指标强调了课程内容与生活经验的关联性（包括与家庭生活经验、家庭价值观以及真实世界经验的关联）、内容的综合性（能涵盖多个发展领域）和编排的逻辑性（课程内容之间的关联），以及儿童在课程计划编制过程中的参与度。各层面的具体情况如表6-6所示：

表6-6 "课程设置"指标包含内容分析结果

指标包含内容	节点数/个	节点数加权百分比/%	来源标准文件/个	来源标准文件所占百分比/%
教育性	15	26.4	5	83.3
定期评价与及时调整	13	19.9	4	66.7
灵活性	8	19.0	4	66.7
与生活经验的关联性	5	14.1	4	66.7
综合性、逻辑性	5	10.9	4	66.7
儿童主体参与性	7	9.6	3	50.0

课程实施又可分为师幼互动的氛围和人际关系、活动组织和教师指导两个方面。师幼互动的氛围和人际关系在各个评估指标中的共同点主要体现在：积极轻松的氛围、教师对幼儿的积极回应、规则和有效的行为管理。尊重儿童、敏感地回应幼儿的需求两项指标，尽管绝对数量不多，但是也被大多数评估指标所提及。

表6-7 "师幼互动的氛围和人际关系"指标包含内容分析结果

指标包含内容	节点数/个	节点数加权百分比/%	来源标准文件/个	来源标准文件所占百分比/%
氛围积极轻松	50	49.5	8	100.0
积极回应	27	20.2	7	87.5
规则和有效的行为管理	27	18.1	6	75.0
尊重儿童	8	6.9	6	75.0
对幼儿需求的敏感性	10	5.2	4	50.0

就积极轻松的氛围层面而言，在各指标文件中常见的关键词有愉悦（愉快）、宽松（轻松）、令人舒适、温暖、积极的情感表达、鼓励、欣赏等。很多指标文件都强调了对幼儿行为要减少限制，并为同伴互动创造条件、进行鼓励。在规则和行为管理层面，受到较多重视的方面按提及文件的数量从高到低依次排列是：建立并以适当的方式向幼儿传达合理的行为期望、以正面积极的方式进行行为管理、择机培养社会交往能力、对问题行为采取事先预防的措施、管理的有效性（包括能够有效地处理问题行为，以及用于行为管理的时间较少、不占用教学时间）。

活动组织和教师指导方面的情况如表6-8所示。

表6-8 “活动组织和教师指导”指标包含内容分析结果

指标包含内容	节点数/个	节点数加权百分比/%	来源标准文件/个	来源标准文件所占百分比/%
个别化和灵活性	44	32.2	6	85.7
与生活经验和教育主题的关联性	29	21.8	6	85.7
能力适宜性和认知挑战性	18	17.5	6	85.7
形式方法的适宜性、多样性	12	16.7	6	85.7
促进自主性	17	8.6	4	57.1
组织有序性	4	3.2	2	28.6

在各个指标文件中最为关注的是指导过程中的个别化和灵活性，包括活动内容和活动形式不拘泥于定法（其中《幼儿学习环境评量表（第三版）》（ECERS-3）尤其强调了生活活动安排的灵活性），基于幼儿的个体特点进行灵活的指导，以及对特殊儿童需要的支持。其次是教师的指导要与生活经验、教

育主题产生关联，如中国台湾地区“幼儿园课程与教学品质评估表”中提到，“灵活运用多元之教学方法，强调情境教学，提供幼儿真实生活事件之问题解决任务”，《课堂互动评估系统》（CLASS）提出，“教师能将当前的活动和儿童之前学习的概念或活动相结合”，“能将所学的概念和儿童所生活的现实世界相联系”等。此外，教师指导应与幼儿的年龄、能力相适宜并具有适当的挑战性，教学形式和方法适宜多样，指导过程中注重对幼儿自主性的鼓励和提升等，也是各个指标文件关注的要求。

第三节　我国学前教育督导评估指标的分析与反思

本书收集到除港澳台之外的全国31个省（自治区、直辖市）近十余年来颁布的各种评估指标及细则。这些指标大体可分为如下三类。第一类是用于幼儿园级类评估的标准，包括各地单独制定的用于示范（优质）幼儿园验收的标准。第二类是各地教育督导部门为落实2017年教育部印发的《幼儿园办园行为督导评估办法》而使用的评估标准，一些省份直接采用了教育部文件中的指标，一些省份则在教育部文件框架下重新拟定了细则和评分标准。第三类是用于幼儿园资质认定的标准，包括一些省份颁布的基本办园标准，以及最近几年随着学前教育普惠性政策的深入落实，各地陆续制订的普惠性幼儿园认定标准。

上述第二类指标在各省之间几乎是雷同的，不能准确体现各地对幼儿园教育质量的理解、评估的经验以及发展中所面临的实际需求。第三类指标则不属于督导评估的范畴。考虑到这一点，笔者只以第一类幼儿园级类评估标准为分析对象。这一类指标均由各地自行制定，体现着各地学前教育发展的实际状况和对教育质量的理解。尽管幼儿园级类评估未冠以督导的名义，但它实质上符合督导的要求，即政府实施的具有法律效力的带有后续措施的定期监督。[①]回顾我国幼儿园评级历史，它最初源于21世纪初期对示范性幼儿园的认定，后来逐渐扩展至各个级类，成为近一二十年来各地对幼儿园实施教育质量监控、分类管理的最主要办法，实质上承担着教育督导的功能。实际上，近年来很多地方的幼儿园评级，也越来越多地由督导部门负责实施了。

为了确保样本的代表性，我们从东、中、西部[②]分别选取了8份、8份、7份标准进行分析，包括优质（示范）幼儿园评价标准10份，普通幼儿园标准13份（大多数为用于多个级类的综合评估标准，少数为针对低于示范幼儿园的幼儿园的评估标准）。具体如表6-9所示：

表6-9　评估标准分类[③]

地区	标准名称	颁布年份	优质标准	普通标准
东部	《上海市托幼园所办学等级标准（试行）》	2003		√
	《福建省示范性幼儿园评估标准（试行）》	2008	√	
	《山东省省级示范性幼儿园评估标准》	2013	√	
	《江苏省优质幼儿园评估标准及评估细则（2014年修订稿）》	2014	√	
	《浙江省等级幼儿园评定标准》[④]	2014		√
	《浙江省等级幼儿园评定标准》[⑤]	2014	√	
	《山东省幼儿园分类认定标准》	2018		√
	《北京市幼儿园办园质量督导评估标准（试行）》	2019		√

① EHREN M C M. Methods and Modalities of Effective School Inspections［M］. Dordrecht：Springer，2016：5.

② 此处的东、中、西部并非严格的地理学分类，而是基于经济和教育发展相对水平所进行的划分，这也是我国教育管理中常用的划分方式。

③ 表格中所列文件，可能存在更新版本，在本书中提到时，均指本表所列版本。

④ 分析对象为该文件中对一级幼儿园的评价标准。

⑤ 分析对象为该文件中对二级幼儿园的评价标准。

续表

地区	标准名称	颁布年份	优质标准	普通标准
中部	《山西省省级示范幼儿园评估标准》	2003	√	
	《河北省城市幼儿园分类评定标准（试行）》	2009		√
	《吉林省幼儿园标准化建设评估指标体系》	2010		√
	《安徽省一类幼儿园评估指标体系》	2013		√
	《湖北省幼儿园办园水平认定标准》	2016		√
	《吉林省省级示范性幼儿园评估细则》	2016	√	
	《黑龙江省示范性幼儿园评审标准（修订）》	2017	√	
	《河南省省级示范幼儿园评估标准（修订）》	2018	√	
西部	《重庆市幼儿园等级标准》	2010		√
	《甘肃省示范性幼儿园评估标准（试行）》	2011	√	
	《广西壮族自治区幼儿园办园水平综合评估标准（试行）》	2012		√
	《甘肃省一类幼儿园评估标准（试行）》	2013		√
	《广西壮族自治区示范幼儿园评估验收标准（修订）》	2013	√	
	《贵州省省级示范幼儿园评估细则（试行）》	2014	√	
	《云南省幼儿园办园水平综合评价标准》	2017		√

对上述标准督导评估指标的分析延续上一节的思路，即从机构管理、人员配备、人员资质与发展、工作条件与待遇、物质条件与利用（由“空间与环境”与“学习与游戏材料”合并而成）、健康与卫生、安全管理、课程设置与实施、家园与社区工作九个方面展开。

一、各领域评估指标的内容与比重

1. 各领域的主要内容

不同省份标准的督导评估指标在九个方面所包含的具体内容大体包括下列各项：

（1）机构管理：规章制度、办园理念、文化建设、园务管理、保教管理、财务和收费管理等。

（2）人员配备：师生比、班级规模、各类人员（包括园长、教师、保育员、卫生保健人员、后勤人员、安保人员）的人数配备要求。

（3）人员资质与发展：对教师及其他人员资质的要求、队伍建设举措、教研科研工作、教师培训等与教师专业发展相关的要求。

（4）工作条件与待遇：教师工作条件（办公用房、生活设施等），以及社保等待遇保障。

（5）物质条件与利用：有关场地设施、玩教具配备的要求，以及环境创设中有关物质环境的要求。

（6）健康与卫生：卫生保健设施与设备、卫生保健管理制度、膳食营养、疾病防治等。

（7）安全管理：安全设施与设备、安全制度、安全教育等。

（8）课程设置与实施：课程设置、课程管理、各类教育活动实施、幼儿评价等。

（9）家园与社区工作：家园共育、社区合作。

2. 内容比重的总体情况

除江苏省优质幼儿园评估标准外，本节所引用的评估标准均采用分值量化的方式对有关项目予以评定。笔者在做内容比重分析时：先将各个方面下辖指标的分值相加，除以该标准的总分，得到各自占比百分数（对于江苏省优质幼儿园评估标准，则按照指标个数折合计算）；然后对这些百分数的集中趋势进行统计，计算出平均数、中位数，并对离散趋势进行统计，计算出标准差、差异系数。

经过上述统计可以发现，就内容比例而言，除“工作条件与待遇”之外（反映该方面的评估标准有10个），上述九个方面中有八个方面得到了全部23个省级评估标准的普遍重视。它们在所有标准文件中均有所体现，但具体分值比重存在着不同程度的差异。如表6-10所示：

表6-10　我国23个省级评估标准中九个方面内容的分值占比

统计指标	机构管理	人员配备	人员资质与发展	安全管理	课程设置与实施	物质条件与利用	家园与社区工作	健康与卫生	工作条件与待遇
平均数/%	16.13	5.22	16.63	6.98	19.08	18.09	3.75	18.29	1.39
中位数/%	11.50	5.00	13.80	5.20	18.00	16.80	3.00	15.50	0.00
标准差	0.17	0.04	0.14	0.06	0.11	0.09	0.03	0.15	0.02
最大值/%	93.00	20.00	78.00	31.00	62.00	53.00	17.00	88.00	6.67
最小值/%	6.90	1.00	5.00	1.50	8.00	6.00	1.00	7.80	0.00
差异系数	1.05	0.72	0.84	0.92	0.56	0.49	0.85	0.84	1.44

从表6-10可以看出，在九个方面中，最受重视的是“课程设置与实施”，平均分值占19.08%。其余方面按分值占比从高到低排序，依次为：“健康与卫生”“物质条件与利用”“人员资质与发展”“机构管理”。分值占比相对较低的有“安全管理”“人员配备”“家园与社区工作”“工作条件与待遇”。如果以中位数为指标加以观察，各方面的排序与上述差别不大，最高的依然是“课程设置与实施”，只是“物质条件与利用”超过了“健康与卫生”，排在第二位。

23个评估标准对各个方面的重视程度不同，其中差异最大的是“工作条件与待遇”，差异系数达到1.44。究其原因，是大多数评估标准都没有涉及这个方面，其分值占比为0，因此拉大了差异系数。其他差异较大的还有“安全管理”“健康与卫生”“家园与社区工作”等方面。

3. 优质标准与普通标准内容比重的对比

通过对10份优质园评估标准与13份普通园评估标准进行对比，可以考察各地对不同层次的幼儿园在要求上是否存在区别。具体情况如表6-11所示：

表6-11 优质标准与普通标准对比情况

统计指标		机构管理	人员配备	人员资质与发展	安全管理	课程设置与实施	物质条件与利用	家园与社区工作	健康与卫生	工作条件与待遇
平均数	优质标准/%	11.58	3.99	14.00	5.56	17.22	17.75	2.60	21.07	1.13
	普通标准/%	20.30	6.36	19.04	8.27	20.78	18.40	4.81	20.57	1.64
中位数	优质标准/%	11.43	3.20	13.80	4.50	18.00	17.14	2.50	15.90	0.00
	普通标准/%	14.20	5.25	13.75	4.60	18.12	15.08	3.83	15.90	0.00
标准差	优质标准	0.03	0.02	0.05	0.03	0.05	0.05	0.01	0.21	0.02
	普通标准	0.22	0.04	0.18	0.08	0.14	0.11	0.03	0.21	0.02
差异系数	优质标准	0.29	0.55	0.36	0.51	0.31	0.28	0.48	0.97	1.56
	普通标准	1.10	0.71	0.97	0.99	0.65	0.62	0.82	1.02	1.33

由表6-11可以看出，从平均数上看，普通标准各项内容的分值占比均高于优质标准，原因在于很多优质标准除了包括此表所比较的九个方面内容外，还另有诸如对于是否发挥示范辐射作用、是否获得较高规格奖励等方面的内容。

它们在一定程度上稀释了这九个方面所占的比例。排除这一因素后再比较，可以看到普通标准与优质标准九个方面的分值权重均无大的差异，这说明各地并未通过确立不同的分值权重，对不同水平层次的幼儿园有意识地提出差异化的要求。从中位数上看，普通标准和优质标准之间差异较大的内容有“机构管理”“人员配备”“物质条件与利用”。“机构管理”和“人员配备”在普通标准中的中位数值高于优质标准，这意味着这两方面在评估质量一般的幼儿园时得到了更多的关注。

从离散趋势看，普通标准所有九个方面之间的差异都超过了优质标准。这说明各地对于“何为优质”的理解相对趋同，但在普通幼儿园教育质量的界定上，相互之间则存在着较多差异，这与各地面临的实际情况、发展需求的不同是对应的。

二、我国学前教育督导评估标准的特点——基于国际比较的分析

1. 指标覆盖全面

与其他国家和地区的学前教育督导评估标准相比，我国各地评估标准最为显著的特点就是全面性，几乎涵盖了幼儿园运行过程中的方方面面。在世界范围内涉及较多的九大评估内容中，除“工作条件与待遇”之外，每个省级评估标准基本都有涉及。纵观世界各国督导评估标准，在全面性上能够与我国相比的只有斯洛文尼亚、英国苏格兰地区、澳大利亚、哈萨克斯坦、韩国、美国的极个别州等少数几个国家和地区。具体有如下几个特点。

（1）既涉及条件也涉及过程，但对于过程性质量还需要给予更多、更细致的关注。

国内有一些学者批评中国各地的评估指标对于过程性质量的重视不足。上述分析表明，各地评估指标都关注到了课程设置和实施，且基本都包含了对不同教育活动形式的要求。不过从不同省份的分值比重看，很多地方评估指标中课程与教育教学的比重的确并不突出。此外，我国各地对于保育教育活动实施

水平的评估是不足的，尤其是对于情感氛围、师幼互动、教师对幼儿活动的组织和指导等动态过程的评估分值都较低。而这些方面是过程性质量的核心部分，理应得到加强。

（2）既重物也重人，但需要更加突出以人为本的导向。

我国各地评估指标不仅关注物质条件，也十分重视教职工队伍建设，所有省份的评估标准都对人员资格及其专业发展提出了细致的要求，其中既包括专任教师，也涉及管理干部，绝大多数评估标准甚至包含了对保健人员、后勤人员的资质和培训要求。从具体内容上看，涵盖了教师队伍建设的发展规划、教科研活动、培训活动、骨干教师培养等方面的要求，这反映出我国幼儿园在教师队伍管理和培养上的特色做法。教师是教育质量的核心因素，可以说我国各地的幼儿园评估指标很好地体现了这一理念。

但是也要看到，与对教师的专业支持相比，各地评估指标对于教师的精神需求和物质需求的关注明显不足，没有充分体现“以人为本”的管理思想。一方面，各地评估标准很少对教师的工作条件和待遇等保障性措施作出规定，上述23个评估标准中仅有10个涉及了这一方面，即使在这仅有的10个评估标准中，其分值占比平均也只有1.39%。另一方面，在机构管理方面，各地指标大多从工作逻辑出发，规定了发展规划、人事管理、财务管理、后勤管理该如何做，而对管理的人文性、民主性这些事关教师工作精神氛围的因素却很少涉及。

（3）既重教也重保，但需要更好地处理保和教之间的关系。

各地评估指标中保育保健方面的要求与教育教学方面的要求大体是均衡的，分值比重相当，这体现了我国学前教育保教并重的传统。在健康与卫生方面，各地评估指标大多对其进行了全面而详细的规定，包括卫生设施设备、保健人员资质、卫生管理制度、消毒和身体检查、健康教育、疾病预防、营养膳食等方方面面。如此细致、严格的卫生规定在实施起来时，难免与教育原则发生冲突，比如过渡环节允许幼儿自由活动、避免消极等待的教育要求，与洗手之后不要触摸玩具、避免交叉污染的卫生要求之间，就很难做到两相调和。

要更好地处理“保”和“教”之间的关系，一方面是在评估指标的具体内容上协调好二者的关系，另一方面还要加强督导评估人员对指标的理解，面对具体情况时能够灵活处理。

2. 重心在幼儿园整体层面，而非班级层面

各省份评估指标对于机构管理给予了高度重视，这不仅体现在“机构管理”类指标涉及者众、分值较高，还体现在一些具有中国特色的关注点上，比如对于办园思想、园所文化的限定。很多地方往往将这些内容置于整套指标的首位呈现，这体现出“理念先行”的评估原则。此外，在有关课程方面的指标中，放在首要位置的也通常是课程规划、一日活动制度这些幼儿园整体层面实施课程管理的内容。相比之下，对于班级层面的情况，如各种形式的活动实施、教师的具体指导行为等，尽管也有所涉及，但其所占的比重普遍不高。评估实施时，尽管评估人员也会到班级之中进行考察，但其目的更多地仍然在于检验幼儿园的整体水平，而不会针对个别班级作出结论。

这些都表明我国督导评估的重心是在幼儿园整体，而非班级层面。这与西方国家是不同的。美国实施“质量评级与促进系统”时，一些州会随机抽取几个班级，采用《幼儿学习环境评量表》（ECERS）或《课堂互动评估系统》（CLASS）等针对班级层面开发的工具进行评分，然后以各班的平均得分界定整体水平。[①]中外评估关注重心的差异在一定程度上源于管理方式和文化传统的不同。我国幼儿园多实行“令从上出”的自上而下式的管理，背后有等级服从文化传统的影子，教师也大多习惯于遵从这种自上而出的各项规定。[②]同时，我国幼儿园关于课程内容和实施的规定也大多很细致，普遍制订了详细的一日生活流程和规范，以及各班大体一致的课程内容、活动计划等。在很大程度上，

---

① QRIS Compendium．Create a Report［EB/OL］．［2022-08-03］．https://qualitycompendium.org/create-a-report．

② HO D，WANG M，HE P．The Changing Landscape of Leadership in Early Childhood Education in China［M］// Monyai R B．Teacher Education in the 21st Century，London：IntechOpen，2019．

我国幼儿园内部保证保育教育水准的主要途径，是依靠各班教师认真遵守和执行园所的统一要求，而不是通过鼓励教师各自发挥自主性和创造性、“八仙过海、各显其能”地做事。因此我国评估指标多从幼儿园整体层面着眼，有其制度和文化层面的合理性。一些学者批评我国评估指标不够关注具体班级中的教育活动质量，这当然是对的，但若一味主张模仿西方的评估指标和评估方式，则是忽视了基本的国情。

3. 指标设定侧重工作逻辑，价值导向暗含其中

我国各地评估指标通常比较具体地列出幼儿园运行过程中应当从事的各项工作，并提出细致的要求，可以说它是从“工作逻辑”出发编排的。至于各项工作应遵从的原则、导向、价值，一般没有明示，而是暗含在工作过程中。换句话说，这是工作事项隐含价值导向，而不是用价值导向去统辖工作内容。这一点在机构管理方面表现得最为明显，机构管理包含的工作规定相当详细，如发展规划、人事管理、财务管理、后勤管理、保教管理等，以及每个方面所需具体事情都有明确要求。但对管理工作所应追求的价值导向，如人文关怀、信息畅通、民主决策等，却很少提及。

纵观国际上的督导评估指标，一些国家和地区的情况与我国类似，一般从需要完成的各项工作内容出发来组织指标，如新加坡、中国香港地区、中国台湾地区，而另一些国家和地区则从整体上提出若干原则性要求，如澳大利亚、英国等。澳大利亚的评估指标中，“质量领域2：儿童的健康和安全”包含条目有：“促进每一个儿童的健康；把健康的饮食和身体锻炼嵌入为儿童设计的方案中；每一个儿童都得到保护；环境是包容的，在其中儿童能通过游戏提升能力、进行独立探索和学习。”这与我国卫生、安全部分的评估指标从工作逻辑出发来组织内容框架，如“安全制度、安全教育、卫生设施、健康检查、疾病防控、膳食营养”等，有着明显不同。

大体而言，在幼儿园办园模式同质性较强的国家和地区，指标编排更多采用的是类似于我国的工作逻辑。而在幼儿园形态和模式更为多样的国家，更多

是以价值导向来统辖具体指标，这可能是出于让评估指标更具普适性以适应不同模式的幼儿园的需要。

如果我们把眼界拓宽，考察一些非政府督导所用的评估指标，可以发现美国幼教协会质量评估服务所采用的指标、《德国0~6岁日托机构教育质量国家标准手册》（该手册虽名为国家标准，但并非德国政府实施督导评估时所使用，实际上德国柏林以外的其他地区政府对于幼儿园尚没有类似督导的做法）与我国各地的指标类似，均按工作逻辑进行编排。上述两个指标内容十分庞杂，包括数百甚至上千个条目，详尽地列出了各项工作是什么、怎么做。在很大程度上，它们可以作为幼儿园的工作指南，直接用于指导幼儿园的日常办园行为。实际上，这两个指标也正是出于吸引幼儿园自愿付费购买评估服务的目的而研发，所用的评估标准自然要带有指导功能，而且越具体越好。

总而言之，我国各地评估指标从工作逻辑出发对各项工作作出细致规定，其优势在于可以对幼儿园工作发挥相对具体的指导作用。由于我国幼儿园办园模式具有较大的同质性，因此在评估指标上并不要求很高的灵活性、差异性，这在客观上允许我们采用工作逻辑的编排方式对具体工作作细致规定。但是也要看到，如果评估指标过于详尽细碎，缺乏清晰的价值主线作为“灵魂”，就会导致“指导具体事务有余、价值引领作用不足”的后果。在具体的督导评估实践中，有督学陷入细碎的事务而不能从价值导向的高度来研判幼儿园的质量，也可能与这种评估指标编排方式有关。

三、关于我国评估指标过于抽象模糊的批评之讨论

表述过于抽象模糊、操作性差，一直是很多学者以及督导工作人员批评我国各地幼儿园评估指标的焦点所在。与国外的学术性评价工具着眼外在行为不同，我国的评估指标大多采用原则性表述，较为抽象，在使用时必须依靠评估者个人的主观判断，这在一定程度上难于表达评价的客观性和一致性。不过，指标操作性、具体性也不能不加区分地绝对化，须从不同方面加以区别对待。

本书第二章有关“人”与“工具”两种评估手段的讨论中，已经对该问题进行了较多讨论，我们结合本节所论在此作进一步探讨。

第一，不应过度迷信操作性、具体化的行为指标。这样的评估指标把教育这一主体性活动还原为客观行为，而把教育主体（包括成人和幼儿）的心理情感和认知因素排除在外，并把教育质量分解为细碎的行为，这在方法论上存在着缺陷。这样的指标设定在追求客观化、一致性的同时，也在一定程度上牺牲了对教育本质规律的理解、对教育活动的创造性和主体性的尊重。

第二，操作化指标的适用范围有限。具体的行为指标可以用于观察评量正在发生着的微观层面的教育活动，但是对于非现场的、中观层面的活动，就不再适用了。比如对于幼儿园管理工作，如果将其分解为若干个可量化的外在行为，除非是面对斯金纳《桃源二村》（*Walden Two*）所描述的理想社会中所有人都养成了完美行为习惯的情况，否则是难以想象的。

第三，决定评估工作质量时，操作性再强的指标也无法取代“人”这一关键因素。达到学术工具评估者一致性所需要的培训成本，要远远高于各国政府对督学的一般性培训。绝大多数国家和地区的督导评估指标都是相对原则性的表述，将具体化的学术性评估工具纳入政府评估的只有美国，但一些州也面临着由于评估员使用成本太高所带来的资金压力。这提醒我们，我国的督导评估若采用和美国同样的做法，在大多数情况下是没有必要的，也是不切实际的。美国的做法跟该国崇尚科学实证主义的学术传统有关，而我国的文化传统更注重整体性、连贯性的思维。实践中常常可以看到，督学在评分之前心中早已有了结论，然后向这个结果上去“靠”、去凑分，这种做法一定程度上即是这种思维方式的反映。已有的实证研究表明，我国督学根据经验和习惯所评出的结果，与采用学术性工具评估的结果之间并不存在质的差异。换言之，如果只是为了给幼儿园评定大体的等级，依靠督学们的个人经验和主观判断就足以胜任了。至于旨在指导幼儿园的评估是否需要细致、具体的指标，答案也并不唯一，本书第一章、第四章已经讨论，在此不再赘述。

第四，我国评估指标也并非全部都是模糊、抽象的。之所以会给人模糊、抽象的印象，原因之一是一些操作性指标“淹没”在了原则性指标表述之中。例如：某省评估标准“增强保教人员法治意识，严禁歧视、虐待、体罚和变相体罚等损害幼儿身心健康的行为”的表述，后半句表述是很具体的，只是前半句加的“帽子”显得过于抽象；前半句也并非一无是处，它有利于在更高的层面上发挥价值导向作用，而这恰恰是我国评估指标所应当加强的方面。类似的情况还有很多。

当然，这并不是说评估指标越抽象越好，更不是说我国的指标已经达到完善的境地而不需要改进了。笔者想强调的是，对指标操作性、具体性的追求不应过度，而是应该在“人”和“工具”之间寻求合理的平衡。如果为了追求工具的操作性而忽视了“人”这一因素，督导评估事业受到的影响恐怕会更大。在完善评估指标时，我国各地评估指标中存在的其他突出问题也应得到关注，比如内容前后交叉重叠、层次不清等，这些都需要重点改进。

四、关于是否应将结果性质量纳入评估标准的讨论

并非所有评估指标都将幼儿发展表现纳入督导评估内容之中，在笔者所分析的23个评估标准中，包含该内容的有17个。从国际上看，大多数国家和地区的督导指标中都不包含关于幼儿表现的要求，包含这一方面的仅有中国香港地区、美国的一些州。中国香港地区的督导指标虽然设置了“儿童发展范畴”内容，但该区教育局发布的督导手册对此内容表现出谨慎态度，它指出：“这套评量工具只供参考，学前机构必须充分考虑学前教育工作者对该工具的掌握程度，才决定是否使用。”教育局的目标是为学前机构制订一套全面而实用，并具信度和效度的表现指标，以作为评估学前机构质素表现的参照。该手册同时为幼儿园在工作当中使用这些评量指标提出了若干建议。另一个值得关注的例子是英国教育督导指标中有关儿童表现内容的变化。2019年以前使用的旧标准要求督学现场观察幼儿表现，判断其发展水平。但2019年颁布的新标准不再

要求督学评价幼儿表现，而是转而考察两个相关的方面。一是考察教师能否围绕幼儿的各个发展目标提供适宜的支持，例如在幼儿的社会情感发展方面，看教师是否为幼儿营造了温馨和谐的氛围、鼓励幼儿的社会交往等。换言之，新标准要求用"教育过程质量"来保证"教育成果质量"，而不再直接评量成果质量。二是突出了对教师的形成性评价。新的督导手册要求督学采用访谈的方式，考察教师是否能够在教育教学过程中有效地观察幼儿行为表现，通过形成性评价来反思和调整自己的教学。这同样也可以视为一种间接地评价"教育成果质量"的方式，还同时考察了教师对幼儿发展目标的理解、观察评价能力等专业水平。

从理论上看，把幼儿表现纳入到督导评估中存在很多问题。首先，幼儿发展水平受到很多因素的影响，如家庭社会经济地位、家庭教育资源、先天素质等，一所幼儿园幼儿的发展水平与其教育教学水平之间并不存在绝对的关系。一些学者提出可以采用"增值评价"的方法，来考察幼儿园教育对幼儿发展的增量效应，进而评价幼儿园教育质量。这种想法理论上是可行的，但是依然无法完全排除家庭因素对幼儿发展增值的影响，而且现实中操作难度极大，基本难以保质保量地实施。英国中小学教育督导曾采用过这种方式，但实践多年后发现效果并不好。其次，督导评估大多是短期的横断式的评量，很难保证儿童评价的信度和效度。[①]有过儿童评价经验的人不难体会，让督学在一天甚至半天这么短的时间内，依靠观察来判断一所幼儿园几百个幼儿的整体水平，是多么地不切实际。我国有个别地方的督导指标中，规定督学在现场考察期间使用测查的方式来评量儿童发展表现，这无论从理论上看还是从实践上看都是不正确的做法。

在实践中，把幼儿发展表现纳入督导评估中也存在一些困难。其一，"为评而教"会导致教师的教育教学过分聚焦于将要评价的方面而忽视了儿童的全

---

① SHEPARD L，KAGAN S L，WURTZ E. Principles and Recommendations for Early Childhood Assessments[R]. [S. l.]: The National Education Goals Panel，1998.

面发展，这种负面影响在关于英国中小学教育督导的研究中已经得到了证实。[①]其二，会对幼儿园的幼儿评价工作产生误导。幼儿园内部进行的幼儿评价工作，本应遵循现场性、真实性的原则，采用观察、谈话、作品分析等质性的方法，避免采用测查的方式，慎用横向比较。[②]这些原则在我国2001年颁布的《幼儿园教育指导纲要（试行）》（下文简称《纲要》）中也有明确的阐述。如果要求督学在半天内评价出幼儿的整体发展情况，督学为完成任务就会向幼儿园索要所谓的“幼儿发展报告”，而这种发展报告往往出于方便完成的目的而采用了测查的评价方式，这种评价方法恰恰是在幼儿园日常教育工作中不应提倡的，如此则会形成错误的“督导—评价—教育”循环。

因此，对于以幼儿发展表现作为督导评估内容的做法，应当十分谨慎。即便把它纳入评估之中，也只能作为次要的参考，不宜赋予过高的分值比重。对于我国学前教育来说，当前《纲要》中有关教育评价尤其是幼儿评价的部分在实践中尚未得到有效的落实，广大幼儿园对于应当如何开展幼儿评价仍在探索之中，少数督导评估人员也欲“以其昏昏，使人昭昭”，提出一些不符合《纲要》精神的要求，进一步加剧了实践中的混乱。最具现实意义的做法应该是借鉴英国的督导指标，关注教师实施幼儿评价的行为，即注重对教师日常评价工作的评价，促进《纲要》中相关要求的贯彻落实。对此目前已有一些尝试，《广西壮族自治区示范幼儿园评估验收标准（修订）》《河南省级示范幼儿园评估标准（修订）》《湖北幼儿园办园水平认定标准》《甘肃省一类幼儿园评估标准（试行）》《北京市幼儿园办园质量督导评估标准（试行）》等一些地方性标准中有关幼儿评价的指标，都很好地体现了《纲要》的精神，发挥了积极的作用。

① OFSTED. Education Inspection Framework : Overview of Research［R/OL］.（2019-01-16）［2022-08-03］. https://www.gov.uk/government/publications/education-inspection-framework-overview-of-research.

② NAEYC. Early Childhood Curriculum，Assessment，and Program Evaluation : Building an Effective，Accountable System in Programs for Children Birth through Age Eight［EB/OL］.［2018-10-13］. https://www.naeyc.org/sites/default/files/globally-shared/downloads/PDFs/resources/position-statements/CAPEexpand.pdf.

此外，还要注意区分“督学”和“监测”两种职能。对于幼儿发展状况的评价，更多属于监测工作的范畴。它的目的、功能、方式与督学工作是有很大差别的，切不可眉毛胡子一把抓，把应该纳入监测的工作安排给督学在现场评估中来完成，只会造成顾此失彼、张冠李戴的后果。

第七章
学前教育督导评估的方式与方法

第一节　指标计分和等级评定的设置方式

在督导评估实践中，指标赋分和计分的方式有时比评估指标的内容本身更能发挥导向作用。在北京市2019年颁布的督导标准中，与保育教育有关的指标分值占到34%，超过了我国大多数地区有关评估指标的比重。但在实际评估过程中，很多督学和幼儿园并没有因为保育教育指标的较高权重而对其予以更多关注。究其原因，北京市的督导标准把指标分为“刚性指标”和“非刚性指标”两类，在总分1000分中，前者满分为600分，内容的绝大多数是对园舍设施、人员配备和资质等硬性条件的要求。而在不同等级的分数限定中，既有对总分的要求，也包含对刚性指标的要求。例如：达到合格等级（C级）以上的要求是刚性指标达到550分、总分达到600分；达到最高等级（A级）的要求是刚性指标达到满分600分、总分达到850分。比较这一限定可以发现，刚性指标的条件设定相对较高，而非刚性指标的限定条件相对较低，这就导致了被评估的幼儿园会把更多精力放在如何达成刚性指标上，而对保育教育这些指标的关注度，并不像其分值比重在表面上显示的那样高。

美国一些研究也表明，不同的计分方式和定级方式会对最终结果产生影响。陶特等人对比了三种计分方式（模块计分、综合计分、混合式计分）对评级分布的影响。结果显示，相比模块计分的方式，综合计分的方式更容易产生高评级结果，而混合式计分则更易产生中高评级结果。①

通过细致地设计指标的计分方式，就如同扳动精巧的道轨一样，能够在实践中有效引导幼儿园的关注方向和资源流向。同时，这些计分方式也会对评估过程中督学的考察和会商方式产生重要影响。总的来说，这些“道轨机关”由如下五个部分组成：指标描述的层次、指标计分的层次、权重设置的方式、等级评定的方式、最终等级的呈现方式。

一、指标描述的层次

指标描述主要有两个层次：在指标层面进行描述，在水平层面进行描述。

1. 在指标层面进行描述

它要求每条指标呈现幼儿园所须达到的水平并对应一定分值。对于该指标相应水平之下的较低水平所代表的状态则不再描述，由督学灵活掌握。如表7-1所示：

表7-1 《江西省省级优秀示范幼儿园评估标准（试行）》（部分）

项目	评估内容	评估要素	分值
A 基本条件	A1 环境安全、美观、无污染，有利于幼儿身心健康成长	1. 生均用地面积不低于15 m²，建筑面积不低于4 m²，绿化面积不低于2 m²，户外活动场地可利用面积不低于3 m²。	10分
		2. 园舍建筑安全，整体布局合理，通风采光好。	10分
	A2 教育设施设备齐全，使用率高	1. 重视师幼图书资料（含教师用电子资料）建设，丰富实用，使用率高。	5分
		2. 每班有符合要求的幼儿桌椅、玩具柜，并配有钢琴、电视机、VCD等，有饮水设施和卫生用品，有防暑降温和防寒保暖设备。	5分

① TOUT K，CHIEN N，ROTHENBERG L，et al. Implications of QRIS Design for the Distribution of Program Ratings and Linkages between Ratings and Observed Quality. OPRE Research Brief 2014-33［R］. Wisconsin：U.S. Department of Health and Human Services Administration for Children and Families，2014.

续表

项目	评估内容	评估要素	分值
A 基本条件	A2 教育设施设备齐全，使用率高	3. 大、中型玩具数量不少于班级数；中、小型玩具种类丰富，能满足幼儿游戏活动需要。	5分

督学在评估时，参照每条标准，根据幼儿园表现程度，给予对应分数。

2. *在水平层面进行描述*

它要求每条指标再分为若干水平、层次，每个水平、层次都提供详细说明，一个水平、层次对应一个分数段或级别。督学在评估时，判断幼儿园相应情况与哪一个水平、层次的描述最为相符，然后直接选择与该水平、层次对应的分数或级别，此种方法在英国的督导中被称为“最佳拟合法”。这种多层次的描述方式，构成了指标准确、相应水平明确具体的等级评量表。如表7-2、表7-3所示：

表7-2 《山东省幼儿园分类认定标准》(部分)

项目	指标	示范	一类	二类	三类
基本标准	办园条件	园舍建筑和设施设备达到《山东省幼儿园办园条件标准》II级及以上指标。新申报的幼儿园要达到《山东省幼儿园办园条件标准》I级指标； 办园规模为6个班及以上，原则上不宜超出15个班。大、中、小班都有平行班。	园舍建筑和设施设备达到《山东省幼儿园办园条件标准》II级及以上指标； 办园规模为6个班及以上，原则上不宜超出15个班。大、中、小班都有平行班。	园舍建筑和设施设备达到《山东省幼儿园办园条件标准》III级及以上指标； 办园规模为3个班及以上。	有独立的园舍和户外活动场地，满足幼儿生活及活动基本需求。不得设在居民楼内以及多层建筑三层以上； 办园规模为1~2个班及以上。

续表

项目	指标	示范	一类	二类	三类
基本标准	行政管理	园长（含副园长）具备大专及以上学历，具有教师资格，有5年及以上幼儿园工作经历和较强的组织管理能力，获得市级及以上教育行政部门颁发的园长岗位培训合格证。	园长（含副园长）具备大专及以上学历，具有教师资格，有4年及以上幼儿园工作经历和较强的组织管理能力，获得市级及以上教育行政部门颁发的园长岗位培训合格证。	园长具备大专及以上学历，具有教师资格，有3年及以上幼儿园工作经历和较强的组织管理能力，获得县级及以上教育行政部门颁发的园长岗位培训合格证，或参加一定学时的园长岗位培训。	园长具备中专及以上学历，具有教师资格，有2年及以上幼儿园工作经历和较强的组织管理能力，获得县级及以上教育行政部门颁发的园长岗位培训合格证，或参加一定学时的园长岗位培训。

表7-3　美国宾夕法尼亚州针对不同星级幼儿园所定标准

项目	星级1	星级2	星级3	星级4
主管发展		根据《大理念》(Big Ideas）文件[①]和个人专业发展计划（Individual Professional Development Plan，简称IPDP）的要求，完成每年的专业发展计划； 每年参与1个专业提升与发展的活动； 每年有基于《大理念》文件和个人专业发展计划的15小时的专业发展学习，包括主管部分。	每年参加2个专业提升和发展的活动； 每年有基于《大理念》文件和个人专业发展计划的15个小时的专业发展学习，包括主管部分； 完成主管身份认证。	每年参加3个专业提升与发展的活动； 每年有基于中文译名《大理念》文件和个人专业发展计划的27个小时的专业发展学习，包括主管部分。

① 宾夕法尼亚州教育部门发布的一份专业文件，描述了教师所应掌握的知识和技能，用于教师的自我反思与制订专业发展计划。

上表中，“星级1”是空白的，因为星级1是最基本的资质准入等级，在这个等级上，对于机构主管的专业发展不作要求。可以看出，在水平层面描述指标，也有利于凸显不同水平之间的差异化要求。

也有一些指标采用了更为简便的等级评量，不对每个水平、层次进行逐一的文字描述，而是着眼评估操作指标每个水平的评分标准和分值区间。如表7-4所示：

表7-4 《云南省幼儿园办园水平综合评价标准》（部分）

A级指标	B级指标	C级指标	一级	二级	三级
A1 条件保障	B1 园舍场地	C1 园舍	1. 园舍卫生、安全，有合法有效的使用、租赁合同。生均占地10 m^2、生均建筑面积11.24 m^2，符合国家规定标准。 2. 园址设置在符合安全和环保要求的区域内，远离污染源，无噪音，设计符合幼儿特点，建筑质量符合国家相关建筑规范标准要求。 ……（分值：40~34）	有二项要素未达到一级要求。（分值：33~27）	有二项以上要素未达到一级要求。（分值：26~15）

上述两种在水平层面进行描述的方式中，第二种在评分时相对容易把握，也更便于幼儿园判断自身的水平。但是描述并不容易，尤其是对于保育教育活动等过程性要素，要想在不同水平上通过文字进行明确的层次区分，往往很难做到。可能是出于这个原因，国内外绝大多数督导评估指标都是采用第一种方式，即在指标层面进行具体描述。在学术性评估工具中，采用水平层次描述的有《课堂互动评估系统》（CLASS），仔细考察该评估工具“高、中、低”三个水平上的描述，会发现上下层次之间的差异常常只是程度大小、频次高低，指标差异较为抽象，不易把握。

二、指标计分的层次

督导评估标准中的计分层次，可分为指标层次和模块层次。

1. 在指标层次计分

它要求针对每一条指标赋值，评估时给每条指标打分，然后计算总分来判定幼儿园的层级、水平，前文所举的《江西省省级优秀示范幼儿园评估标准（试行）》就属此类。就指标描述层次而言，这种计分方式往往应用于指标层面。

2. 在模块层次计分

它要求将内容相关的若干条指标组合成一个模块，评估时以模块为单位打一个整体的分数，而不针对每条指标给分。前文所举的《云南省幼儿园办园水平综合评价标准》就采用了这种计分方式，它没有针对每一条指标给分，而是综合多个内容相近的条目，对整个模块打分。

比较上述两种指标计分方法，第一种最为简便，也最为常用。第二种方法有利于突出显示某些指标之间的相互关联，既能提醒督学在收集信息时要将其联系起来整体看待，也能提醒幼儿园在工作当中要综合施策。

此外，在模块层面进行计分和评判还便于体现对不同等级幼儿园的差异化要求。比如美国罗得岛州的标准，它对于不同等级的幼儿园，在不同的质量领域上考察的项目是不同的。在表7-5中，"√"表示相应等级上需要考察的模块，"√"越多代表该水平与邻近水平在要求上的差异越大。

表7-5 美国罗得岛州幼儿园评估标准①

标准	维度	等级2	等级3	等级4	等级5
学习环境	对相关规定的遵守	√	√	√	√
	学习环境		√	√√	√√√
教师资质	专业发展计划	√	√	√	√
	正规教育		√	√√	√√√

① Rhode Island Association for the Education of Young Children. Child Care Center And Preschool Quality Framework [EB/OL]. [2020-01-09]. http://www.brightstars.org/educators/quality-improvement-resources.

续表

标准	维度	等级2	等级3	等级4	等级5
教师资质	早期学习与发展培训			√	√√
领导与管理	正规教育-管理者模块		√	√√	√√√
	早期学习与发展培训-管理者模块			√	√
	早期学习与发展培训-协调人模块		√	√	√

三、权重设置的方式

权重设置的方式一般包括两种：赋值比重，规定必达指标（硬性指标）。

1. 赋值比重

要求为每条指标赋分时，通过设置不同的权重，来体现各条指标的重要程度。这种权重设置方式最为常用，但分值权重本身虽然能够体现政府对其的重视程度，但在实施过程中，并不是权重越高的指标受到的关注越多。

2. 规定必达指标（硬性指标）

设置一些必须要达到的指标，或是规定某些指标所必须达到的最低分数，如果达不到这些要求，就不能获得本等级的评定。《北京市幼儿园办园质量督导评估标准（试行）》中把此类指标称为“刚性指标”，并为每个等级设定了刚性指标必须达到的分数门槛。《黑龙江省示范性幼儿园评审标准（试行）》中也设立了5条一票否决的负面指标。《海南省幼儿园等级评定标准（2015年修订版）》中规定了省级示范幼儿园所必须达到的若干个要求。《江西省省级优秀示范幼儿园评估标准（试行）》规定了若干个“核心指标”等。因为这些指标都具有“一票否决”的权力，所以这种权重设置方式在实践当中是最能够发挥导向作用的。通过设置不同的必达指标（硬性指标），可以强有力地引导幼儿园关注基本条件和“红线”要求。

四、等级评定的方式

等级评定方式主要有逐级过关式、逐条过关式、分数区间判定式。

1. 逐级过关式

要求先采用较低水平的标准加以评量，当达到或超过该水平后，再考虑使用更高水平的标准去评量，最后根据所达到的最高水平判定结果。在一些由幼儿园自行申报等级的地方，较多地采用这种方法，如美国一些州、我国一些地方的幼儿园级类验收。

此种办法还有一种折中的方式，即根据达到指标的数量来设定不同水平的等级，而不是在较低等级的所有指标全部达成后才去考虑更高等级。例如澳大利亚的等级评定。它将评估标准分为三个层次：第一层是七个质量领域，分别下辖第二层的若干维度，每个维度再下辖第三层的若干条目。判定等级时，遵循自下而上的程序：首先看某个维度下的条目，如果有一个或以上条目没有达标，该维度即被评为“朝向标准前进”水平。当所有条目都已达标时，评估人员会考虑将该维度评为“达到标准”水平还是“超越标准”水平。其次看更上一层的质量领域，如果该质量领域下的维度中有一个质量以上被评为“朝向标准前进”水平，则整个质量领域就处于“朝向标准前进”水平。如果该领域下全部维度被评为“超越标准”水平，则该质量领域就处于“超越标准”水平。如果该质量领域下所有维度都被评为“达到标准”或以上水平，但不是全部都达到“超越标准”水平，则该质量领域就处于“达到标准”水平。

2. 逐条过关式

要求为特定的等级设定一系列指标，只有每一条指标都达到要求方能获得该等级的评定。这种评定方式实质上赋予了每条标准“一票否决”的权重，与前文所谈的权重设置方法有些类似。

在我国各地的标准中，这种方法被比较普遍地用在基本办园标准的规定上，如山西、新疆、湖南、贵州等省份。也有一些省份将其用于优质幼儿园的评定上，如江苏优质幼儿园评估标准。另有一些省份将其用于多个级别标准的制定上，如浙江对于一级、二级、三级幼儿园的认定，即分别给出了各级别的一系列指标。

3. 分数区间判定式

要求给所有指标打分，最终根据总分所处的区间判定等级。这种方法简单直接、方便易行，是采用最为广泛的评定方式。

使用这种方法时，区间的划定具有巨大的导向作用。某一个等级的区间范围大，意味着落入该区间的概率就大；区间范围越小，意味着落入该区间的概率越小。因此，分数区间需要基于一个地方幼儿园的整体发展状况，以及将要采取的后续措施、希望发挥的价值导向、结果发布后产生的社会宣传效果等一系列因素，审慎地确定。在此方面，国际上存在不同的做法。比如英国把幼儿园分为四个等级，其中最高的两级（良好、优秀）所占比例占到95%以上，不合格的幼儿园占比极小。而美国很多州的评级结果则是等级较低的幼儿园占大多数，高等级幼儿园比例则较小。澳大利亚的情况与英、美又有所不同，呈现“中间大、两头小”的分布。各国评级分布差异的背后是各自的现实情况。英国不合格的幼儿园少，而该国对于不合格幼儿园的处罚性措施较为严厉。数量少和惩罚重这两者虽谈不上孰因孰果，但却相伴而生，在实践中起到了很好的调节作用。但是如果把英国对低等级幼儿园的处罚措施运用到美国就会出问题，因为美国低等级幼儿园占大多数，该国对于低等级幼儿园的后续措施重在扶持而非惩罚，这在客观上决定了更多的后续资源会流向较低等级的幼儿园。如此一来，低等级幼儿园数量多，则意味着这些幼儿园有机会得到更多的政府扶持，有利于教育质量的均衡发展。澳大利亚幼儿园的情况与美国类似，但是最高等级的幼儿园数量非常少，办园要求极高，这是因为该国想要借助此类幼儿园树立示范性的质量标杆。

对于上述三种方式，也有地方将其结合起来使用。比如美国加利福尼亚州的评级中，对于最低的一级，采用“逐条过关式”，而对于较高的等级则采用“分数区间判定”的方式，如表7-6所示。

表7-6 美国加利福尼亚州幼儿园评级

幼儿园类型	等级1	等级2	等级3	等级4	等级5
中心式机构	本级标准全部达到	8~19分	20~25分	26~31分	32分以上
家庭式机构	本级标准全部达到	6~13分	14~17分	18~21分	22分以上

五、最终等级的呈现方式

评估完成后判定幼儿园的等级有两种主要的方式：综合定级式，分模块定级式。

1. 综合定级式

要求给幼儿园一个整体的等级或分数，而不区分各个质量领域的等级或分数。

2. 分模块定级式

要求在每个质量领域都确定一个等级或分数。

在以上两种等级呈现方式中，国际上大多数国家和地区都采用第一种。个别国家把两种方式结合起来使用，例如：澳大利亚的评价标准既会给出一个综合的评级，也会就七个质量领域分别确定等级；英国的督导也会在四个质量领域上对幼儿园分别判定等级，并与综合评级一同对外发布。

本节从五个角度讨论了督导评估的计分和评级方式。通过对这些方式的灵活设置，可以达成“一把尺子、不同刻度”的效果，更有力地发挥指标的导向作用。例如，针对不同水平的幼儿园，或根据本地幼儿园整体所处的不同发展阶段、特定需求，定期调整分值权重，或设立不同的硬性指标，来引导幼儿园将精力投入到相应指标的内容上去。尤其是对处于不同发展水平的幼儿园来说，更应当在评估内容、分值权重、计分方式上加以区分，提出差异化的要求。我国各地优质标准和普通标准在各个质量领域的分值权重不存在显著的差别，不利于发挥“尺子的不同刻度”的功能。

此外，通过控制不同等级幼儿园的比例，也可以达到优化资源配置、促进教育均衡发展的效果。比如2019年《北京市幼儿园办园质量督导评估办法（试行）》对于B级幼儿园所处分数区间范围划定得最大，这样大多数幼儿园都会落入该区间，其中既包括之前划定的一级一类园，也包括相对薄弱的幼儿园。水平差异较大的幼儿园都被归入同一档位，看起来对于质量高的幼儿园不够公平，但是这样的举措在客观上有利于教育资源的均衡流动，避免过去那种等级分明、资源过多向顶部集中的“马太效应”，这正是此种做法的深意和价值所在。

上文对计分和评级方式的讨论都是督导评估中的技术性问题，相比之下，更为关键的问题则是究竟要通过这些技术发挥怎样的导向作用，这才是一个国家或地区的督导评估制度的关键问题。近些年来，国内很多学者对我国各地长期以来实施的示范幼儿园评估和级类验收制度的价值导向进行了反思，这是十分有意义的，本书亦提出一些自己的看法。

我国对示范幼儿园以及级类幼儿园的评定有特定的历史背景。1956年2月，当时的内务部、教育部、卫生部在《关于托儿所、幼儿园几个问题的联合通知》中指出卫生、教育行政部门应办好几所托儿所和幼儿园，使它们起示范作用。1979年，《全国托幼工作会议纪要》提出，要办好示范幼儿园，指导幼儿教育科学研究工作。1987年发布的《国务院办公厅转发国家教委等部门关于明确幼儿教育事业领导管理职责分工的请示的通知》中规定，教育部门要“办好示范性幼儿园”。1989年，《国家教委关于实施〈幼儿园管理条例〉〈幼儿园工作规程（试行）〉的意见》中，进一步明确了政府开办示范园的责任：“要办好示范性幼儿园和农村中心幼儿园。”在20世纪50年代以来这一相当长的时期内，我国幼儿园的举办主体是企事业单位，教育部门的主要职责在于通过举办示范性幼儿园树立质量标准，因此示范园数量很少。而到1997年，《全国幼儿教育事业“九五”发展目标实施意见》提出了一个比例目标：“到2000年，所有幼儿园（班）都要达到县以上教育行政部门规定的办园基本标准。省级示范性幼儿园应达到本省幼儿园总数的2%。”相比示范性幼儿园认定，我国对幼儿园级类的划分则较晚。这主要是出于对幼儿园费用价格进行分类管理的需要，由各个地方政府作为出台了一些级类认定标准，而中央政府则从未出台有关级类评定的文件和标准。这就导致各地的措施、级类的名称、评价标准各不相同，有些地方甚至在地级市一级也出台了级类认定标准。一直以来，级类认定的对象绝大多数限于公办幼儿园（包括企事业单位和其他机构举办的幼儿园），民办幼儿园参与很少，其原因是民办幼儿园费用价格管理并不采用分级这种办法。

从上述历史回顾中可以看到，我国示范园和级类评估措施的出台，在当时的历史条件下具有积极的价值和意义。但随着我国学前教育事业的快速发展，幼儿园举办主体更加多元，学前教育发展重点也从追求数量转向注重质量，不同性质幼儿园之间的教育质量差距增大。这些变化决定了幼儿园评估要与时俱进，承担起与以往不同的功能，其重点是：如何促进幼儿园质量的均衡发展、引导民办幼儿园避免过度逐利、促使优质教育资源向弱势地区和弱势家庭倾斜。国外的经验启示我们，上述评估导向作用的发挥，除了要对指标内容进行精心设计外，也需要在不同级别幼儿园的数量比例划定、计分和评级方式上进行针对性的安排。这些手段的运用，还应随着各地幼儿园发展数量和质量变化不断调整，使评估指标在不同时期都能灵活、有效地发挥导向作用。

第二节 督导评估中的信息采集方法

内容和方法是不可分割的一体两面。学前教育督导评估的内容固然重要，但是如果没有适宜的方法来处理、使用这些内容，也无法达到预期的效果。广义上的督导评估方法涉及宏观、中观、微观各个层面，如宏观层面的督导评估程序设计、中观层面的督导评估方案设置。本节仅关注微观层面的督导评估方法，即在具体评估过程中采集督评对象（学校）的各种信息、证据的方法，简称为信息采集方法。常用的信息采集方法有观察法、访谈法、问卷法、文献查阅法等。这些方法在国内外的学前教育督导评估中都得到了广泛的运用。

一、常用信息采集方法概述

1. 观察法

观察法指督导人员深入督导对象的现场，直接以感官或其他辅助工具，有目的、有计划地进行观察，以获取基本信息和原始资料的方法。有学者注意到教育督导中的观察法和科学研究中的观察法的不同，指出教育督导实施的观察是在真实的教育现场，对教育教学活动进行的直接观察，具有自然性、直接性的特点。[①]有人因此将其称为“实地观察法”，在一些学术著作和我国一些地方学前教育督导评估文件中，或称其为“实地考察法”。

观察法可以分为不同的类型。第一，根据督导人员是否参与到考察对象的活动之中，可分为非参与式观察、参与式观察二种。前者是作为旁观者、局外人的观察，后者是作为参与者、局内人的观察。一般而言，前者得到的信息更为客观，但是在信息的深入程度、全面性上不如后者。不过督学在采用参与式观察时，也必须把握好参与的程度、分寸，避免对真实的教育教学活动造成干

① 涂文涛. 教育督导新论［M］. 北京：人民教育出版社，2015：181.

扰，影响信息采集的准确性。第二，根据观察内容是否具有统一设计和预设的结构，可分为结构化观察、非结构化观察，以及介于二者之间的半结构化观察。结构化观察指督导人员事先设计好观察的内容、项目、记录方式，并在实际观察过程中依此做好记录和信息汇总。它的优势是目的性强，能够获得大量确定的资料，并且便于事后的汇总、对比分析。非结构化观察则没有预设内容、项目和记录方式，由评估人员在现场根据需要随机进行。它的优势是灵活简便、适应性强。

督导评估无论采用哪一种观察方法，实施时都应当有较为严谨的计划，而不能完全依靠督学的个人经验和习惯进行。有学者借鉴人类学田野研究的范式，将观察法的实施划分为“在这里”“到那里”“回到这里”三个阶段，以此说明督导评估采用观察法时所要注重的目的性和程序严谨性：“在这里”是指实施观察前的准备阶段，包括确定观察问题、制订观察计划、设计观察量表等；“到那里”是带着问题进入现场实施实际观察的阶段，基于前期的准备，收集和记录一手资料；“回到这里”是在现场收集资料后进行整理、分析，最终形成结论的阶段。①

2. 访谈法

访谈法指通过谈话获取信息的方式。在质性研究方法中，一般认为访谈法的使用建立在解释学、建构主义理论的基础之上。②也就是说，访谈时必须结合所处的情境，捕捉被访谈者的表情、肢体语言、语气等细节，综合其情绪情感、动机态度等因素，透过表面的语言听到背后的“话外之音”，才能得到可靠的结论。

访谈法也分为不同的类型。第一，根据访谈对象的数量，可以分为单独访谈某一位对象的个别访谈、同时访谈多个对象的集体访谈。第二，根据督导人员对访谈控制程度的高低，可以分为结构化访谈、半结构化访谈、无结构化访

---

① 苏君阳. 教育督导学［M］. 北京：北京师范大学出版社，2012：184.

② 陈向明. 质的研究方法与社会科学研究［M］. 北京：教育科学出版社，2000：34.

谈。第三，根据访谈是否借助一定的中介物，可以有面对面访谈、借助电话或网络进行的远程访谈。第四，根据访谈的次数，可以分为一次性的横断式访谈，以及多次的追踪式访谈。第五，根据访谈程序的安排，可以分为按照一定程序进行专门安排的正式访谈，以及随机进行的非正式访谈。第六，根据访谈时间，可分为现场观察过程中伴随性的访谈，以及观察结束后进行的事后访谈。

督学对被督导的对象而言，具有行政权威，是一种自上而下的具有法律意味的权威。这决定了访谈者和访谈对象之间的地位是不平等的。因此在督导评估中实施访谈，必须设法避开权威影响、提高访谈的真实性。从访谈的类型来说，个别访谈、结构化程度较低的访谈、面对面访谈、随机进行的非正式访谈，一般情况下有利于降低被访谈者的紧张情绪和防备心理，增强访谈信息的全面性、深入性和真实性。但是，双方身份地位的不对等性决定了督导中的访谈和一般科学研究中的访谈是不同的。尤其是当督导评估结果具有较高的利害性时，要让被访谈者彻底敞开心扉、知无不言几乎是不切实际的期望。国外很多研究都发现，被督导者在面对督学时，会采取粉饰、包装等策略。①这就对督学的访谈技巧提出了更高的要求，需要他们更加善于从表面的语言中发掘背后的内涵、灵敏地捕捉到更多的信息。在学前教育督导评估中，幼儿也是很重要的访谈对象，他们不懂得粉饰和包装，因此很多有经验的督学都会采用一些特别的技巧从幼儿那里获得有价值的信息。访谈幼儿时也要考虑到他们思维能力、表达能力的局限性，避免以偏概全。

在开展督导评估时，幼儿园管理者往往先会对整体情况进行口头介绍。在我国督导实践中，这种介绍通常以较为正式的形式进行，所以也被称为“听取汇报”。这种介绍，听取汇报可以视为一种特殊的访谈形式。

3. 问卷法

问卷法指通过预先编制的问卷，向调查对象询问信息，再通过数据处理和

① GAERTNER H，WURSTER S，PANT H A. The Effect of School Inspections on School Improvement [J]. School Effectiveness and School Improvement，2014，25(4)：489-508.

分析获得结论的信息采集方法。问卷题目可以采用封闭式问题，如单项或多项选择题、五点量表等，也可以采用开放式问题，但大多数以封闭式问题为主。问卷题目的计分、后期的分析一般采用量化的方式，用数字呈现分析结果。问卷法可以一次性大量发放，因此具有效率高的优势，而且不需要督导人员与被调查对象面对面接触，有助于提高信息的真实性。

问卷的调查内容包括两种。第一种是间接信息，即问卷结果不直接作为督评结果，而只是督学进行综合研判的参考。比如通过向教师发放问卷了解幼儿园的管理方式、教师工作条件和待遇落实情况，通过家长问卷了解收费的规范性、家园沟通工作的内容和方式等。第二种是直接信息，即调查结果可直接作为督评结果。例如通过家长满意度问卷进行调查，如果家长满意度本身就是督导评估的指标之一，那么问卷分析结果将直接影响这些指标的得分。

随着网络技术的应用和发展，我国督导评估中越来越多地采用网络的方式发放问卷，大大提高了问卷调查的效率。但通过网络进行问卷调查仍然需要谨慎安排，比如在保证匿名的同时怎样避免重复填答，怎样提高有效填答的比例，怎样筛选无效问卷等。解决这些问题既需要一定的技术手段，也需要合理设计程序、严谨实施。

4. 文献查阅法

文献查阅法是指督导人员根据督导的目的和内容，有选择地查阅被督导单位有关各项工作的资料，如工作计划、总结、汇报、会议记录、教育教学档案、统计表、规章制度等，以实现教育督导目的的调查方法。[①]

查阅文献是督导评估中非常重要的信息采集方法。它可以超越督导评估现场的时间空间限制，了解相当长一段时期内学校的工作状况，有利于督学全面深入地把握情况。学校运行过程中形成的一切文字材料，都可能成为文献查阅的对象，因此纷繁复杂、数量巨大。这就需要督学善于去粗取精，能

① 黄葳. 教育督导学［M］. 北京：中国人民大学出版社，2011：175.

够基于督导目的进行有效筛选、梳理。文献材料具有非现场性，存在一定的临时突击准备甚至伪造资料的空间。这就需要督学善于去伪存真，甄别、辨识资料的真实性。

当然，保证文字资料真实性的责任不全在被督导对象。如果督导评估的方法设计中对于文字资料的要求不合理，过于贪多求全、过于僵化死板、过于注重外在形式，也会降低文献查阅这种信息采集方法的真实性和正当性，甚至影响整个督导评估的权威性和公正性。

二、国际学前教育督导评估中信息采集的特点和发展趋势

1. 注重直接证据

查阅文献是很多国家和地区采用的信息采集方法，但具体要求在各个国家之间存在差异。相对而言，美国、澳大利亚等国对文字材料的要求比较多。比如：美国很多州要求幼儿园在接受评估前，须针对每一条指标准备相应的证据材料，供评估员核查；美国加利福尼亚州在幼儿园评级时，还设置了“专业辅导员”为幼儿园提供指导，其工作内容中包含了指导幼儿园准备资料这一项；澳大利亚评估标准对信息采集方法进行了详细规定，所有七大质量领域的全部条目，无一例外地包含了文献考察要求。

各国对文献查阅法虽然都很重视，但在评估实践中起最终决定作用的，还是在幼儿园现场通过观察和访谈以获得信息。这方面具有代表性的是英国的督导要求，该国2019年新颁布的督导评估手册中，列出了督学要求幼儿园提交的文字资料，这些要求只针对中心式机构，而“育儿员”无须提交任何文字资料，只须向督学作口头的解释说明。需要提交的文字资料如下：

- 在园幼儿名单及各班教师名单
- 督导对于正常教育教学流程的影响
- 从专门的部门获取的教职工犯罪记录的调查审核结果

- 对于事故、退学及负面行为的记录
- 对于歧视事件的记录，包括种族主义事件
- 有关投诉及处理的记录
- 安全和儿童保护措施
- 风险评估、防火措施及其他健康和安全措施
- 交由专门负责安全的责任人处理的事件及其处理过程记录
- 接受儿童社会服务以及同时纳入多个社会服务机构的幼儿名单
- 对教师员工进行教学督导的信息（本条针对集团式经营的幼儿园）
- 有关教师员工接受培训和专业发展的信息
- 如果接受过外部评价，提供该评价的结果等信息

上述需要提交的文字材料主要集中于两个方面：健康与安全、教师资质与专业发展。而对于机构管理、教育教学这些更为核心的质量要素，英国督导要求并不硬性规定提交文字材料，而是要求督学必须在现场考察过程中通过观察、访谈来获取信息，进而作出专业判断。

2. 注重多种方法的综合使用

很多国家和地区的督导评估中所采用的信息采集方法都包括许多种。值得重视的是，它们大多强调要对多种方式所收集的信息进行综合汇总，以形成立体、多角度的认知。比如英国督导强调“三角互证”，即眼睛所见、耳朵所闻、文字所写的内容，要能相互印证，以此形成综合判断。再如澳大利亚督导评估的七个质量领域中，除“领导和管理”之外，所有下辖条目的信息采集方法都包括了观察、访谈、文献查阅三种方法，而“领导和管理”领域下的条目则要求全部使用访谈、文献查阅两种方法。

三、对我国各地督导评估中所用信息采集方法的分析与反思

笔者收集到的我国地方性评估标准文件共有17个，它们是：《陕西省示范幼儿园评估标准（暂行）》《北京市幼儿园办园质量督导评估标准（试行）》《吉林省幼儿园标准化建设评估指标体系》《吉林省省级示范性幼儿园评估细则》《安徽省一类幼儿园评估指标体系》《山西省省级示范幼儿园评估标准》《广西壮族自治区幼儿园办园水平综合评估标准（试行）》《广西壮族自治区示范幼儿园评估验收标准（修订）》《江西省省级优秀示范幼儿园评估标准（试行）》《河北省城市幼儿园分类评定标准（试行）》《河南省省级示范幼儿园评估标准（修订）》《海南省幼儿园等级评定标准（2015年修订版）》《湖北省幼儿园办园水平认定标准》《福建省示范性幼儿园评估标准（试行）》《贵州省省级示范幼儿园评估细则（试行）》《辽宁省幼儿园评估定级标准》《黑龙江省示范性幼儿园评审标准（修订）》。上述文件覆盖地域相对较广，且对每一条评估指标应采用的信息收集方式都进行了明确的规定，本节即以这些规定作为分析内容。分析以明确规定的最低层级为基准。比如《辽宁省幼儿园评估定级标准》包含了A级、B级、C级三个层次的指标，最低层级的C级指标下，又包含了若干条具体的内容，如表7-7所示：

表7-7　辽宁省幼儿园评估定级标准（部分）

A级指标	B级指标	C级指标	评估标准	评估办法
A1 办园条件	B1 经费	C1 经费	举办者能依法筹措办园经费，幼儿园有必备的办园资金及稳定的经费来源，经费使用合理。 按签订的岗位聘用合同或劳动合同兑现教职工工资、待遇，为教职工办理医疗、工伤、养老等保险。 每年有用于购置玩教具、材料、工具、图书等经费。	听取汇报 查阅资料。

分析上表时，以最低层级C级指标下包含的具体内容为对象逐条分析，将

共计为4个具体指标，而不是1个。

在17个标准文件中，笔者选取了用作评估内容分析的八个大的方面，即机构管理、人员配备、人员资质与发展、物质条件与利用、健康与卫生、安全管理、课程设置与实施、家园与社区工作，去除了指标太少的“教师工作条件与待遇”方面，由此获得的最低层级的指标共计1651个。这些指标所用的信息采集方法包括观察法、访谈法、文献查阅法、问卷法，“听取汇报”作为一种得到普遍应用的特殊的访谈形式，列为单独一种。此外，有极少数的有关教师能力水平的指标采用了测查的方法（这种方法本身的适宜性是值得探讨的）来获取信息，为了保证分析的全面性，我们将测查法也纳入分析对比的范围。分析结果如下：

1. 几种信息采集方法使用频次的比较

1651个最低层级的内容指标，共涉及3094个信息采集方法。使用较多的两种方法是文献查阅法和观察法，其余依次为访谈法、问卷法、听取汇报、测查法。具体分布见表7-8：

表7-8　信息采集方法分布情况

听取汇报	观察法	访谈法	文献查阅法	问卷法	测查法	总计
153	1085	446	1260	132	18	3094

八个内容方面所使用的信息采集方法情况，如表7-9所示：

表7-9　信息采集方法分布（按不同内容方面比较）

评估内容	听取汇报	观察法	访谈法	文献查阅法	问卷法	测查法	总计
物质条件与利用/%	2.76	68.78	3.04	25.41	0.00	0.00	100
人员配备/%	11.88	42.57	3.96	41.58	0.00	0.00	100
健康与卫生/%	0.95	40.08	8.13	45.94	4.91	0.00	100

续表

评估内容	听取汇报	观察法	访谈法	文献查阅法	问卷法	测查法	总计
安全管理/%	1.59	37.57	11.64	47.09	2.12	0.00	100
课程设置与实施/%	2.55	37.69	19.19	38.54	2.04	0.00	100
人员资质与发展/%	8.41	15.11	19.12	50.67	5.54	1.15	100
机构管理/%	10.44	14.82	19.42	47.60	7.72	0.00	100
家园与社区工作/%	10.45	10.45	22.39	39.55	17.16	0.00	100

从表7-9可以看出，八个评估方面中，除了物质条件与利用外，其余七个都比较多地采用了文献查阅的方法，从高到低的顺序为：人员资质与发展、机构管理、安全管理、健康与卫生、人员配备、家园与社区工作、课程设置与实施、物质条件与利用。最常采用听取汇报的方式来获取信息的评估内容有人员配备、家园与社区工作、机构管理、人员资质与发展。物质条件与利用、人员配备、健康与卫生、课程设置与实施、安全管理等评估内容则更多采用观察法。访谈法相对于其他方法使用较少，但是在家园与社区工作这一评估内容中，还是有超过20%的内容指标要借助它来获取信息，另外在机构管理、课程设置与实施、人员资质与发展等方面也较多地运用了访谈法。

如果简单地把观察、访谈归为“一手资料”获取方式，把听汇报、文献查阅归为“二手资料”获取方式，大体可以发现：物质条件与利用、课程设置与实施是“重一手、轻二手”资料获取方式的两个内容方面，安全管理、健康与卫生、人员配备在“一手”和“二手”资料获取方式的选择相对均衡，而人员资质与发展、机构管理相对而言更加“重二手、轻一手”资料获取方式，家园与社区工作由于多采用问卷法获取信息，因此不作类似比较。具体如表7-10所示：

表7-10　八种评估内容采用“一手资料”和“二手资料”的对比

评估内容	“一手资料”/%	“二手资料”/%
人员资质与发展	34.23	59.08
机构管理	34.24	58.04
安全管理	49.21	48.68
健康与卫生	48.21	46.89
人员配备	46.53	53.46
家园与社区工作	32.84	50.00
课程设置与实施	56.88	41.09
物质条件与利用	71.82	28.17

总体而言，我国各地评估标准对于信息采集方法的规定是较为适宜的，比如注重“二手资料”获取方式的评估内容，涉及的一项是督导现场无法深入了解，或需要考察一段较长时期的幼儿园的某项工作。对于能够在现场获取较多信息的，各地还是采用“一手资料”获取方式。

2. 同时使用多种信息采集方法的情况

（1）使用一种和多种信息采集方法的指标数。

在1651个最低层的内容指标中，接近一半采用了单一的信息采集方法，而采用多种信息采集方法的内容指标数量随着方法种类的增加而递减，其中采用信息采集方法最多的是用了5种方法。如表7-11所示：

表7-11　信息采集方法使用数量统计（只针对方法种数）

同时使用的方法数/种	频次/次	占比/%
1	782	47.37
2	563	34.10
3	250	15.14

续表

同时使用的方法数/种	频次/次	占比/%
4	29	1.76
5	27	1.64

八个方面评估内容采用的信息采集方法数量情况，如表7-12所示：

表7-12　信息采集方法使用数量统计（按不同内容方面）

方法使用数量	机构管理	人员配备	人员资质与发展	安全管理	课程设置与实施	物质条件与利用	家园与社区工作	健康与卫生
采用1种方法/%	47.96	50.00	48.43	44.14	30.69	67.94	35.00	47.06
采用2种方法/%	35.69	46.97	28.92	41.44	35.52	25.95	35.00	37.58
采用3种方法/%	11.15	3.03	18.47	14.41	32.76	6.11	8.33	10.78
采用4种方法/%	0.74	0	1.39	0	1.03	0	15.00	4.58
采用5种方法/%	4.46	0	2.79	0	0	0	6.67	0

可以看到，课程设置与实施是最为注重采用多种方法的一个评价内容，有接近70%的内容指标采用了两种或两种以上方法；其次是家园与社区工作、安全管理、健康与卫生，也较注重各种信息采集方法的使用，物质条件与利用方法采用的方法单一，一种方法的使用比例即接近70%。

（2）各种方法同时使用的情况。

文献查阅法和观察法这两种使用最多的信息采集方法，大多与其他方法并用。在1260个采用了文献查阅法的最低层级内容指标中，有840个指标同时采用了至少一种其他的信息采集方法，占总数的66.7%；在1085个使用了观察法的最低层级内容指标中，有702个指标同时采用了至少一种其他的信息采集方法，占总数的64.7%。具体情况如表7-13所示：

表7-13　与文献查阅法、观察法同时使用的其他方法数量占比

同时使用的其他方法数量/种	与文献查阅法共同使用的占比/%	与观察法共同使用的占比/%
4	2.18	2.81
3	2.34	2.61
2	18.95	21.75
1	43.23	37.57
0	33.31	35.28

各种信息采集方法之间，两两共用于最低层级内容指标的数量如表7-14所示：

表7-14　各种信息采集方法两两共用于最低层级内容指标的数量①

信息采集方法	听取汇报	观察法	访谈法	文献查阅法
观察法	70	—	228	583
访谈法	53	228	—	362
文献查阅法	135	583	362	—
问卷法	35	78	86	117

可以看到，听取汇报、观察法、访谈法是最常与文献查阅法共同使用的信息采集方法。

综合以上分析，可以得出几点结论：

第一，我国各地督导评估使用多种信息采集方法。

第二，各种信息采集方法结合运用，注重从多个角度收集信息。

① 本表选择使用较多的五种信息采集方法加以呈现。

第三，我国各地督导评估采用的信息采集方法与评估内容之间具有一定的适切性。

必须指出的是，上述结论是基于我国各地督导评估标准文件文本分析而得出的。而在督导评估实践中，各种信息采集方法的使用在不同程度上存在着问题，大体可以归纳为两个方面。

一方面，各种信息采集方法运用不够规范，影响信息收集效果。

使用观察法的问题：观察尤其是对保育教育活动的观察不够持续和深入，存在走马观花地“看热闹”的情况，或者仅凭零散片段就武断地下结论的现象。

使用访谈法的问题：注重访谈形式，但对于如何选取访谈对象、如何根据不同的对象确定访谈内容等缺乏整体安排；对于是采取集体访谈还是个别访谈、是采用观察过程中的伴随性访谈还是事后访谈等具体方式缺乏严谨的设计；忽视对访谈对象心理的调适，有时候的集体访谈氛围拘谨，访谈语气僵硬。

使用问卷法的问题：问卷发放程序不够严谨，有时只图问卷发放便利，忽视了匿名原则、幼儿园回避原则；问卷结果分析过于简单粗放，忽视对无效问卷的筛选甄别，数据分析中只关注整体的百分比、忽视结构性的对比分析。

使用文献查阅法的问题：对文字资料准备的要求过多、过全、过细、过死，形式大于内容。实践中强调事事“留痕”，重工作形式轻工作内容，重工作过程轻工作成效。有的幼儿园为了迎接不同类别的评估，常常把相同内容的资料按照不同的要求进行编辑排版、排列组合，装进不同的盒子里。一些幼儿园因此把迎接督导评估的工作戏称为“倒腾盒子”，其背后隐藏着冷暖自知的无奈与苦涩。文献查阅法的不当使用，不仅给幼儿园带来不必要的巨大负担，也给突击准备甚至造假、粉饰留下了空间，在一定程度上削弱了这种方法的真实性和正当性，并最终降低了整个督导评估的公正性和权威性。

上述各种信息采集方法使用中存在的问题，其根源主要在于形式主义。有人曾总结过形式主义的几大表现：“文山会海，繁文缛节”“空话连篇，索然无味”“小题大做，哗众取宠”“无中生有，捕风捉影”“堆砌词藻，华而不实”“移花栽木，照搬照抄”“语言干枯，味同嚼蜡”“故弄玄虚，故作高深”。[①]反观我国各地幼儿园督导在程序安排上、信息收集过程上、幼儿园汇报中、评估后的反馈中，或多或少地看到上述形式主义的影子。毛泽东早在延安时期撰写的《反对党八股》一文中尖锐地指出，形式主义是一种“幼稚的、低级的、庸俗的、不用脑筋”的东西。戒除形式主义是一个任重而道远的过程，它需要的也不仅仅是教育督导这一个领域、一个层面的努力。

另一方面，各种方法采集上来的信息综合处理不够，缺乏有效的会商、汇总机制和方法。

从对各地评估指标文件的分析中可以看到，各地都规定多种信息采集方法应结合使用。但“结合”并不一定意味着“综合”处理，在实际的评估工作中，必须把由不同方法所采集到的信息进行汇总筛选、取舍，确保各种信息相互印证。比如对于班额、师生比的调查、评估，我国很多地方都规定可采用查阅学生名册的方式来计算，也有一些地方规定要采用观察的方式实地查看每个班级中幼儿实际人数。由于花名册记录的只是纸面数字，并不一定反映完整，所以有学者主张应采用现场观察的方式，以现场在班的教师和幼儿人数为准，以了解幼儿从教师那里能够实际得到的关注度。[②]从理论上看，这的确与幼儿发展有更直接的关系。但是正如本书第一章所论，督导评估不全是一项专业工作，它还具有行政属性。考察班额、师生比的首要目的是看幼儿园是否遵循了有关招生的制度规定，是否配足、配齐了教师，所以只看督导评估当天的情况并不是足够的。这样看来，检查花名册、现场观察这两种信息采集方式都有其局限性，单凭任何一种方式都无法掌握全面、真实的情况，而难以达到评估的目的。一些有经验的督学摸索出了另一套办法，包括查看班级环境中的值日表、查看

---

① 彧君．细数形式主义在文风话风上的八种表现［EB/OL］．［2020-03-20］．http://cpc.people.com.cn/ pinglun/n/2013/0929/c241220-23076787.html．

② 潘月娟，刘焱，胡彩云．幼儿园结构变量与教育环境质量之间的关系研究：以山西省幼儿园为例［J］．学前教育研究，2008(4)：3-10．

上下午班教师的交接记录、查看卫生保健系统中的数据等，这样从多个角度来核查信息，即是多种方法采集的信息实现综合印证的有效方式。

在方法的综合之外，还要考虑人的综合。与很多国家和地区相比，我国开展督导评估的一大特点是人力资源投入多。但是如何把“多”变成“强”，让督学的工作达成合力增效的效果，就需要对分工合作的工作方式进行精心的设计和实施。应当尽量避免把指标像“自留地”一样划拨给某一位督学个人独自负责，这样会严重地影响督学之间相互探讨的积极性，制约信息的交流共享。应采用有限分工、集体负责的方式，避免事实上的“一言堂”。其次是合作。在督导评估的程序设计上，应当专门留出充足的时间供督学相互交流、汇总信息、会商意见。在实际会商的过程中，还要尽量避免“蜻蜓点水”“会而不商”的交流，要鼓励督学之间相互补充、佐证、质疑、质证，不要让会商变成走过场。

第三节　督导评估的反馈

反馈是督导评估必不可少的组成部分。反馈质量如何，反馈意见能否得到学校的接受，既反映了学校对督导的接受程度，也影响着督导的最终成效。因此，反馈同样是督导评估中的重要课题。

反馈的方式有多种。从传达的形式上看，有口头反馈、书面反馈；从反馈的时间上看，有督导评估过程中的反馈、督导评估后的事后反馈；从反馈的对象上看，有面向学校或幼儿园的整体反馈、面向个体教师的个别反馈。实施督导评估时，有效运用多种方式的反馈，可以提升反馈质量和成效。

一、影响反馈成效的因素

不少研究指出，校长或园长在接受督导后都希望得到意见反馈，并且大多数会将反馈建议运用到之后的工作之中。与此同时，也有研究发现校长、园长和教师认为督导反馈没有提供新鲜信息，对改进教育教学没有太大帮助。督导反馈被接受的程度，受到诸多因素的影响，基于对现有研究文献的梳理，可以将其大体归纳为如下四个方面。

1. 宏观社会层面的因素

在高利害的督导体系中，校长、园长和教师会感受到较大的评估压力，也更重视督导意见的反馈，并将反馈意见应用到后续的工作之中。一些学者对欧洲7个国家的督导体系按照利害高低进行了评分，并调查了2300名校长，发现校长们承受督导压力和改进的动机与所在国家督导的利害程度之间呈现较强的正相关，越是高利害的国家，改进的动机就越强烈。该研究同时发现，高利害督导的影响并不完全是积极的，也有可能造成学校和教师不敢主动变革、限制学校的课程和教学方法的改进。①

另外一些研究的结论则不同，比如一些学者在德国的相关调查显示，很多学校即便接受了反馈报告，也不打算针对报告提出的弱点进行改进，他们更多是把督导看成考责程序，而不是质量改进工作。②这说明，面对利害程度高、“控制”色彩浓厚的督导时，学校会倾向于将督导视为一种外来的任务，而不是一个持续的质量改进工作，对待督导反馈的态度也就不会那么积极。

2. 中观组织层面的因素

学校掌握的资源和拥有的能力，是决定其是否接受反馈意见的重要因素。霍普金斯等人指出，对处于不同发展阶段的学校来说，需要的管理策略和干预

---

① ALTRICHTER H，KEMETHOFER D．Does Accountability Pressure through School Inspections Promote School Improvement？[J]．School Effectiveness and School Improvement，2015，26(1)：32-56．

② GAERTNER H，WURSTER S，PANT H A．The Effect of School Inspections on School Improvement [J]．School Effectiveness and School Improvement，2014，25(4)：489-508．

形式是不同的，当反馈建议与学校的资源和能力相符合，学校也有能力对其采纳和实施时，它们就会更容易接受反馈意见。[①]这提醒督学，在提出反馈意见时，必须找到学校的“最近发展区”，提出既有挑战又有可行性的建议。

学校的能力中较为重要的一项是自我评价能力。当一所学校具有较强的自我评价能力时，它就能够自主发现与督学指出的近似的问题，从而会对反馈意见产生认同感，进而接受和采纳。惠特比针对较高水平教育系统的分析中指出，当督导反馈意见的聚焦点与学校自评结果相一致时，意见反馈就能发挥更好的效果。[②]

3. 微观个体层面的因素

督学是一种同时具有行政权威和专业权威的角色，其中的行政权威是督学这一职务所赋予的，而专业权威则是依靠督学本人的专业水平和能力而赢得的认同和信赖。有研究表明，督学的专业性是否能够得到认同，是影响反馈意见能否被接受的关键因素。迪安在英格兰地区所做的访谈中发现，当中学教师去督导小学的时候，小学教师会认为他们并不熟悉小学的工作，因而倾向于不接受其反馈意见。[③]

此外，督学的态度、督学与被督导对象的人际关系也会影响反馈意见能否被接受。有学者发现，如果督学的态度是威权型、不和善的，就会引发教师对其反馈意见的抵触，而积极的、建设性的反馈方式则更容易被教师接受。[④]还有一项研究证实了人际关系的作用：如果督学和教师之间建立了互相信任的关

---

① HOPKINS D，HARRIS A，JACKSON D．Understanding the School’s Capacity for Development：Growth States and Strategies［J］．School Leadership & Management，1997，17(3)：401-412.

② WHITBY K．School Inspection：Recent Experiences in High Performing Education Systems［R］．［S．l．］：CfBT Education Trust，2010.

③ DEAN J．What Teachers and Headteachers Think about Inspection［J］．Cambridge Journal of Education，1995，25(1)：45-52.

④ KELCHTERMANS G．Macropolitics Caught up in Micropolitics：The Case of the Policy on Quality Control in Flanders(Belgium)［J］．Journal of Education Policy，2007，22(4)：471-491.

系，教师就能对反馈意见作出更好的反应。[1]

4. 反馈的内容与形式

影响反馈成效最为关键的因素，还是反馈本身。首先是反馈的整体基调，彭泽分析了17个国家的督导反馈报告后发现，负面的反馈意见不如正面的反馈意见更容易被接受。当然，反馈意见是否易于接受，与双方的信任关系、督学的沟通技巧与行事方式等也有关系。[2]其次是督导反馈本身要具体、明确，而不能流于空泛、含糊其词。[3]反馈意见最好能与学校对自身的认识相互印证，或是让学校和教师了解这些意见背后的依据。[4]有学者综合分析一些相关研究后指出，反馈信息的如下特点会影响学校的反应：是内容丰富的还是简单的；是在学校探访期间形成的，还是在遥远的督导办公室分析数据所得出的；是质性的还是只有简单的数字；是基于一所学校作出的判断，还是综合多所学校情况后作出的判断；是定期、持续性的，还是一次性的、短期的。[5]

二、提升反馈质量：来自教学督导研究的启示

教学督导若需要更好地进行反馈，需要注意宏观层面、中观层面、微观层面的诸多要素。除此之外，在有关教学督导（指由校长、教学主任、经验丰富的教师或其他教师指导者实施的，旨在为教学提供支持、指导与改进的活动[6]）

① JONES S，BEALE V，KOGAN M，et al. The Osfted System of School Inspection：An Independent Evaluation[M]. London：Brunel University，1999.

② PENZER G. School Inspections：What Happens Next？[R]. [S. l.]：CfBT Education Trust，2011.

③ MATTHEWS P，SAMMONS P. Improvement through Inspection：An Evaluation of the Impact of Ofsted's Work[EB/OL]. [2018-04-12]. http://dera.ioe.ac.uk/4969/.

④ KELCHTERMANS G. Macropolitics Caught Up in Micropolitics：The Case of the Policy on Quality Control in Flanders(Belgium)[J]. Journal of Education Policy，2007，22(4)：471-491.

⑤ WESTHORP G，WALKER B，ROGERS P，et al. Enhancing Community Accountability，Empowerment and Education Outcomes in Low and Middle-Income Countries：A Realist Review[R]. London：EPPI-Centre，2014.

⑥ TESFAW T A，HOFMAN R H. Instructional Supervision and Its Relationship with Professional Development：Perception of Private and Government Secondary School Teachers in Addis Ababa[D]. Groningen：University of Groningen，2012：76.

的研究中也有不少探讨。[①]教学督导所提出的反馈原则、策略，对学校教育督导中督学的反馈也具有启示，我们参照教学督导的有关原则，就学校教育中督学的反馈意见所应达到的质量要求作概括。

第一，启发性。反馈的内容应能够激发幼儿园和教师的自主思考、自主反思。一些关于教学督导的研究指出，校长在对教师进行教学反馈的过程中，必须注意激发教师的主动思考和建构，以增强教师自身解决问题的能力。[②]这在学前教育督导的意见反馈中也是适用的，如果只是就事论事地探讨某些具体问题，不能激发幼儿园从原理、原则、因果关系等方面进行反思，那么意见反馈效果就会大打折扣。从另一方面看，意见反馈也应该指向幼儿园的自我评价，以增强学校自我诊断的能力。

第二，具体性。在教学督导研究中，有学者指出反馈要围绕教师实际遇到的具体问题进行交流，而不能泛泛而谈。[③]也有学者在学前教育督导的研究中指出，督学对幼儿园的意见反馈本身要具体、明确，不能流于空泛、含糊其词。但是要注意的是，这里的“具体”指的是督学指出的问题与不足应当具体，而不是说督学必须为幼儿园给出具体、可操作的改进方法。有关教学督导的研究表明，意见反馈是不是“具体”还需要视情况而定：对于年轻、缺乏经验的教师，具体的意见反馈更受欢迎；而对于具有丰富经验、水平较高的教师，则意见反馈不需要太过具体。[④]与此相似，学前教育督导意见反馈要具体到何种程度也应当与幼儿园、教师的水平相适应。

---

① “教学督导”与“教育督导”虽然都叫“督导”，但只是中文翻译的巧合，两个概念之间没有直接关联，不可混为一谈。

② RAHABAV P. The Effectiveness of Academic Supervision for Teachers[J]. Journal of Education and Practice，2016，7(9)：47-55.

③ STARK M D，MCGHEE M W，JIMERSON J B. Reclaiming Instructional Supervision：Using Solution-Focused Strategies to Promote Teacher Development[J]. Journal of Research on Leadership Education，2017，12(3)：215-238.

④ 刘昊，陈敏倩，罗丽. 教师对业务园长进班指导的价值体验及其影响因素［J］. 学前教育研究，2020(11)：17-28.

第三，互动性。在教学督导中，教师在接受指导时是否能感受到开放、尊重的态度，是影响其对意见反馈接受度的重要因素，因此督导者必须和教师进行双向沟通，不能仅凭个人之见武断地下结论。[①]这个原则在学前教育督导中也是适用的。有学者指出，学前教育督学如果不能和教师展开真诚的、开放的对话，或是不能表现出对教师发展的关注和兴趣，就会导致教师不接受意见反馈意见。[②]

---

① MOSWELA B. Instructional Supervision in Botswana Secondary Schools : An Investigation[J]. Educational Management Administration & Leadership，2010，38(1)：71-87.

② ALI R E, MERAL Y. The Problems that the Classroom Teachers Working in Villages and County Towns Confront in Educational Inspection and Their Opinions Concerning the Effect of These Problems on Their Performance[J]. Educational Research and Reviews，2013，8(9)：455-461.

第八章
学前教育督导中的社会心理问题

第一节 压 力

2020年2月，中共中央办公厅、国务院办公厅印发了《关于深化新时代教育督导体制机制改革的意见》，提出将进一步深化教育督导问责机制改革，对报告、反馈、整改、激励、复查、约谈、通报、问责等工作提出了具体要求。国务院教育督导委员会办公室负责人在该意见发布会上指出，本次改革要解决的最主要问题之一，是我国教育督导的权威性、严肃性不足，改革的重点就是要让教育督导“长牙齿”，真正形成威慑。

使教育督导在社会心理层面形成威慑力的重要机制，就是要给被督导者制造一定的心理压力。面对上级部门的督导，几乎没有一所幼儿园的园长能做到毫无压力。尤其是在“高利害”的督导体系中，督导所导致的心理压力在全球都有共同性。土耳其的教师比喻自己对督导的感受时，最受赞同的比喻是：“督学就像埋伏在灌木丛中的猎人，就等着我们犯错”“督学就像高傲的白杨树，从不肯屈尊、不容置疑”。[①]笔者在国内和国外了解的情况与此类似。以英国一所幼儿园的园长艾丽森女士为例，她的职业生涯中经历过两次英格兰教育标准局的督导。第一次约在2015年，在经过数月艰苦的准备（当时的督导通知要提前数月下发），最后终于通过督导时，艾丽森的母亲告诉她，是她每天的祈祷起

---

① TOREMEN F，DOS I. The Metaphoric Perceptions of Primary School Teachers on the Concept of Inspection［J］. Educational Sciences：Theory and Practice，2009，9(4)：1999-2012.

作用了，艾丽森对此不以为然，她认为真正起作用的当然是自己的努力工作。但2019年的一天中午，艾丽森又接到了督学第二天要来督导的电话。放学后，艾丽森召集全体教职工开始准备工作。她加班到很晚回家后，却紧张得怎么也睡不着。终于，她无奈之下又拿起电话拨给了母亲："妈妈，请再为我祈祷祈祷吧！"

一、压力的意义

下面的一段教师访谈，生动地展示了她们承受的心理压力。这位教师是这样描述督学在自己教室里现场考察时的心理状态："当时我手心一直在出汗。心里想着的只是督学在那儿站着，她在看什么。本来平时可以做到的、想到的、说到的，那天感觉都做不出来了。即便做出来，事后想想，觉得肯定也不太像样子。虽然到我们班来的督学是一位看起来很和蔼的老师，但是毕竟她是督学啊。我们等了那么多天，做了那么多准备，就是为了这一天，可不能因为我这里出错，让整个园的工作白忙活了。"

显然，让这位教师印象深刻的是心理压力的负面作用。不过压力同时也能激发她努力表现出好的状态，有其积极的一面。心理学研究早就证明，压力带来的适度心理唤醒状态，有助于个体集中注意力、调动心理能量、增强认知效能。压力所带来的好处，有时会以令人意想不到的方式发挥作用。有研究报告说，有学校教师在督导期间的相互合作比以往增强了，原因是督导带来的压力让教师们感觉是在面对一个"共同的敌人"。[①]在组织层面，外部评价带来的压力可以促进幼儿园对自身工作进行自我审视和自我改进。[②]

---

① SEBBA J，CLARKE J，EMERY B. How Can the Inspection Process Enhance Improvement in Special Schools？［J］. European Journal of Special Needs Education，1996，11(1)：82-94.

② NEVO D. Dialogue Evaluation：Combining Internal and External Evaluation［M］// NEVO D. School-based Evaluation：An International Perspective.［S. l.］：JAI. 2002：3-16.

心理压力是督导实现权威性、威慑力的必要中介。因此，在以高利害为主要特征的督导体系中，当局对于被督导者的心理压力是乐见、欢迎的。英格兰教育标准局前任总督学麦克威尔萧在一次访谈中，曾把自己的角色比作“肮脏的哈里（Dirty Harry）”——美国一部电影中的一个蔑视规则的警察角色，他把督学和学校的关系视为监视者与防范对象的关系。他认为：“就英格兰教育标准局的工作职责而言，它不必，也不宜去跟学校交朋友。”英国一些专门为学校提供迎评服务的教育服务机构，借用英国在第二次世界大战时的著名口号“保持冷静、继续前行”，推出“保持冷静，这只是督导”“保持冷静，督导很快就会过去”等类似的标语来宣传自己的服务。这从另一个侧面反映了校长、园长面对督导时的心理状态。

图 8-1　英国教育服务机构的标语

英格兰教育标准局乐于见到幼儿园承受压力，甚至有意识地设法加强这种威权式的影响力。比如：它越来越强调要面向多个主体发布督导评估结果，尤其是要通过公布负面名单，来督促那些表现不佳的地方教育行政部门；加大向全社会宣传督导结果的力度，扩大媒体监督，为家长增权赋能，鼓励其“用脚投票”。

但是压力的负面作用是显而易见的。心理学研究表明，心理压力过低或过高时，个体都无法表现出最为优异的状态。在教育督导过程中，毫无压力当然无助于激发幼儿园自我改进的动力，但压力过高则更不可取，很多研究对此都进行了解释。许多学者发现，教育督导普遍地会给教师带来压力，当这些压力导致教师出现一些负面情绪时，就会带来焦虑、思维僵化、人际关系紧张等一系列问题。①②③英格兰教育标准局组织开展的一项研究表明，当学校从特殊名单中剔除时，校长和教师们会表现出轻松、高兴、有成就感等积极情绪，以及因为自身工作得到认可而产生的自豪、欣喜，如“我们终于又能抬起头来了”“耻辱和羞愧被消除了”“最终挺过来以后，我感觉自己能应付一切事情”。④这项研究也从另一个侧面表明，当督导结果不佳时，校长和教师们会体现出同等程度的负面情绪。有学者发现督导带来的压力会导致教师与学生之间的关系变得紧张，一些学校为了督导进行教学预演，教师和学生为了迎接检查而长期处于一种“表演”状态。在该研究所作的访谈中，一些学生这样回忆接受督导时的所见、所闻、所感：“教师们都忙于焦虑，没空管我们”“有些教师没有时间教学，都用来准备督导了”“每个人都在告诉我们该说什么、该做什么。这位要来督导的大人物到底是谁？”⑤

督导带来的心理压力所造成的影响，不仅体现在情绪层面，还不可避免地体现在教师的教育教学行为当中。有研究者警告说，当要求教师在重压之下尽

---

① GRAY C，GARDNER J. The Impact of School Inspections［J］. Oxford Review of Education，1999，25(4)：455-468.

② LEEUW F L. Reciprocity and Educational Evaluations by European Inspectorates：Assumptions and Reality Checks［J］. Quality in Higher education，2002，8(2)：137-149.

③ VARNAVA M，KOUTSOULIS M. Teacher Inspection and In-Service Training as Means for Teacher and School Improvement［C］//CCEAM Conference：Recreating Linkages between Theory and Praxis in Educational Leadership，Lefkosia：Nova Science PuPublis，2006.

④ OFSTED. Forward from Special Measures［R/OL］.［2007-10-08］. https://dera.ioe.ac.uk/4520/1/Forward%20from%20Special%20Measures%20(PDF%20format).pdf.

⑤ MACBEATH J. Self-evaluation for School Improvement［M］// HARGREAVES A，LIEBERMAN A，FULLAN M，et al. Second International Handbook of Educational Change. Dordrecht：Springer，2010：901-912.

量有好的表现时，可能导致信任感的降低，让教师不愿直面所遇到的困难。[①]麦克贝思也指出，督导带来的压力可能导致教师难以把精力投入到真正的教育教学中，从而影响教育教学效果。[②]有学者指出，过高的心理压力可能导致学校由于害怕和督导标准冲突而不敢进行革新。[③④]

督导导致的心理压力存在于不同督导的阶段和层面。上文关于教师访谈的例子反映出的是教师个体在督导过程中感受到的压力，而压力更大的则是正式督导之前的准备、等待过程中弥漫在整个幼儿园组织层面的压力。在这个督导阶段中，加班加点是家常便饭，夜不能寐也几乎成了很多人的生活常态。人长期处于这种状态，健康会受到不利影响，最终也必然会影响工作质量。

二、压力的来源

客观上说，幼儿园承受的心理压力来源于外部考责可能带来的后果，越是高利害的督导，带来的心理压力就越大。阿尔里希特等人对几个国家中小学督导的利害程度进行了打分，由高到低排列是：荷兰5分、英国5分、捷克3分、瑞典2分、爱尔兰2分、奥地利0分、瑞士0分。他们在调查了2300名校长后发现，校长们督导时承受的心理压力与该国督导的利害程度之间呈现高度相关。[⑤]作为一种心理状态，压力在本质上是客观反映在主观上的产物。有研究指出，心理压力的真正根源，在于被督导者对督导过程和结果无力掌控的感觉。[⑥]笔

---

① OZGA，J. Measuring and Managing Performance in Education［M］. Edinburgh: University of Edinburgh, 2003.

② MACBEATH J. A New Relationship with Schools: Inspection and Self-Evaluation［R］. Cambridge, Eng：University of Cambridge，2005.

③ GRAY C，GARDNER J. The Impact of School Inspections［J］. Oxford Review of Education, 1999，25(4)：455-468.

④ LEEUW F L. Reciprocity and Educational Evaluations by European Inspectorates：Assumptions and Reality Checks［J］. Quality in Higher education，2002，8(2)：137-149.

⑤ ALTRICHTER H，KEMETHOFER D. Does Accountability Pressure through School Inspections Promote School Improvement？［J］. School Effectiveness and School Improvement，2015，26(1)：32-56.

⑥ COLE M，WALKER S. Teaching and Stress［M］. Berkshire：Open University Press. 1989.

者对一些被督导幼儿园园长的访谈能够为这种观点提供佐证。访谈表明，心理压力的大小与幼儿园本身的质量水平并不存在必然的联系，一些高质量幼儿园的园长反而压力更大。新制度主义理论也认为，一项制度要发挥作用，往往需要借助一种制度环境要素，即规制性要素、规范性要素和认知性要素。[①]其中的认知性要素是指能够支配组织与个体行为的、具有社会性的符号与意义系统。这与符号互动理论不谋而合，它揭示出一项制度在实施对象心理和认知层面发挥作用的重要机制。实际上，督导作为一项"注定要通过施加心理压力发挥作用"[②]的制度，在幼儿园教师心理层面所带来的影响会在很大程度上决定该项制度实施的成效。因此对其加以细致深入研究很有必要。但遗憾的是，这方面研究远不够系统和深入。

总的来看，影响教师压力大小的相关督导因素，包括如下几个方面。

1. 对督导评估标准的熟悉程度

督导究竟要考察什么？即便在看到成文的督导标准后，很多园长心中仍会抱有这样的疑问。在完成督导、这个疑问得到彻底解决之前，其内心的忐忑不会得到真正化解。而在完成督导之前，各个方面对于督导标准的解读、培训以及同行之间的私下交流等，都能或多或少地为了解督导考察提供一些信息，帮助园长减轻些许压力。而在正规信息不充分、欠清晰的情况下，园长们更愿意相信来自同行的道听途说，尤其是一些接受过督导的幼儿园的现身说法，但是这些信息往往是片面的、表层的。对督导评估标准不够熟悉，会使幼儿园承受很大压力。

2. 对督导评估过程的知晓程度（自己将要经历什么）

督导之前、督导当天、督导之后，自己需要做什么？要注意哪些细节？

---

① 斯科特．制度与组织：思想观念与物质利益［M］．姚伟，王黎芳，译．3版．北京：中国人民大学出版社，2010：59.

② REEZIGT G J，GREEMERS B P. A Comprehensive Framework for Effective School Improvement［J］. School Effectiveness and School Improvement. 2005，16(4)，407-424.

究竟如何才算是做到位呢？对于园长们来说，这些问题与督导评估指标同样重要。而迎评时幼儿园做这些准备往往会投入很大一部分精力。相对于督导标准而言，各地发布的正式文件通常不会对督导流程、细节作详细的说明，尤其是现场督导当天的流程安排、督学考察的形式和分工、对幼儿园陪同人员的要求等，更不会事先作具体的说明。“关键一天”的未知、临时准备时的慌乱以及对现场准备严密性、细致性缺乏信心，都会让幼儿园本就紧绷的心弦更加紧绷。

3. 期望目标与预期结果的差距

这种心理压力取决于幼儿园自身预期结果与期望目标之间的差值。二者之间并非简单的线性关系：预期结果减去期望目标的差值越大，压力也就越小，而差值越小，压力也就越大。二者呈现出如下图所示的关系：

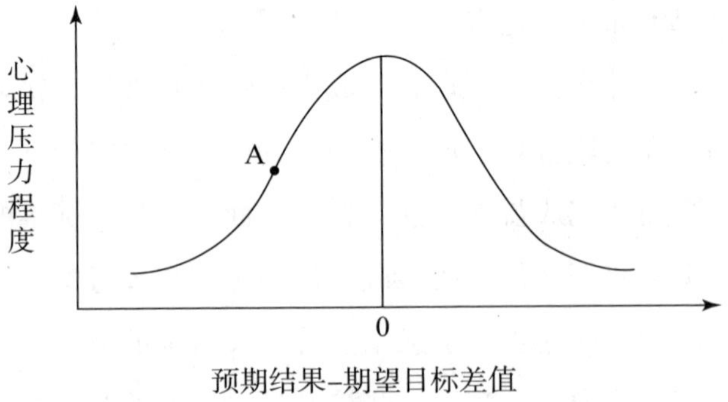

图8-2　心理压力与预期结果-期望目标差值的关系

当预期结果与期望目标相接近时，不管二者的差值是正还是负，都会导致较高的心理压力。两者的差值绝对值越大，心理压力就会越小。不过，上图中A点往左的情况，即预期结果远远低于期望目标的情况，在现实中是很少见的。在不同层次上，二者的关系以及带来的压力可能也不相同。投资人、幼儿园管理层、教师心目中的预期结果、期望目标可能是不同的。而一所幼儿园的精神氛围越积极向上、人际关系越融洽，各个层面间也就越有可能拥有共同的愿景和目标，他们也就越容易建立相近的心理预期和期望目标，也就会感受到程度相近的心理压力。

4. 对督导价值意义的认识

督导对幼儿园、个人究竟意味着什么——是一次决定生死的“大考”？是一次赢得补贴和奖励的机会？是一次借助督导评估敦促投资方加大投入的机会？还是一次和专家接触并沟通需求、了解相关政策的机会？或是一次对本园教师队伍的检验和历练？对督导价值、意义的认识不同，个人心理状态也就不一样。不同层次主体对督导价值的理解当然不全一样，同一主体对督导价值的认识也涉及多个层次，这些不同理解与认知集聚于一起，便呈现出错综复杂的状态，折射于心理层面，人们即感受到了不同的压力。①

5. 被督导者对督导的认知倾向和心理调适能力

有学者从生理心理学的视角对教师面对管理者的教学督导时的心理状态进行分析指出：如果教师将教学督导视为一种“威胁”，就会自动地引发身体和心理的反应，诱发分泌荷尔蒙和其他应对压力的化学物质，以准备迎接接下来的“战斗”，同时过高的唤醒水平会导致应激反应和认知僵化；如果将教学督导视为一种“挑战”，身体和心理同样也会引发类似反应，不过其心理上却仍然具有灵活性，能够理智地看待周围的环境变化，具有创造性和可变性，愿意尝试新的做法、接受新的可能。②上述理论也可以运用到接受督导评估的幼儿园，它们承受的心理压力水平同样取决于对督导的认知倾向。这种认知倾向与被督导者所掌握的资源有关。有学者所指出的，当人们感到身边拥有应对困难的充足资源时，会倾向将困难视为“挑战”，否则会倾向于将其视为“威胁”。③认知倾向还与被督导者所感受到的被信任程度有关，感到被支持、受信任的人，

① LIU H，LUO L，TANG W W. Kindergarten Teachers' Experiences of Stress under a High-Stake Inspection Regime : An Exploration in the Chinese Context［J］. International Journal of Educational Research，2021，109 : 101850.

② MYUNG J，MARTINEZ K. Strategies for Enhancing the Impact of Post-Observation Feedback for Teachers［R］. California : Carnegie Foundation for the Advancement of Teaching，2013 : 3-11.

③ TOMAKA J，BLASCOVICH J，KIBLER J，et al. Cognitive and Physiological Antecedents of Threat and Challenge Appraisal［J］. Journal of Personality and Social Psychology，1997，73(1) : 63-72.

更倾向于将督导视为“挑战”而非“威胁”。

被督导者个体的心理调适能力也是影响心理压力水平的重要因素。有研究对于工作场所中上级的不当督导与下级的心理压力进行了比较、分析，发现下级的情绪智力是调节压力水平的重要因素，下级情绪智力越高，心理压力水平就越低。[①]情绪智力主要包含自我情绪的评估与表达、对他人情绪的识别与评估、自我情绪管理、建设型导向的情绪运用等几个方面的能力。[②]这些能力本就应用于被督导者应对督导时的心理调节。当然，心理调适能力还包括其他的方面，如心理弹性、积极心理学策略等。

需要注意的是，被督导者的心理压力表现在不同层次上：第一个层次是投资人、办园者感受到的压力，第二个层次是领导者、管理者感受到的压力，第三个层次是教师和其他职工感受到的压力。不同层次的个体感受的心理压力的程度、表现、来源都具有差异，三个层次的压力是逐级向下传递的，压力在传递过程中有可能被扩大或缩小。压力的具体变化取决于每个层次之间的信息共享和沟通的效率、是否能达成一致的愿景和目标、各层次主体在横向和纵向上所能够得到的社会支持、上一层传递者的心理调适能力等多种因素。

三、压力的调适

施加压力虽然是确立教育督导权威性和威慑力的必要机制，但过高的压力会导致不良后果，所以督导者应当设法让压力保持在适度的水平。心理压力具有复杂的来源和产生机制，简单地要求督学在督导过程中态度正面、语气和蔼是远远不够的，必须从多个层面入手。

第一是应提升督导内容标准、督导程序、督导结果等信息的透明度和公开

① 龚素芳．领导与下属情绪智力对不当督导及工作压力的作用机制［J］．华东经济管理，2014，28(10)：120-127.

② WONG C S，LAW K S. The Effects of Leader and Follower Emotional Intelligence on Performance and Attitude：An Exploratory Study［M］//HOOPER A. Leadership Perspectives. New York：Routledge，2006：97-128.

性。通过加强督导前的内容标准解读、培训以及公开督导程序和细节，能降低幼儿园对督导的未知感、陌生感，从而降低心理压力。

第二是加强幼儿园自我评价能力建设。幼儿园自评能力的提升，意味着对自身优势、弱势有更客观准确的了解，也就能够建立更为合理的期望和目标。此外，在正式督导前对幼儿园自评结果的有效反馈和沟通也是十分重要的。

第三是在督导方法和反馈形式上进行适宜的设计，降低督导的“威胁感”。有研究指出的导致个体将外界评价视为“威胁”的因素包括评价者片面地收集信息、被评价者不清楚评价标准、被评价者缺乏与评价者沟通交流的机会等，而有助于个体将评价视为“挑战”的因素则包括评价者对被评价者的倾听、建设性的对话、尊重等。[①]这些研究成果都值得督学在具体的督导过程中加以借鉴。

总之，富有成效的督导需要适度的心理压力。而像英国学校那样仿照第二次世界大战时对待法西斯的口号来给自己打气的情况，显然不能代表一种良性的状态。最佳的心理压力应该是像下面标语那样，人们在感受到心理压力的同时也能做好该做的事——“督导要来了，保持冷静，继续教学”。

图8-3　关于督导的标语

---

① MYUNG J，MARTINEZ K. Strategies for Enhancing the Impact of Post-Observation Feedback for Teachers［R］. California：Carnegie Foundation for the Advancement of Teaching，2013：3-11.

第二节　信　任

英国现代教育督导机构——英格兰教育标准局成立前夕，时任国务大臣的贝克表示，成立独立的教育督导机构的目的是在教育领域中“放一群徘徊巡回的大猫”。[①]而该机构历史上最具影响力的负责人之一——总督学麦克威尔萧，也常常喜欢以警察自居，他将督学和学校的关系视为监视者与防范对象的关系。

在基础教育质量方面享有盛誉的芬兰，自20世纪80年代开始就取消了国家层面的督导制度，所有学校和教师在选择教学内容和方法方面享有极高的自主权。这种做法一方面是源于芬兰人由于历史因素，对国家监察制度有一定的厌恶和警惕；另一方面则是源于芬兰政府实施的高质量、严格的教师培训，以及对于教师内在工作动机的重视和保护。[②]

从社会心理的角度来看，英国和芬兰的例子分别代表了督导制度的两种典型：英国的督导源于政府对学校缺乏信任；而芬兰的教育管理体制中，信任是不可或缺的组成部分。

信任是研究教育督导体制的另一重要话题。在学前教育督导体系中，信任的主体既包括政府，也包括家长；信任的客体主要是幼儿园，同时也包括政府。由此则形成了多对信任关系：政府对幼儿园的信任，家长对幼儿园的信任，家长对政府的信任。三对信任关系构成了一个相互关联的链条，它既是督导体系运行的产物，反映着它的成效，同时对督导体系的形态和成效也具有反作用。

---

① LEARMONTH J. Inspection：What's in it for Schools？[M]. New York：Routledge，2000：33.

② CREHAN L. Cleverlands：The Secrets behind the Success of the World's Education Superpowers [M]. London：Unbound，2016.

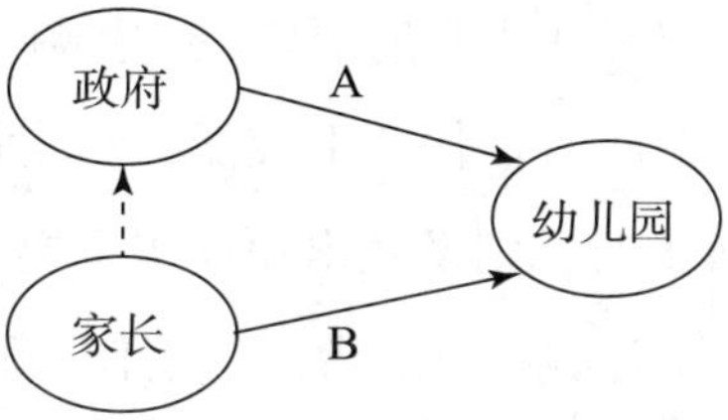

图 8-4　督导体系中的多对信任关系

一、教育督导与狭义信任、广义信任

1. 督导与狭义信任

社会学对信任有两种界定。一种是狭义上的界定。有研究者认为，如果把信任定义为对交往对象善意友好行为的判断和期望，这种判断和期望以对他人的品性、意图的分析推断为基础，那么就可以称为信任。[①]而如果对对方的行为期待建立在对其善意行为的激励强化机制和制度的认识理解基础上，比如相信对方由于法律制度的约束而不会越轨行事，其实质就是"确信"或"放心"。它只是在有保障的制度环境下所产生的一种安全无虑的心态，并非真正的信任。类似地，塞利格曼在《信任的问题》一书中也把信心与信任区分开来：信心指的是当有一套完善的规范来制约、管束他人的角色和行为时，我们对他人所持有的把握和有信心的期望；信任则是指产生于制度规范系统之外的一种世俗现实的心理现象，它在人们无法预知他人将会做什么和将会怎样做时才有可能产生，即当人们对他人的善意行为无法作出判断和推测时却仍然相信他人会有善意行为的表现，这才是信任。[②]

在上述理论中，督导通过制度、规范以及激励、惩罚等措施来制约幼儿园，从而让家长对它们能按预期行事抱有把握和期望。这里建立起来的实际上是"放心"或"信心"，而不属于严格意义上的信任范畴。在这个意义上说，督

① YAMAGISH T，YAMAGISH M. Trust and Commitment in the United Stated and Japan［J］Motivation and Emotion，1994，18(2)：129-166.

② SELIGMAN A B. The Problem of Trust［M］. Princeton：Princeton University Press，2021.

导和信任是相互矛盾的。督导代表政府对学校的控制，当一个教育管理体系中控制的成分较多时，往往意味着信任水平较低，学校相应地享有较少的自治权（如英国）；当控制成分较少时，则反映出信任水平更高，容许学校享有更多的自治权（如芬兰）。德国社会学家卢曼指出，信任是减少社会交往复杂性的机制，是稳定社会关系的基本要素。[①]诚如此言，一个国家或地区的教育体系中的信任程度越高，就越不需要复杂的督导体系来做教育质量的“看门人”，信任程度越低，就越是需要建立完备的督导体系。就图8-4而言，当A和B相对较弱时，一个国家或地区的学前教育督导体系才最有存在的价值，最有可能产生最大的效能。（当然，它还需要以家长对政府督导结果具有较高程度的信任为条件，即图中虚线部分所表示的信任主导。）

2. 督导与广义信任

相对于山岸和塞利格曼的界定，更多学者对信任概念进行了广义界定。很多人提出的二元化划分中，信任通常包含两种主要成分，既可囊括狭义的信任，也涵盖了山岸和塞利格曼所言的“信心”和“放心”。在韦伯提出的普遍信任和特殊信任中，前者建立在私人关系和家族或准家族关系之上，后者则是以信仰共同体为基础。[②]郑也夫划分出人格信任和系统信任，前者是对某个具体人物的信任，后者则是指对匿名者组成的制度系统的信任。[③]卢曼划分了人际信任和制度信任，前者以人与人交往中建立起的情感联系为基础，后者以人与人交往中所受到的规范准则、法纪制度的管束制约为基础。[④]类似的划分还有克里德等人的以认知为基础的信任和以身份为基础的信任等。[⑤]

---

① 卢曼. 信任：一个社会复杂性的简化机制［M］. 瞿铁鹏，李强，译. 2005，上海：上海人民出版社.

② 韦伯. 儒教与道教［M］. 洪天富，译. 江苏人民出版社，2010.

③ 郑也夫. 走向杀熟之路：对一种反传统历史过程的社会学分析［J］. 学术界，2001(1)：58-76.

④ 卢曼. 信任：一个社会复杂性的简化机制［M］. 瞿铁鹏，李强，译. 2005，上海：上海人民出版社.

⑤ CREED W D，MILES R E，KRAMER R M，et al. Trust in Organizations［M］//Kramer R M，Tyler T R. Trust in Organizations：Frontiers of Theory and Research，California：Sage Publications，1995：16-38.

就广义信任而言，教育督导体系中的信任不仅包括狭义信任，也包括由制度约束所带来的信任（即狭义信任论持有者所区分的“放心”“信心”）。在一些学者看来，广义信任结构中的后者反而是更为重要的成分。比如韦伯、福山就曾指出，基于制度约束的信任即普遍信任是现代社会发展的必然要求，是一个社会现代化进程的标志，而中国的传统社会之所以未能孕育出现代国家体制和商品经济，就是因为中国社会的信任主要是基于血缘和亲族关系的特殊信任，而没能建立起基于制度和信仰的普遍信任。在卢曼看来，制度为人们的信任提供了重要的基础，因为制度的存在使得对各种失信行为的制裁成为可能，这就在一定程度上降低了信任的风险，因而人们也就更愿意给予信任。“信任是以法律以及对他人的普遍依赖为基础；同样，反过来说，因为法律提供了对风险的限制，各种形式的信任才成为可能。”①

站在广义信任的主体来看，作为现代教育治理体系重要组成部分的督导的意义恰恰在于，它能够建立起大众对学校的普遍信任、制度信任。从这个意义上说，督导所代表的“控制”，不仅不与信任矛盾，反而是构建信任的重要机制，二者的关系是统一的，相互补充、相互惠及。有学者曾言：“一个关于信任的好理论，离不开对于控制以及二者之间的互惠关系的探讨。”②

二、从信任结构看教育督导的“能”与“不能”

在结构主义社会学看来，信任关系内嵌于社会制度和结构之中，信任也源于特定的社会结构。从中华人民共和国成立到20世纪90年代，幼儿园的举办者主要是政府和带有一定政府色彩的事业单位、公办企业、集体，其中尤以企事业单位为自己的职工举办的幼儿园为主。这种幼儿园的管理者和教师、幼儿家长同属于一个“单位”，通常具有较亲密的私人关系。在这个时期，家长对幼

① LUHMANN N. Trust and Power［M］. Cambridge，Eng：Polity Press，2017.

② CASTELFRANCHI C，FALCONE R. Trust theory：A Socio-Cognitive and Computational Model［M］. West Sussex：John Wiley & Sons，2010：192.

儿园的信任水平很高。信任从群体层面看主要源于国家权威和政府公信力，从个体层面看则是私人关系中形成的亲密情感和心理认同，其中后者在信任结构中占更主要的成分。20世纪90年代以来，我国幼儿园教育随着社会结构的变迁发生了急剧的变化。这一时期的“国退民进”政策使社会力量逐渐成为办园主体，幼儿园教育具有了商品的属性，供给方和消费者主要由基于商业规则行事的陌生人构成。这样的结构变迁导致从前那种“家长—幼儿园”信任关系遭到了根本性的打破，而重建起来的信任又具有了不同的结构和特征。首先是群体层面，从前那种源于国家权威和政府公信力的信任被削弱了。幼儿园不再有国家和政府的背书，社会大众对它的整体信任度经历了急剧的下降过程，其间个别幼儿园发生的负面事件在媒体的放大下更进一步地损害了本就遭到削弱的信任。其次是个人层面，由于家长和幼儿园职工之间不再具有亲近的私人关系，信任关系也就失去了从前的情感基础，需要加入其他成分来支撑。

在理性主义取向的信任研究看来，这种需要加入的成分就是理性算计的能力。该取向的信任研究认为，信任是个体面临风险时作出的一种决策，建立在行动者理性算计的能力基础上。[①]简单地说，就是执行者要判断自己信任或不信任一个对象时，两种选择的风险和收益如何：如果信任比不信任的收益大、风险低，就会选择信任对方。显然，进行这种理性算计有赖于对信息全面准确的掌握，以及对信息的有效利用。

近些年的研究发现，我国家长选择幼儿园时可获得的信息有两类：一是幼儿园在周围人（主要是亲戚、朋友等熟人）中的口碑，二是正式的官方渠道所发布的信息，但选择时更为偏重前者。这表明，家长与幼儿园之间的信任关系主要建立在直接互动的基础上，具有较多私人化的特征，因此它在更大程度上属于一种特殊信任、人格信任或人际信任。有意思的是，澳大利亚[②]等西方国

① COLEMAN J S. Foundations of Social Theory [M]. Cambridge, Mass: Harvard University Press, 1994.

② HALL, PARTNERS. Families Qualitative Research Project-Stage 2: Final Report [R]. Sydney: Prepared for the Australian Children's Education & Care Quality Authority. 2018: 37.

家的家长择园研究也体现了类似的特点，即家长倚重的信息主要来自私人而非官方。这些有关家长择园的研究似乎并未印证韦伯、福山等人关于西方和中国信任结构差异的理论。这表明西方国家家长对于幼儿园的信任来源和中国一样，具有类似费孝通所言“差序格局”的特点：更愿意从私人角度出发，越是亲近的“自己人”提供的信息就越容易于受到信任，这种信任也就更易于转移到这些“自己人”所推荐的幼儿园上。

但是，这种特殊信任、人际信任主要建立在个人情感、道听途说、表面信息的基础上，它们有时是盲目的、不可靠的。换句话说，家长据此对幼儿园作出的信任决策所依靠的理性算计能力通常是不足的。而督导正是弥补这一不足的重要一环。当督导部门代表国家实施督导并向家长公布结果时，能够帮助家长获得作出理性算计所必需的信息，进而塑造一种建立在法纪、制度、规则基础之上的普遍信任、系统信任、制度信任，以此弥补特殊信任、人际信任的盲目性和不可靠性。

但必须看到的是，在改善家长的选择行为上，督导“能”发挥的作用是有限度的。有研究表明，家长选择幼儿园时会基于很多因素进行综合判断，例如会倾向于选择与自身社会经济地位相近的家庭所选择的幼儿园，很多家长也会根据学校的外观和硬件条件进行选择，而不是考虑过程性教育质量等因素，因此早期经济学的“理性人”假设在家长择园中似乎并不完全成立。[①]换言之，即使家长掌握了充分的信息，也不一定具备有效运用这些信息的意识和能力，或者虽具备理性算计能力，但仍坚持私人化判断。因此，无论督导部门发布的信息多么充分、详尽，都不可能完全替代家长对于幼儿园的信任关系中的私人信任、特殊信任。一个有成效的督导体系，必须要关注这些成分，考虑如何帮助家长构建对幼儿园的私人信任、特殊信任。比如，设法在督导评估过程中更充分地吸纳家长意见，引导幼儿园做好家长沟通、社会宣传等工作。

---

① OGAWA R T，DUTTON J S. Parental Choice in Education：Examining the Underlying Assumptions［J］. Urban Education，1994，29(3)：270-297.

三、教育督导的“宿命”：悬置不确定性的积极信任

理性主义取向的信任研究认为，信任最终取决于置信者判断信任对象可信性的理性能力。但在实践中，不管一个人的理性能力有多强，他都无法穷尽信任对象可信性方面的所有信息与知识。信任之所以必要，正是因为人们无法完全排除互动关系中的不确定性，而不得不悬置这种不确定性，以积极的态度投身于相互信任的互动关系中。这就需要“权当”对方是可信的，即构建“权当信任”。[①]从“权当信任”的视角看，信任是一个持续建构的过程，它永远达不到理性主义取向所追求的那种确定性。日常生活中发生的信任，其实都包含了对无知和怀疑的悬置，这是建立信任过程中必须经历的过程，有学者把这种悬置称为信任的“关键一跃”。[②]

权当信任把信任视为一个过程而不是固定的静态关系来看待，认为它具有一种开放、灵活的性质。这种视角对于把握教育中的信任问题十分重要。以权当信任取向审视教育督导体系，无论是“家长—幼儿园”还是“政府—幼儿园”之间的信任关系，都无法达到完全的确定性。因为一个教育督导体系无论设计得多么周到、细密，都不可能全时段、全方位地提供所有的有关一所学校的信息。更重要的是，教育本质上是一种主体性活动，教师劳动与其他劳动相比，具有高度的复杂性、专业性、创造性。它的质量在非常大的程度上依赖于教师和学校的良知、自律和专业能力，而不是依靠外部强制力的规约。有研究者指出，过于僵化的督导方式、紧张的关系，会损害教职员工、家长和政策制定者之间的信任关系，最终给学生带来不良的后果。[③]欧洲常设国际督学会议（Standing International Conference of Inspectorates，简称SICI）在对欧洲各国督

① HARDIN R. The Street-Level Epistemology of Trust［J］. Analyse & Kritik，1992，14(2)：152-176.

② 葛忠明. 信任研究中的“权当”分析范式：兼谈公共非营利合作关系中的信任问题［J］. 山东大学学报(哲学社会科学版)，2016(2)：103-108.

③ PARK J. Detoxifying School Accountability：The Case for Multi-Perspective Inspection［M］. London：Demos，2013：16.

导体系总结后作出提醒："很多对于教育革新的研究都表明，过于侵入性的控制不会带来教育质量的真正提升，而只会导致'为考试而教'或'为制度而教'的情况。"[①]因而教育督导所能追求的目标，不是完全的确定性信任，而是必须学会容忍、悬置、恰当地应对这种信任关系中的不确定性。换句话说，相信学校，是教育督导"宿命"式的必然选择。

当然，权当信任不等于盲目的毫无理由的信任。它以"熟悉化"作为定作机制，随着了解的深入而逐渐演化为确定信任，使信任关系从试验性的状态逐渐进化发展成持久稳定的状态。教育督导在此过程中需要作出选择：悬置什么，如何悬置，逐渐减少信任关系中的不确定性，不断增强确定性。比如，当教育督导内容不能涵盖教育的所有方面时，就要考虑首先要抓住哪些主要方面。在教育督导程序的设计上，荷兰是"基于风险"来选择督导对象，而英国会对表现较好的学校实施"短督导"（即减少督导内容、简化现场考察）以及"豁免"（即取得优秀等级的学校可以免除以下周期的督导）奖励。这些做法实质上都是随着对学校了解的深入，逐步扩大了悬置空间，以便灵活地处理信任关系中的不确定性。

近些年来，荷兰等传统上强调学校自治的欧洲大陆国家尝试"去中心化"督导。所谓"去中心化"，就是学校组成联盟，互相之间进行督导。这种督导与政府实施的自上而下的传统督导不同，在控制功能以外，更强调学校之间的专业交流和"同行评议"。由此，督导权责从政府向学校或学校联盟部分下移，传统的自上而下的督导体系变得更为扁平化。这就更好地整合了"督"和"导"两种功能。这样的督导，更多地依赖于行业和学校的自律，而非外部的强制力量，蕴含了政府对学校、学校与学校之间的积极信任。

一些强调文化取向的社会学学者认为，信任根植于一个社会的文化传统。中国历来缺乏信任陌生人的传统，因此在社会管理中常常倾向于从消极人性假

---

① MACBEATH J，MCLYNN A. Self-evaluation：What's in It for Schools？［M］. Routledge. 2004：24.

设出发，借助外部强制力尤其是惩戒的威慑力来规约人的行为。这样的管理传统，加上近期我国“长牙”的教育督导政策的落地，以及近些年来我国幼儿园教育中不时出现的负面事件，使得我们讨论学前教育督导时呼吁“信任”带上了象牙塔式的理想主义色彩。但是正如上文所言，悬置不确定性、建立积极的信任关系，是教育的本质所决定的教育督导的“宿命”。而无视这种宿命、强求教育督导要督导一切、掌控全程、追求百分之百的确定性，才是真正的理想主义吧？

附录1
英格兰幼儿教育督导体系

英国由英格兰、苏格兰、威尔士、北爱尔兰四个相对独立的行政区域组成。每个区域的教育管理体制各不相同，教育督导的制度、内容和方法也有差异。本文介绍的是英格兰地区的幼儿教育督导体系。

英格兰地区现行基础教育督导体系在世界现代教育体系中拥有最悠久的历史。在历经沧桑巨变的一百多年里，该体系在保障英格兰地区教育质量和公平中始终发挥着举足轻重的作用。但英格兰地区对幼教机构开展督导的时间并不长，只是在落实2006年颁布的《幼儿照护法案》（*Childcare Act*）相关要求下才开始此项工作，至今不过十余年时间。在英格兰地区的幼儿教育管理体系中，督导发挥着核心的作用，尤其是近几年来，各地方政府逐年削减经费，致使之前由地方政府雇用的为幼教机构提供指导的人员数量大幅缩减，于是督导在很多地方几乎成了政府与幼教机构发生直接、定期联系的唯一渠道。由于督导具有较高的权威性，评估结果不佳的机构会面临社会声誉下降所导致的生源压力，同时如果评估结果为“不良”，政府提供的补贴也会中止。这就使得英格兰地区的督导具有明显的“高利害”性，受到了幼教机构的高度重视。

一、督导的一般情况

英格兰地区的政府督导由英格兰教育标准局负责实施，督导对象覆盖了面向2~5岁幼儿的教育机构，其中包括面向2~4岁幼儿的机构和4~5岁的学前班（一般附设在小学中）。在招收2~4岁幼儿的机构中，既包括规模较大的中心式机构，也包括家庭式机构，以及“保育员”项目（由一个保育人员运营，在家庭设施中照护四五个孩子）。督导工作以5年为一个周期，由英格兰教育标准局聘用的督学实施。这些督学分为两类：一类称为“皇家督学”，不负责直接评估，而是担负管理、指导任务；另一类称为督学，负责开展具体的评估工作。

每次督导由1名督学负责，到幼教机构中开展为期1天的现场考察，以观察、访谈、查看资料等方式收集信息，并基于评估指标进行判断。常规督导会提前1天通过电话通知。此外还会进行少量的“突击式”督导，会在督导前十几分钟告知。它针对的是有被证实的家长投诉、投资人或管理者发生变化以及有其他重大变化等情况的机构。新开办的机构在注册后的30个月会接受一次督导。督导报告发布后，幼儿园如果对督导结果或过程不满意，可以提出申诉，申诉应在督导报告发布后的10个工作日内提出。不过即便提出申诉，一般也不会撤回督导报告。

英格兰教育标准局不要求幼教机构在督导前必须进行正式的自评，也不会把自评结果作为评估的依据。2015年之前对自评和结果使用是有要求的，英格兰教育标准局为此还提供过专门的自评表格，但是有关规定在2015年之后被取消了。取消的原因是，英格兰教育标准局认为强制的统一的自评会增加幼教机构的工作负担，并不希望它们专门为迎接督导而做这项工作。不过，如果幼教机构采用自己的方式进行自评，在督导时仍然可以向督学呈现自评结果，来作为教育质量的一种展示。

评估结果分为四个水平：优秀、良好、需要提升、不良。从近十年评估数据来看，处于优秀、良好水平的机构占据大多数。而近几年，处于“需要提升”水平的机构占比有较大幅度的降低，相应地，处于优秀、良好水平的机构占比则有所上升。以2020年3月的数据为例，四个水平的机构数量分别为7920个、35156个、1304个和376个，在总数中的比例分别为17.70%、78.55%、2.91%和0.84%。

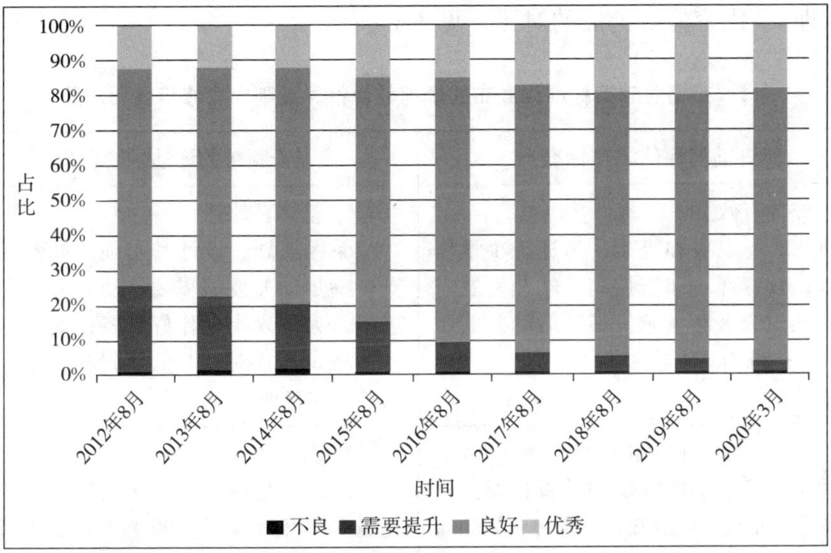

图1　英格兰近十年来不同水平幼教机构的占比

二、督导的内容、指标①

2019年之前，英格兰地区的幼教督导机构采用的是发布于2015年的评估标准。

2019年1月，英格兰教育标准局拟订了新修订的学前教育督导手册，向学术研究和实践工作者征求意见。该手册的研制历经近两年时间，吸纳了大量的幼儿教育领域最新研究成果，对以往的幼教机构督导评估的内容、方式进行了较大幅度的修改。该标准于2019年下半年正式实施，它不仅是督学评价的依据，同时也向全社会公布，作为各类幼教机构规范办园、提升质量的参考，并向家长进行宣传，以提升家长对教育质量的科学认识。新的标准对督导评估的内容框架进行了较大的调整，总体上看，除“整体有效性”不变外，原有的四大方面“领导和管理”“教学、学习和评价的质量”“个人发展、行为和状态”“学习发展结果”，则变成了“教育质量”“行为和态度”“个人发展”“领

① 本部分的主要内容以《从英国最新督导标准看学前教育督导评价发展趋势》为题发表于《外国中小学教育》2019年第6期，署名刘昊、刘莉。

导和管理”。内容修订前后的对照，见表1：

表1　英格兰教育标准局颁布的学前教育督导五则内容修订前后对照

修订前的评估内容标准	新颁布的评估内容标准
1. 整体有效性 幼儿取得发展和进步，为进入小学作好准备；教育环境和支持满足幼儿发展需要；幼儿的个人和情感发展；对幼儿的照料和安全；机构的领导和管理。	1. 整体有效性 课程规划、设计和实施；教育环境和支持满足幼儿发展需要；幼儿取得发展和进步，为进入小学作好准备；幼儿的个人和情感发展；对幼儿的照料和安全；机构的领导和管理。
2. 教学、学习和评价质量 对儿童发展的期望值和教育目标；教师具备有关儿童发展的知识、学习领域的知识；教师对幼儿学习发展情况开展的评价；教师对幼儿学习能力的指导；家长沟通与合作；促进学习机会均等；支持幼儿掌握所需的知识技能，为下一阶段教育作好准备。	2. 教育质量 课程的目标、实施、成果；幼儿“文化资本”（即幼儿成为受教育的公民所应具备的核心知识）的掌握。
3. 个人发展、行为和状态 机构中具有促进幼儿学习的积极氛围；幼儿的自信、自我意识、学习能力发展；幼儿享受学习快乐，具有独立性、好奇心和想象力；幼儿的社会情感发展；幼儿安全感和安全依恋建立；幼儿出勤情况；行为常规和规范，情感和行为的自我控制，与他人交往状况；幼儿自我保护意识和能力；健康生活习惯养成。	3. 行为和态度 幼儿尊重他人、具有自信、遵守规则、建立是非观念，理解自身行为对他人会造成的影响；对游戏和活动的积极参与，与他人的沟通和合作；幼儿享受学习快乐，具有如下诸品质：自控力、坚持性、好奇心、专注力、心理弹性等；教师对幼儿形成上述品质的支持和指导。
4. 学习发展水平 幼儿在以前基础上取得充分的进步；达到或超过本年龄的水平要求，为下一个阶段教育作好准备。	4. 个人发展 教育机构为儿童提供丰富的经验，促进其对周围人、家庭、社区的理解；教给儿童适当的表达自身感受的语言，发展情绪能力；帮助儿童理解不同的价值观和尊重差异；保持卫生标准，培养儿童的卫生和生活习惯。

续表

修订前的评估内容标准	新颁布的评估内容标准
5. 领导和管理 发展愿景和期待；对教师专业发展的督促和指导；对教育质量的自我评估；提供适宜课程；促进平等和差异；对幼儿的安全保护；积极推动英国价值观。	5. 领导和管理 新标准中未针对“领导和管理”单列具体条目，而是指出督学应结合前几方面考察此方面工作。

变化不仅是顺序和文字表述的不同，还隐含着教育评估理念和方式上的深刻变革，其中值得关注的变化有如下几点。

1. 强化课程设置和实施的要求

英格兰地区以前的学前教育督导内容里，有关课程内容和实施的要求是作为“教学、学习和评价的质量”的一部分提出来的，并没有突出课程概念。新的内容框架将这些要求整合进了“教育质量”之中，并设置“课程”指标，对课程目标、实施、成果三要素提出了具体评估要求。例如，“优秀”的机构须达到如下要求：在目标上，应基于本机构的实际情况选择课程，课程的整体目标明确，所有教职工都清楚地理解课程的目标，具有依据课程目标来实施教育教学行为的意识；在实施上，课程内容得到一以贯之的贯彻实施，所有教职工在与幼儿的高质量互动中，有效地落实课程的内容；在成果上，幼儿能够积极参与学习和游戏活动，表现出课程实施所产生的良好效果，他们能发展出良好的语言能力，自信、流畅地交流，为未来的学习尤其是流畅的阅读作好准备。“良好”等级的评估标准中，课程内容提出了有关数学、认知方面的要求，实施则是教师要采用适当的方法持续性地评估幼儿的学习成果。

英国教育部颁布了《早期基础阶段奠基》(*Early Years Foundation Stage*)，对幼儿教育的学习目标、内容作出了规定，涵盖语言、健康、社会、读写、数学、社会认识、艺术等多个领域。[1]这一文件实际上发挥了“课程标准”的功

① OFSTED. Early Years Foundation Stage[EB/OL].[2019-1-17]. https://www.gov.uk/early-years-foundation-stage.

能，对幼教机构的教学内容作出了限定。以往的教育督导标准中，虽然也要求督学在评估时参照这一标准，但从未像新的督导手册这样明确地使用“课程”概念并提出包含三要素的完整评估框架。这一方面体现出英国教育督导要发挥敦促教育机构“落实教育文件”的功能，另一方面也体现出近些年多国政府强化幼教课程尤其是学习目标和内容的要求这一趋势。

2. 对幼儿学习发展目标的调整

作为结果性教育质量的评价指标，幼儿学习和发展水平是督导评估中不可或缺的内容。在新的督导标准中，这一点得到了保留，但在结构上进行了较大的调整，例如借用了“文化资本”概念来概括教育目标要求。此外，新标准对于学习品质培养作了进一步强调，将幼儿发展成果分为“行为和态度”和“个人发展”两大方面。与旧标准相比，行为和态度的内容除对规则遵守、参与活动的积极性等作了少数保留之外，以更大的篇幅强调了对幼儿的自信心、自控能力、专注力、坚持性、心理弹性、好奇心、想象力和创造性等方面学习品质的培养，体现出更加重视学生综合素养的趋势。上述品质中，新标准尤其关注的是与自我意识有关的能力的发展。在与新标准同时发布的相关研究证据报告中，专门列出了近些年学术界对儿童“自我信念”（与自我概念、自信、自我效能感等概念相关）和“心理弹性”（与自我调控、执行功能等能力相关）研究的成果。而这两方面品质的内核，都可以归于自我意识发展的范畴。

在评估方式上，新标准也体现出较大的不同。旧的标准要求督学在现场通过观察幼儿的表现来判断其发展水平。但是由于幼儿发展评价的复杂性，采用现场观察的手段加以评量难以保证信度①，且为了避免可能出现的“为评而教”

① National Association for the Education of Young Children. Early Childhood Curriculum，Assessment，and Program Evaluation：Building an Effective，Accountable System in Programs for Children Birth through Age 8［EB/OL］.［2018-10-13］. https://www.naeyc.org/sites/default/files/globally-shared/downloads/PDFs/resources/position-statements/CAPEexpand.pdf.

的现象[①]，新标准要求督学不再评价幼儿本身，而是转而考察另外两个方面。一个方面是教师能否围绕幼儿的各个发展目标提供适宜的支持。例如在幼儿的社会情感发展方面，主要看教师是否为幼儿营造了温馨和谐的氛围、鼓励幼儿的社会交往等。换言之，是要用“教育过程质量”来验证“教育成果质量”，而不再要求督学直接评量教育成果。另一个方面是突出对教师形成性评价的要求。新的督导手册要求督学在现场观察时，要采用教师访谈的方式，考察教师是否能够在教育教学过程中有效地观察幼儿行为表现，通过形成性评价来反思和调整自己的教学。这同样也可以视为一种间接评价“教育成果质量”的方式，同时还考察了教师对幼儿发展目标的理解、观察评价能力等专业水平。

3. 对领导和管理的重新界定

在新的督导标准中，保留了“领导和管理”这个评价内容，但也有两点变化：一是顺序从之前的第一位调整到了目前的最后一位；二是新标准不再针对该方面单独列出详细标准，而是将其分散在其他方面之中，要求督学在进行其他各方面的督导过程中，收集有关领导和管理工作质量的证据。这些变化并不意味着对领导和管理的重视度下降，而是体现出对领导和管理工作的新理解：领导和管理工作的宗旨和定位是为了支持、保障教育教学活动，并围绕这些活动进行自我反思、改善、提升。因此，对领导和管理工作的考察，应该渗透到其他各个方面中，而不是剥离式的考察。这一调整还出于另外两方面的原因：第一，新标准愈发强调管理者的专业领导力，突出对课程领导力或教学领导力的考察，而这些能力与教育教学各个环节密不可分；第二，新标准强调了领导和管理工作的“一贯性”，即管理工作不能停留在学校的整体制度层面，而是要一以贯之地贯彻和体现在每个班级、每个教师的具体教育教学行为上。[②]综

①② OFSTED. Education Inspection Framework：Overview Of Research［R/OL］.（2019-01-16）［2022-08-03］. https://www.gov.uk/government/publications/education-inspection-framework-overview-of-research.

上几点，对领导和管理工作的考察应当与教育教学结合在一起作综合评判。

在评估方式上，新的督导标准特别指出，督学在进行现场考察前，应当首先和机构管理者交流，了解其对自身优势和弱点的认识。在现场考察时，督学必须始终要求幼教机构的主管或高层管理者陪同进行共同观察。其目的就是要深入考察管理层的教育理念，对本机构的教育目标、教育方式和教育效果是否能做到心里有数。如果在观察过程中发现了一些小问题，但是管理者自身具备发现这些问题的能力，并已经提出了解决方案或计划。那么这种情况并不会影响评分，反而会被视为具备较强领导和管理能力的表现。这实际上也体现了对教育机构是否具备自我评价、自我改进能力进行动态考察的思想。

三、督学的选拔聘任和管理

上文中表明，英格兰地区教育督导所规定的内容宽泛，评估指标是相对抽象的。这就要求实施评估的督学，需要借助个人经验作出专业判断。在2015年之前，英格兰教育标准局委托三个公司负责督学的聘任和组织管理工作。但在2015年后该局收回了此项权力，主要原因在于由公司负责督学的聘任和组织管理导致了很多问题，督导工作遭到了很多学校的投诉。如今，英格兰教育标准局对督学的选拔和培训有了更为规范的流程和要求。

1. 督学的申请资格和任职要求

在英格兰地区，要申请成为一名督学，应具备如下的基本能力：

（1）能运用证据和知识，基于清晰和深刻的思考进行准确的、专业的、深入的咨询或评判。

（2）能鉴别、选择和收集信息，达成有说服力的、公正的决定。

（3）能运用数据和其他证据，形成假设和问题。

（4）能衡量评估分析复杂而相互矛盾的证据，达成可靠过硬的评判并加以记录。

（5）能清晰、有说服力地、简洁地进行沟通，包括口头和书面形式。

（6）表现出较高水平的职业性。

（7）能运用信息技术。

除了上述基本能力外，要成为一名幼教机构的督学，还应满足如下要求：

（1）本科学历或同等水平的学历，如教师资格、管理方面的资格。

（2）3年的早期教育方面的工作经验，要求工作经历丰富，包括在管理、教学、培训、督导或咨询等方面。

（3）较丰富的工作经历，至少在两所幼教机构工作过。

（4）对于现任的教师或幼教机构负责人，其所在的机构要在最近一次的督导评估中达到“良好”等级以上。如果处于“良好”等级以下，则需以其他方式证明自身具备相当的专业能力，或是在此之前任职的机构被评为“良好”等级以上。

2. 选拔、培训和考核

英国督学的选拔和培训过程是融为一体的。总体上要经历如下的程序：

（1）网上提交申请，说明自己为什么对成为督学感兴趣。

（2）完成在线评估，通过填写信息、进行分析，来考察分析和文字能力。

（3）第一阶段为期5天的面对面培训。

（4）提供一系列必要的说明性文件（如无犯罪证明等）、专业责任保险等；参与一次“影子式督导”，即在一名现任督学的监督下实施督导。

（5）第二阶段为期4天的面对面培训；参与第二次“影子式督导”（1天或2天）。

（6）完成一次“验收性”督导，即考察是否具备了督导能力，并完成网上学习课程。

（7）提供雇用后所需的个人信息（如接受酬劳的银行账户），提交同意书。参加第三阶段为期3天的面对面培训。

除了上述在选拔过程中进行的培训之外，督学还经常接受日常培训，主要是以会议或网上学习的方式，了解政策和督导要求的变化。对于尚未完成日常培训的督学，不会安排督导任务。

对于督学的日常工作，皇家督学会根据其提交的督导报告进行抽查，判定其工作质量。对于工作质量有问题的，会提出整改要求，并进行后续考察。如果后续考察结果依然不合格，会予以解聘。此外，对于督学管理另有一些规定，比如“利益回避”原则，规定督学所督导的幼教机构在督导之前和之后的6年间，都没有且不能与该名督学之间发生任何聘用关系；再如，督学不得以“督学”名义从事督导之外的任何工作。

四、英格兰地区幼儿教育督导的主要特点和发展趋势

1. 强调幼教机构的自主性，将幼教机构视为质量建设的主体而非纯客体

英格兰教育标准局对幼教机构进行督导评估后，会严格要求督学只为其指出优势、弱点以及大体的改进方向，但不可提出具体的改进建议。这样做的原因是为避免出现幼教机构为了迎合督学个人的教育理念和经验，而使具体办学行为和方向受到限制的“视野窄化”情况。这一方面体现出英格兰教育标准局将自己的职责严格限定在“管、办、评”的“评”上，并刻意避免“评”对“管”和“办”造成限制或干扰，另一方面也体现出它们对幼教机构办学自主性的尊重和鼓励。[①]

在新的督导标准中，有多处变化充分印证了上述定位和原则。例如在评价课程时，新标准要求督学在现场考察之前，必须与幼教机构的管理者交流，了解其对儿童发展的期望和目标。幼教机构可以在符合教育部颁布的《早期基础阶段奠基》所编定的教学内容的前提下，依据自身的实际来确定课程目标。在之后的考察和访谈中，幼教机构确定的课程目标将作为参考依据和考察重点。再如，新标准虽然依然强调要考察幼教机构是否对自身质量具有自我反思和考察的能力（通过与机构管理者的谈话了解其是否能够分析自身的“优势和

① OFSTED. Ofsted Strategy：2017 to 2022［R/OL］.（2017-09-29）［2022-07-29］. https://www.gov.uk/government/publications/ofsted-strategy-2017-to-2022.

弱点”），但是删除了“自我评价”的提法和要求。对于自我评价，2015年的督导标准修订时就曾有过一次重大变化。在2015年前，督导标准要求幼教机构向督学提交一份按标准格式撰写的“自评报告”，但2015年后取消了这一要求。英格兰教育标准局对此解释，取消这一要求的原因，是撰写自评报告不是教育部所要求的“规定动作”，督导标准中如果对此提出专门要求，有干涉“管”“办”的越界之嫌。此外，关于自评报告格式和写法的僵化要求，也违背了鼓励幼教机构工作自主性的原则。2019年最新版的督导手册中取消了“自我评价”这一提法和要求，可以视为对这一原则的进一步落实。

2. 重视与教育方针政策的衔接，强化督导评估的质量控制功能

评估标准内容的变化并不是英格兰教育标准局在办学目标和方式上的“创造”，而是对教育部的若干要求的贯彻和落实。比如，对儿童学习品质的强调以及对语言、数学等学业性知识技能的重视，实际上在英国课程标准《早期基础阶段奠基》中早已作出了相应规定。

有研究者指出，教育督导具有质量控制、质量提升、促进教育系统的衔接沟通三项功能。[①]质量控制功能强调的是通过督导评估确保学校遵守国家的既定制度。前文所列举的指标变化，比如对《早期基础阶段奠基》这一课程标准的重申、对幼儿各项学习发展目标的强调等，都体现出英格兰地区督导新标准对质量控制的强化。与此相关的另一个例子是：以往的督导标准强调督学在评估过程中要减少对文字资料的检查，以此减轻幼教机构迎接评估的负担。如旧的督导标准曾规定，除了机构运行的基本材料（如机构的资质证明、教师名单和资格证书、幼儿名册、安全事故记录等）以外，督学不得要求幼教机构提供教育教学活动过程性文字资料。但在新的督导标准中，这一条被修改为“督学不可要求《早期基础阶段奠基》规定之外的文字资料”，也就是说，英国教育

---

① EHREN M C M，JANSSENS F J G，BROWN M，et al. Evaluation and Decentralised Governance：Examples of Inspections in Polycentric Education Systems［J］. Journal of Educational Change，2017，18(3)：365-383.

部关于教育教学过程中记录内容的要求（包括儿童观察评价结果、教学活动计划等）被纳入了新的督导评估范围，因此加强了对幼教机构是否落实教育部有关要求的监管。

3. 倚重督学的专业判断，重视督学队伍管理和督导工作质量

对于每一项评估内容，英格兰地区最新的督导手册都要求督学运用自身的“专业判断力”作出评判。仔细考察英格兰地区督导评估指标可以发现，其具体性和可操作性并不强，而多用原则性的抽象表述，例如：“开设的课程能够支持幼儿获得安全的情绪、情感体验，支持他们发展个性”“幼儿能快速地回应教师的要求和指导，利用学习机会”“在幼儿、家长和教职工之间具有积极、互相尊重的文化氛围，幼儿具有安全感”等。这些抽象的指标表述，难以通过客观、量化的方式评量，而须更多地依赖督学的个人经验和专业判断力，才有可能得到令人信服、公正一致的结果。因此，英格兰教育标准局十分重视督学队伍的管理和考核，制定了上文所述的规范的选拔、培训、管理的流程和要求，并采取多种措施来促进督导评价结果的准确性和公正性，确保督导工作的公信力和权威性。

附录2
美国“质量评级与促进系统”

美国“质量评级与促进系统”的实施方是各州政府，最早于1998年为俄克拉何马州采用。2000年后，越来越多的州开始借鉴这一做法。目前，美国有42个州及特区正式采用了44个“质量评级与促进系统”（佛罗里达州除州一级的系统之外，还有地方性的系统），其他几个州则正在建立或试行相应系统。[①]“质量评级与促进系统”的基本运行方式，是先依据一定的指标体系对幼教机构进行等级评定，然后向公众尤其是适龄幼儿家长发布评定结果，并根据等级的不同为机构提供资金奖励，以及基于机构需求提供专业辅导和帮扶支持。

一、基本情况

1. 背景和动因

各州政府设立“质量评级促进系统”的直接动因，是现有学前教育质量评估和保障体系的不完善。在各州建立“质量评级与促进系统”之前，美国对学前教育机构（尤其是私立机构）的质量评估方式主要有两种：一是政府的资格认证，有48个州及特区对学前教育机构实行资格认证制度；二是民间研究机构的质量评估，其中最具影响的是美国幼教协会。这两种质量评估方式均存在一些缺陷。首先，资格认证带有“准入”性质，因此所设定的标准大都很低，仅包含诸如场地、安全、卫生等办学条件方面的最基本要求。严格而言，这些要求与质量无涉，因此也发挥不了质量保障的功能。其次，民间研究机构的质量

① 下文所呈现的数据，除特别说明外，都是针对已经正式运行的44个系统，不包括正在建立或试行中的系统。

评估多带有自愿性质，且设立的标准相对较高。同时因为它们是全国性的标准，兼顾不到各州的具体实际。基于这些原因，民间机构的质量评估并未发挥足够的影响力，其中最具权威性的美国幼教协会的评估系统1985年就已设立，但到2009年为止仅有不到1%的机构通过了它的评估。

各州设立“质量评级与促进系统”的目的就在于弥补上述评估方式的不足，并完善质量评估和保障机制。该系统的功能定位不只是幼教机构的评估、定级，还包括一系列支持、扶助措施，用以帮助幼教机构保持或提升教育质量。它之前曾称为“质量评级系统”，后来改为“质量评级与促进系统”，从中不难看出诉求的变化。

2. 系统规模和机构数量

截至2020年，参加44个“质量评级与促进系统”评定的各类幼教机构有近11万个，平均1个系统约有2500个机构参与使用。其中的大多数是中心式机构，部分为家庭式机构。各州评级系统的使用规模不一，参与的机构数量从一百多个到一万两千多个不等。

各州的评级系统为“提前开端计划”、“早期提前开端计划”（Early Head Start）以及“儿童保育与发展专款”（Child Care and Development Fund）等联邦政府资金支持的项目所认可，约有一半的州要求接受此类公共资金投入的机构必须参与评级。

值得一提的是，“质量评级与促进系统”的数量和参与评级的幼教机构数量，在2012年前后经历了一次迅速增长。其动因是美国教育部2011年启动了“力争上游-早期学习挑战”项目。该项目由各州提交申请，教育部评定遴选，每年确定一些州接受专项拨款用于提升儿童早期服务水平。在该项目的要求中，建立和完善“质量评级与促进系统”是其中一项重要内容，这可以被视为该项目在教育质量保障方面的“工作抓手”。据统计，参与该项目接受“质量评级与促进系统”评定的20个州（包括正在试行的新泽西州）中，相关机构数量从约37000个增加到了约64000个。[①]

3. 资金投入和管理

各州在“质量评级与促进系统”上的投入很不均衡，从十几万美元到数亿美元不等。投入金额超过一亿美元的有两个州，投入金额在千万级的有十几个州。这些资金既包括实施评级的费用，也包含对幼教机构发放的资金奖励、参加评级的报销费用等。大多数州在划拨资金时，会明确资金的使用方向。

在资金来源上，有约30个州的资金全部或部分来自联邦政府（如“力争上游-早期学力挑战”项目资金或“儿童保育与发展专款”），有5个州的资金全部来自州政府或地方政府，个别州使用了私人基金会的资金。不难看出，近几年联邦政府在各州“质量评级与促进系统”的发展中发挥了巨大作用。实际上，虽然美国的“质量评级与促进系统”最初由各州发起，但自2011年联邦政府实施“力争上游-早期学习挑战”项目以来，至少20个项目州形成了基本的“联邦政府—州政府—郡县”三级纵向评级系统管理体系。在第一级，联邦政府主要通过提供财政支持和激励，以“管钱”的方式对各州的评级系统施加影响，而对系统的具体实施并不进行直接干预。“力争上游-早期学习挑战”项目要求各州提交年度报告时，须把“质量评级与促进系统”的实施情况列为一项重要内容，各州必须就评级机构的数量、类型及其在评级情况、为机构提供专业支持等方面采取的措施和效果进行详细报告。[②]在第二级，州政府的职责在于规划设计、统筹管理。目前有34个州是由州政府部门（其中绝大多数是教育部门）或州政府专门成立的委员会直接管理项目，6个州则委托当地大学或非政府组织管理项目。在第三级，各个郡县的教育行政部门负责项目的具体实施。

---

① U.S. Department of Education，U.S. Department of Health and Human Services. 2015 Progress Update : Race to the Top Early Learning Challenges［R/OL］.［2022-08-03］. https://www.acf.hhs.gov/sites/default/files/documents/ecd/2015_progress_update_final_2016_07_27_accessible.pdf.

② U.S. Department of Education，U.S. Department of Health and Human Services，State of California Office of the Governor . Race to the Top-Early Learning Challenge 2014 Annual Performance Report，California［R/OL］.［2022-08-03］. https://eric.ed.gov/?id=ED583173.

4. 评级内容与方式

参与美国各州“质量评级与促进系统”的机构，有的是自愿的，有的是被强制的。强制参与的只是针对某些特定的类型或级别，有的州要求接受公共资金投入的机构必须参与评级（有的州甚至要求此类机构必须达到某个水平），有的州则要求所有机构必须参与最低水平的评级（基本处于“准入水平”），但对较高水平评级则不作强制要求。

大多数州将幼教机构的质量评定分为五个等级，少数州将其分为四个等级，个别州将其分为六个等级。等级评定的方式包括三种：逐级过关式，即每个等级各有独立的若干指标，若要获评某一等级，需达到该级的所有指标；分数区间判定式，即先为每个指标评分，最后根据分数的总和评定等级；混合式，即综合使用前两种评分方式。在44个现行评级系统中，采用第一种方式的有18个，采用第二种方式的有6个，采用混合式的有20个。

评价指标主要关注的方面包括：健康与安全、课程、师幼互动、儿童评价、教职工资格和培训、教育环境、师幼比例和班级规模、家园共育、社区参与、机构管理十个方面。一些州的指标还包括特殊儿童教育、对文化和语言差异的关注等。评分大多以现场观察的方式进行，也使用档案查阅等方式。很多州在评级时对部分项目采用了通行的评量工具，由接受过专门培训并具备相关资质的人员负责评分，此类工具主要是《环境评价量表》（Environment Rating Scale，简称ERS）和《课堂互动评估系统》（CLASS）。

评级结果通过多种渠道向社会公布。很多州建立了专门网站，供家长查询当地参与评级的机构及评级结果，以便更好地作出选择。一些州还通过发送邮件、发放印刷品等方式为家长提供有关资料，帮助他们了解机构评价的内容，加深他们对教育质量的认识，提高鉴别能力。

5. 后续措施

各州对于幼教机构评级之后的后续措施主要包括两方面：一是资金激励，包括奖金（或称质量发展基金）、为获得规定水平以上评级的机构报销评级费用、通过政府直接向教师发放的工资或奖金等；二是专业支持，即聘请专业人员为幼教机构提供多种方式的专业咨询和指导。

在资金激励方面，各州规定的资金数量不等，有个别州（如宾夕法尼亚州、蒙大拿州）达到一万多美元，但绝大多数州为数百美元到数千美元。相对于幼教机构运行所需的成本而言，这些奖励的数额是微不足道的。

在对机构的专业支持方面，不同的州采取不同的方式。或者建立专门的专业团队，或者聘请兼职人员，或者与当地专业机构或大学合作，对幼教机构进行专业支持和辅导。指导内容涉及健康与安全、课程实施与评价、师幼互动、机构管理、儿童评价等多个方面。指导方式也多种多样，有网络在线指导、集中培训、电话咨询、现场辅导等，但是出于成本考虑，费时、“费人”的现场辅导所占的比例不高。另外，平均下来，每个机构的指导数量每年所得到的专业指导是很有限的。

二、体现出的特点和趋势

近些年来，美国“质量评级与促进系统”在联邦政府的推动下，进入了一个新的发展时期，呈现出一些新的特点。

1. 联邦政府强势介入，“质量评级与促进系统”逐渐成为国家战略

如上文所述，美国联邦政府实施的“力争上游-早期学习挑战”项目为各州“质量评级与促进系统”的发展注入了一股强大的推动力。该项目实施后仅仅1年，使用“质量评级与促进系统”的州即从28个增加到37个。截至2015年，20个加入“力争上游-早期学习挑战”项目的州的“质量评级与促进系统”所涵盖的机构数量，占该系统涵盖全国机构总数的比例达到了近74%。在资金投入方面，目前有80%的州评价系统使用了联邦政府提供的资金，约45%的州评价系统的实施完全依赖于联邦政府资金。上述表明联邦政府在美国“质量评级与促进系统”的发展中占据主导地位，且建立“质量评级与促进系统”已成为保障学前教育质量的核心举措，成为国家战略。

目前，联邦政府影响各州“质量评级与促进系统”的手段，主要是通过资金支持对项目管理施加影响。随着未来进一步发展，联邦政府有可能设法施加更为实质的影响，如依托资助项目对各州的评级系统提出更为具体、细致的要求，对各州实施效果评估研究进行资助，或采取设立专业协调机构强化管理等措施。

2. 实施重点向较低质量机构倾斜，注重保障弱势家庭儿童的教育质量

大多数州的质量评级都向下延伸到最基本的审批标准。一些州评级系统中的最低等级等同于审批标准，规定通过审批的机构自动获得最低星级评级（罗得岛州要求机构在获得星级前制订和实施质量改进计划）；另有一些州的最低等级标准略高于审批标准，要求通过审批的机构，须达到安全、健康和教师资格等少数几个基本领域标准后，才可获评最低星级评级；个别州的最低星级标准甚至低于审批标准，如威斯康星州获得“一星”评级的机构，都是执照被暂停或撤销的机构。质量评级延伸到基本质量，有助于把低质量机构纳入评级系统，让它们能够享受到整个系统的资源，以快速改进和提升质量。从评级结果来看，处于较低等级的机构也是占大多数的。以加入“力争上游-早期学习挑战”项目的20个州为例，在2014年被评为最低等级的机构占总数的51.1%，被评为次低等级的机构占17.1%，二者合计占68.2%。[①]换言之，各州“质量评级与促进系统”的大多数资源被用在了这些水平较低的机构上。

参与评级的机构类型反映出对弱势家庭儿童教育质量的关注。就美国全国范围来看，参与评级的大多数机构都是由公共资金举办或资助的，包括州政府举办的机构，以及“提前开端计划”和“儿童保育与发展专款”所资助的机构，这些利用公共资金举办的机构收费较低，主要为收入较低家庭的儿童服务。很多州强制要求州政府举办的机构必须参加评级，有的州还对机构要达到的星级

① U.S. Department of Education，U.S. Department of Health And Human Services，State Of California Office of the Governor . Race to the Top-Early Learning Challenge 2014 Annual Performance Report, California［R/OL］.［2022-08-03］. https://eric.ed.gov/?id=ED583173.

提出了要求，如马里兰州要求机构必须达到最高等级，马萨诸塞州要求机构至少达到三星。联邦政府要求参与“力争上游-早期学习挑战”项目的州每年报告有多少比例的弱势家庭儿童进入了获评较高等级的机构中接受教育，从各州的报告可以看到，所有项目州的这一比例都是逐年上升的。

3.“评级”与“促进”功能相对独立，“促进”功能越发受到强调

“质量评级与促进系统”中，“评级”与“促进”是相对独立的两项工作，虽然目的都是为了保障质量，但二者采取的路径不同。前者对机构展开外部评估，然后通过向大众公布评估结果、基于评估结果提供财政激励等方式激发机构提升质量的动力；后者则以评估为工作形式，直接为机构提供专业支持和指导。在一些州，“评级”和“促进”采取的是不同的标准。一般而言，用于“评级”的评估指标数量不多，更强调区分度和准确性，而用于“促进”的评估指标则较为全面、细致，基本涵盖了机构日常运行工作。有的州还为“评级”和“促进”安排了不同的工作人员。如加利福尼亚州将专业人员分为四类：评估员，负责在评估时审查机构的档案材料；外部评分员，负责使用《幼儿学习环境评量表》(ECERS)、《课堂互动评估系统》(CLASS)工具进行评分；监控员，负责对机构进行督导，确保其保持稳定的质量；专业辅导员，负责支持机构制订质量促进计划，帮助机构准备评估材料。在这四类人员中，评估员、外部评分员大体上可视为“评级”人员，而督导员和专业辅导员则是“促进”人员。就上述分工来说，一个人当然可以同时担任多种角色，但规定要求，一个人不可同时担任同一个机构的外部评分员和专业辅导员。

近年来，“促进”工作得到了各州越来越多的重视，这体现在资金投入、工作形式和工作内容等多个方面。在资金投入上，很多州将更多的资金用于为机构提供专业指导和支持上。如，从2014年起加利福尼亚州政府每年拨款五千万美元，用于支持州政府主办的机构参与“质量评级与促进系统”，同时资金用途亦有明确规定，其中的20%的资金用于评级，80%的资金用于辅导、支持、激励机构提升质量。在工作形式上，各州通过雇用专职或兼职的专业人员、与

大学、研究所等专业机构合作，带来多种形式服务。如加利福尼亚州某地政府和当地图书馆签订了合同，聘请其儿童读写专家每月入园2次，以提供阅读教学方面的指导。在工作内容上，对机构的专业支持愈发深入、细致。例如很多州都围绕评估指标为机构提供十分详细的操作指南，以增强机构自评能力。一些州的评估操作指南十分细致，如艾奥瓦州的自评手册中，将每一条指标与美国幼教协会的评估标准对照，从具体性和操作性上看，自评都达到了美国幼教协会评估的水平。此外，对机构的指导更多关注课程实施、师幼互动等过程性质量。目前，绝大多数州的评估标准中都包含了课程实施的内容，27个州的评估标准涉及“早期学习标准”，超过一半的州在评估中采用了聚焦于师幼互动的评量工具《课堂互动评估系统》(CLASS)。

三、面临的挑战

1. 如何进一步扩大覆盖面和影响力

尽管各州“质量评级与促进系统”的覆盖面都在不断扩大，但目前参与评级的机构数量仍然只占机构总数的两成。由于绝大多数州的评级都是非强制的，所以如何吸引更多机构加入评级系统成为一个重大挑战。机构参与评级系统积极性不高的原因是多方面的。首先是资金方面的原因。在一项针对密西西比州的“质量评级与促进系统”的评估研究[①]中，接受调查的机构表示，吸引他们参与评级的最大因素是能够获得资金激励。但是纵观各州的激励政策，它们为这个机构提供的资金支持并不多，大多仅为每年数百美元。与为了保持评定的星级的投入相比，机构需要花费更多的资金用于质量保障和提升，奖励资金远远不抵评级支出。其次是专业支持方面的原因。机构参与评级后能够获取的专业支持和辅导往往不能令人满意，绝大多数州的专业支持人员不超过100人，因而平均到每个机构的服务时间就很有限。第三个原因源于学前教育市场对质

---

① DE MARCO A，YAZEJIAN N，MORGAN J. Evaluation of Mississippi Child Care Quality Stars Program[R]. Jackson：Mississippi Department of Human Services，2015.

量提升的影响。由于学前教育机构具有地域上的垄断性，所以在一些资源相对不足的地区，机构的招生压力小，也就缺乏了不断提升质量的内在动力。

2. 如何保证评级的准确性和专业支持的有效性

为了保证评级结果的准确性，需要投入大量的资源用以完善评估指标、培训评分人员、确保评分信度。很多州为此建立了专门的评分员队伍，专职负责到各个机构进行实地评估，并定期对这些评分员进行信度检验和相关培训。但此项工作的实施对很多州来说仍然是比较困难的。一方面，由于合格的评分员培训不易、数量有限，如何保证队伍的稳定性成了一项挑战，一些地方出现了评分人员为了谋求更高的薪水而解约的情况，同时如何合理调配评分员到各地评估也是一项复杂的管理和协调工作。另一方面，在使用《幼儿学习环境评量表》(ECERS)和《课堂互动评估系统》(CLASS)进行评分时，保证评分的信度较为困难。为此需要投入的研究培训、人员成本更高，加利福尼亚州就曾专门讨论过如何改变《幼儿学习环境评量表》的使用方式以降低保持评分信度的难度。

在专业支持方面，各州在人员、资金上的投入也相对有限，这影响了此项工作的有效性。在可查阅到相关信息的25个州中，平均49个机构共用1名专业人员，人员最紧张的州达到了7名专业人员要服务约1600个机构的程度。这些专业人员的服务质量可想而知。在明确将资金划拨给专业支持工作的几个州里，每个机构每年平均可用资金为600~2600美元，平均数仅为1400美元。这些资金要用于资料、交通、人员等所有方面，可以想见也是较为紧张的。

3. 如何保障稳定可持续的资金投入

在所有正式实施“质量评级与促进系统”的38个州里，仅有17个州的州政府对该系统进行了投入，另有18个州则完全依赖于联邦政府的资金。从投入金额来看，州政府投入资金的力度也不如联邦政府。有几个资金完全来自州政府的州，年度投入资金规模在700万美元左右，大大低于联邦政府的资金投入水平。

就联邦政府实施的“力争上游-早期学习挑战”项目而言，在参与该项目的20个州中，只有8个州政府进行了追加投入，可见并未起到提高各州投入“质量评级与促进系统”的积极性。联邦政府实施的该项目结束后，如何保持州政府的投入成为一个重要的问题。

各州政府的资金投入水平很大程度上取决于它们的重视程度，而非其经济发展水平和财力。一方面是对学前教育事业发展的重视。比如投入金额排在前列的俄克拉何马州，该州早在1998年就提出了普及学前一年教育的目标，每年在学前教育方面的投入规模都在数亿美元。这也使得该州2015年州立机构注册率排到了全美第四位，远远超过该州经济实力的排名。另一方面是对“质量评级与促进系统”的重视。一些投入巨大的州却没有对“质量评级与促进系统”进行专门的投入，例如州立机构注册率排名前十位的州中，有三个州尚未正式施行“质量评级与促进系统”，另有四个州没有为该系统进行专门的资金投入。

附录3

美国加利福尼亚州“质量评级与促进系统”的挑战及其应对①

由政府建立学前教育质量评估和监控系统已成为近些年来世界各国通行的做法。从根本上看，建立评估与监控系统是一种手段，其最终目的是保障、提升学前教育质量的整体水平。在手段和目的之间，需要理顺机制，解决系列问题，使手段成功地为目的服务。这些问题大体可以划为内部、外部两类。最为关键的内部问题有两个：一是如何发挥评估促进教育质量整体提升的功能，达到“以评促建”的实质效果；二是如何将评估监控系统与国家现行的学前教育管理体系整合，从而发挥“增效”作用，而不是徒增行政管理成本。较为关键的外部问题是：如何通过质量评估来促进教育公平的实现；如何通过质量评估来优化教育市场的良性竞争，尤其是在民间资本举办的幼儿园占主体的情况下，如何有效引导私立机构切实重视和提高自身的办学质量。上述问题分别从内部和外部为运行这一系统的政府带来了重要挑战。

为了对上述问题、挑战及应对方式进行深入的分析，我们选取实施时间较长、具有典型代表性的美国加利福尼亚州的“质量评级与促进系统”作个案分析。加利福尼亚州是美国人口最多的州，种族多样，不同社会阶层之间的差距较大，3~5岁幼儿的入园率在全美排名属中上水平。该州拥有体制和类型多样的幼教机构，对教育质量的管理也相对较为复杂。加利福尼亚州是最早开始“质量评级与促进系统”的试点州之一，2003年起就在郡县一级开始了相关的探索。

---

① 本部分的主要以《政府监控和保障学前教育质量的挑战及其应对》为题发表在《外国教育研究》2018年第2期，署名刘昊、史瑾。

从2012年开始，州政府对各个郡县的“质量评级与促进系统”进行了协调，形成了整合统一的系统。[①]尽管近些年来该系统获得了迅速发展，但以前文所述的外部、内部问题观之，它也面临着巨大的挑战，促使州政府采取了多种措施加以应对。

一、内部挑战及其应对

（一）挑战一：通过评估促进学前教育质量的整体提升

1. 主要表现

在这一方面，该州的“质量评级与促进系统”面临的挑战主要表现在两个方面。

（1）评级的覆盖面不足。要想让评估监控系统真正促进学前教育整体质量的提升，就必须使其最大限度地发挥影响力，将尽可能多的机构纳入系统中。然而从实际效果看，尽管该州推行评估监控系统的时间较早，但在相当长的时期内，无论是参与评级的机构数量还是覆盖率都处于较低水平。例如，2011年参与评级的托幼机构仅有80个，只占全州机构总数的0.3%。2012年州政府将各个郡县的系统整合到州层面进行统一管理之后，参与评级的托幼机构数量才有所增长，达到了609个，但覆盖率仍然只有2.7%。

（2）对托幼机构的专业支持实施困难。实施“质量评级与促进系统”的最终目的是促使托幼机构持续提升质量，因此，该系统的核心任务不限于对托幼机构进行简单的“级别鉴定”，更多的是要考虑如何为其提供充分的专业辅导与支持。这也是加利福尼亚州乃至全美各州所面临的重大挑战之一。该州在此方面面临的困难主要有两个：一是此项工作的专业性较强，需要对工作内容和

---

① AIR. Independent Evaluation of California’s Race to the Top-Early Learning Challenge Quality Rating and Improvement System: Cumulative Technical Report［EB/OL］.［2022-08-03］. https://www.air.org/resource/report/independent-evaluation-californias-race-top-early-learning-challenge-quality-rating.

方式进行不断细化、完善，以满足不同层次托幼机构的需要[①]；二是专业人员数量有限，并且由于该州地广人稀，人口、托幼机构分布不均衡，要服务的机构较为分散，同时机构的工作语言不同（该州居民多外来移民，尤其是讲西班牙语的拉丁裔移民数量巨大，服务于这些幼儿的托幼机构主要讲西班牙语），这些因素都决定了专业辅导与支持工作的组织安排十分复杂。

2. 应对举措

（1）利用联邦政府和州政府资金，努力扩大“质量评级与促进系统”的使用规模。近些年来，加利福尼亚州采取了多种措施，确保投入“质量评级与促进系统”的资金。最为重要的举措之一，是于2011年申请加入了美国联邦政府教育部实施的“力争上游-早期学习挑战”项目。该项目是美国联邦政府发起的一项旨在激励各州发展学前教育的项目，基本做法是由各州提出申请，获批加入项目的州每年能够得到联邦政府教育部用以发展学前教育的专项资金。对于如何使用这些资金，联邦政府教育部作出详细规定，其中之一就是要建立和完善“质量评级与促进系统”，这也成为督促各州提升学前教育质量工作的主要抓手。[②]作为首批加入评级系统的州，加利福尼亚州几年来获取的资金超过7500万美元。

除了来自联邦政府的资金支持之外，加利福尼亚州政府也加大了自身投入。从2014财年至2015财年以来，每年拨款5000万美元，作为专项资金用于“质量评级与促进系统”的建设运行。该资金由各个郡县负责评级的部门向州政府申请，州政府根据各郡县参与评级的机构数量进行拨付。此外，在2015财年至2016财年，州政府还专门拨出了2416万美元，用以激励各个郡县对低年

---

① HONG S L S，HOWES C，MARCELLA J，et al. Quality Rating and Improvement Systems：Validation of a Local Implement in LA County and Children's School-Readiness［J］. Early Childhood Research Quarterly. 2015，30：227-240.

② U.S. Department of Education，U.S. Department of Health and Human Services，State of California Office of the Governor . Race to the Top-Early Learning Challenge 2014 Annual Performance Report，California［R/OL］.［2022-08-03］. https://eric.ed.gov/?id=ED583173.

龄（1~2岁）托幼机构进行质量评级和专业扶持。州政府让“质量评级与促进系统”的“儿童与家庭委员会”（该州专门负责儿童事务的一个政府部门）开展的一项更宏观的项目——“为所有儿童的成长提升和优化教育质量”（First 5 IMPACT），利用该委员会所掌握的烟草税抽成资金，有效地解决了该系统运行所需的额外资金。上述措施取得了显著的成效，加利福尼亚州参与评级的机构数量呈现逐年递增的趋势：2012年之后的5年中，参与评级的机构数量年均涨幅超过70%；2016年参评机构数量和覆盖率分别上升到了3327所和12.0%。[①]不过，在未来如何确保这一增长势头，继续扩大影响力，仍然值得观察。

（2）加大对托幼机构专业指导工作的力度。具体表现为：

第一，为专业辅导工作提供资金和专业资源保障。首先，在资金保障上，为了突出对托幼机构的专业支持，该州在资金投入上作了针对性的倾斜。州政府规定，每年为“质量评级与促进系统”所拨付的专项资金中，20%的资金须用于对机构进行评级，另外80%的资金则用于对机构的专业辅导、支持，以及对机构质量提升的激励。换言之，在“质量评级与促进系统”中，“评级”与“促进”两项工作所使用的资金比例为1∶4，这充分说明了州政府对于该项工作的核心价值为“提升”，而非简单定级的认识。其次，在专业资源上，充分借助本地专业机构的力量来为托幼机构专业辅导工作提供支持。这些机构包括当地社区大学、研究机构、政府以及社会上的专业服务机构等，涉及的服务范围包含了教育、卫生、儿童心理等多个方面，如圣华金县与当地政府的卫生保健服务机构建立了合作，萨克拉门托县邀请当地专门负责幼小衔接事务的专业人员参与到工作中。各个地区联盟和这些机构也开展了多样的合作，包括组织专门的咨询委员会、定期组织会议等，有时则是直接购

① U.S. Department of Education，U.S. Department of Health and Human Services，State of California Office of the Governor . Race to the Top-Early Learning Challenge 2014 Annual Performance Report，California［R/OL］.［2022-08-03］. https://eric.ed.gov/?id=ED583173.

买服务。

第二，优化专业辅导工作的内容和方式。首先，在专业辅导的内容上，加利福尼亚州专门研制了专业辅导工作所使用的更为全面的指标和工具，它囊括了儿童早期学习标准、课程内容、活动形式、行政管理、家庭参与等多方面。这为专业辅导工作提供了更好的依据，也为托幼机构的自我反思和改进提供了细致、可操作的指南。[①]该套指标和工具被统称为“质量持续提升路径”，包括该州近年公布的《婴儿、学步儿学习基础与课程框架》（对幼儿学习和发展的内容、方式等有具体要求），以及《组织机构管理量表》（Program Administration Scale，简称PAS）等一系列专业的量表（为托幼机构提供了自我反思的框架）。其次，在专业辅导的人员上，该州建立了专门从事专业辅导工作的队伍。此类人员分为专业辅导员、监控员两种，他们分工不同：前者专门负责在评估之前指导机构如何改进工作以达到评级的要求，帮助其准备评级所需的各种材料；而后者则主要负责对托幼机构的日常工作进行巡视、督导，尤其是在评级之后进行日常复查，并提供专业的咨询和建议。两类专业辅导人员的培训和管理也有严格规定，他们必须通过州政府的认证方可上岗，并且要定期接受州政府的考核。

第三，在对托幼机构的评价程序上，重视自评，以突出“自我诊断、自我提升”的导向。该州的评价程序要求：各个托幼机构在正式评价前必须进行自我评价，以树立科学的质量观、提升质量意识，在自评过程中会委派专业辅导员对其进行指导，帮助其制订质量改进计划，并为下一阶段的正式评价作好准备。[②]在正式评价过程中也很重视“自我报告”的使用，例如在三星至五星等级的评价中，在师幼互动、生师比和班级规模、教育环境、主管和教师的资格

① California Department of Education. Quality Rating and Improvement System［EB/OL］.［2022-08-11］. http://www.cde.ca.gov/sp/cd/rt/.

② HALLAM R，HOOPER A，BARGREEN K. A Two-State Study of Family Child Care Engagement in Quality Rating and Improvement Systems：A Mixed-Methods Analysis［J］Early Education and Development，2017(28)：669-683.

与专业发展等领域，都要求托幼机构提交自我评价报告，并将其作为最终评分的重要依据。

（二）挑战二：教育质量评估体系与现行学前教育管理体系的协调

1. 主要表现

在2012年前，加利福尼亚州的学前教育“质量评级与促进系统”是在郡县层面实施的，这符合该州乃至全美国学前教育地方分权管理管理的传统。在2012年后，加利福尼亚州将各个郡县的评估系统整合到州一级，并初步建立了协调机制，在此期间又借助联邦政府“力争上游-早期学习挑战”项目的支持，迅速扩大了覆盖面。该系统在州一级层面实施数年后，其内部关系的协调处理、资源的整合利用上逐渐暴露出了新的问题，主要表现在：

（1）在州政府内部，“质量评级与促进系统”的管理体制与既有的学前教育管理体制之间需要加强协调统一。具体而言，州政府承担学前教育管理的机构是早期教育和支持处（Early Education and Support Division），主要负责重大项目的实施、托幼机构的日常监管等工作。而“质量评级与促进系统”所指向的教育质量问题，则涉及家长服务、卫生、课程与学习标准制定等多个方面。这些事务的管理职能，分散在加州的社会服务部、公共卫生部、早期学习与照料咨询委员会等多个部门。部门之间如何更加合理地实现这些职能的协调统一，影响到该系统能否顺利运行。

（2）在该系统实施过程中，州政府与郡县政府之间需要理顺纵向关系。加利福尼亚州于2012年将“质量评级与促进系统”整合到州一级以来，其目的除了要建立统一的评价标准、评价方式、结果发布方式等工作机制，还想实现现有资源尤其是专业资源的均衡利用，以实现各个郡县无力独立达成的目标。这种整合不是郡县与郡县间评估系统的简单相加，而是需要建立一套新的协调机制，保障上下信息顺畅沟通、资源调配顺利进行，这也构成了一项重要的挑战。

2. 应对举措

（1）加强州政府部门内部的协调。

借助联邦政府“力争上游-早期学习挑战”项目的实施，加利福尼亚州政府加强了儿童早期服务部门之间的整合协调。2014年，州政府建立了由教育部门领导、早期教育和支持处具体负责的项目实施团队，专门负责“力争上游-早期学习挑战”项目的日常管理。为了加强部门间的协作，项目实施团队与州社会服务部、公共卫生部、早期学习与照料咨询委员会等多个部门签订了备忘录，明确了各部门在项目实施中的具体职责，形成了正式统一的协作机制。[①]作为“力争上游-早期学习挑战”项目的一个重要组成部分，“质量评级与促进系统”的实施责任集中到了一个名为“儿童与家庭委员会”的机构上。该机构成立于1998年，又名“加利福尼亚州儿童与家庭委员会”，是受政府管辖的一个专门组织，利用烟草税抽成作为资金来源开展0~5岁儿童教育、福利等相关工作。该委员会有9名执行委员，分别具有教育、医学、行政管理等多方面的教育或工作背景，这种多元的背景使得该州的“质量评级与促进系统”带有明显的“综合化”色彩，即它不是单纯地关注幼教机构本身的质量，而是以儿童发展为中心，将视野扩展到公共卫生、家庭服务等一系列相关的因素中去。儿童与家庭委员会全面负责与“质量评级与促进系统”的相关所有工作的统筹协调，例如组织各个郡县召开“代表大会”议决重要事务、每年召开交流会、对各地的工作开展督查和指导等。值得一提的是，2015年4月，儿童与家庭委员会通过了一项名为“为所有儿童的成长提升和优化教育质量”的项目，并为其拨款为期5年、总额1.9亿美元的资金，吸纳该州所有的58个郡参与其中，这个项目中也专门划出资金用于“质量评级与促进系统”。

---

① U.S. Department of Health and Human Services，U.S. Department of Education，State of Washington Office of the Governor. Race to the Top-Early Learning Challenge: 2016 Final Performance Report. Washington［R/OL］.［2022-08-03］. https://eric.ed.gov/?id=ED584930.

（2）创新州政府与郡县之间的管理机制。

为了更高效地实施管理，州政府对“质量评级与促进系统”的整合并非“郡县+郡县”的简单相加，而是对管理机制进行了一定的重构。在州这一级之下，下辖的58个郡县又划分成10个区域，每个区域成立了地区联盟，这些地区联盟对上接受儿童与家庭委员会的督导、协调和指导，对下负责辖区内每个郡评论工作的人员组织、数据收集等具体工作的开展，以及和本辖区专业服务机构的横向联系。每一个地区联盟有3名代表，共同组成“代表大会”，参与整个州的“质量评级与促进系统”重大事项的讨论决定。2014年，还建立了“联络人制度”，由州政府的项目实施团队向每个地区联盟委派1名联络人，督导项目实施以及上下、内外的联络协调。由此，加利福尼亚州的“质量评级与促进系统”就在事实上形成了“州政府（包括教育部门和儿童与家庭委员会）—地区联盟”双层管理的初步形态。

二、外部挑战及其应对

（一）挑战一：通过实施评估促进学前教育公平

1. 主要表现

自20世纪60年代美国联邦政府将“提前开端计划”纳入“向贫困宣战”战略后，美国就将优质的学前教育视为阻断贫困代际传递、促进社会公平的重要手段。因此，学前教育“质量评级与促进系统”的实施，在理论上具有通过提升教育质量来进一步促进社会公平的功能。但是这一功能的实现，要求财政扶持、专业支持必须做到对弱势人群的精准定位。进入21世纪，包括加利福尼亚州在内的多个州实施学前教育“质量评级与促进系统”时秉承了“扶助弱势”的基本价值定位，但却面临着不小困难，具体表现如下。

（1）“质量评级与促进系统”对扶助弱势群体的托幼机构的覆盖面仍然不足。这在2011年至2015年的统计数据上得到了体现，如表1所示：

表1　加利福尼亚州2011年至2015年参与"质量评级与促进系统"的各类机构比例[①]

类型	2011年	2012年	2013年	2014年	2015年
州政府投资举办的机构/%	0.9	5.7	14.8	26.2	45
其他公共资金举办的机构[②]/%	0.9	8.9	16.7	30.3	40.0
不接受公共资金举办的机构/%	0.1	0.6	2.5	5.4	8.6

可以看到，加利福尼亚州参与"质量评级与促进系统"的托幼机构中，主要是面向弱势群体的公立机构，其中由州政府直接投资举办的、参与评级的机构数量最多、比例最高。尽管如此，参与评级的此类机构比例仍然不足一半，而参与评级的私立机构比例则有上升的趋势。重要原因在于，该州政策规定托幼机构自愿参与评级，对任何类型的机构都没有强制性的规定。对公立机构而言，获评较高等级所得到的名誉资源以及家长认可度等，对机构的生存发展并无重大影响，因此缺乏足够的动力参与评级。

（2）在高质量机构中就读的弱势家庭幼儿的数量不多。从加利福尼亚州近几年发布的数据可以看出，几类主要招收弱势家庭幼儿的机构（州政府和其他公共资金投资举办的机构）中，获得较高评级的机构所占比例不高。另据2015年的统计，弱势家庭幼儿在获评最高等级（五星级）的州政府直接投资的机构、"提前开端计划"资助的机构中就读的比例仅为33%和21%，这些数字与2014年的19.7%和13.2%相比虽有所提高，但仍然处于较低水平。

2. 应对举措

（1）政策聚焦，将有限资源重点投向薄弱地区。尽管加利福尼亚州政府多方筹措资金，但能够投入"质量评级与促进系统"中的资金仍旧有限，因此必

---

① U.S. Department of Education，U.S. Department of Health and Human Services，State of California Office of the Governor . Race to the Top-Early Learning Challenge 2014 Annual Performance Report，California［R/OL］.［2022-08-03］. https://eric.ed.gov/?id=ED583173.

② 包括"提前开端计划"和"儿童保育与发展专款"支持的机构，以及基于《残疾人教育法案》《确保每一个学生成功法案》投资的机构。

须提高资金利用的有效性。州政府为此采取了“有所为有所不为”的策略，明确了“质量评级与促进系统”的两个施策重点，即重点向质量薄弱的托幼机构倾斜、重点向弱势家庭儿童倾斜。

第一种政策倾斜，在历年来不同等级机构数量和比例的变化上有明显体现。如图1所示：

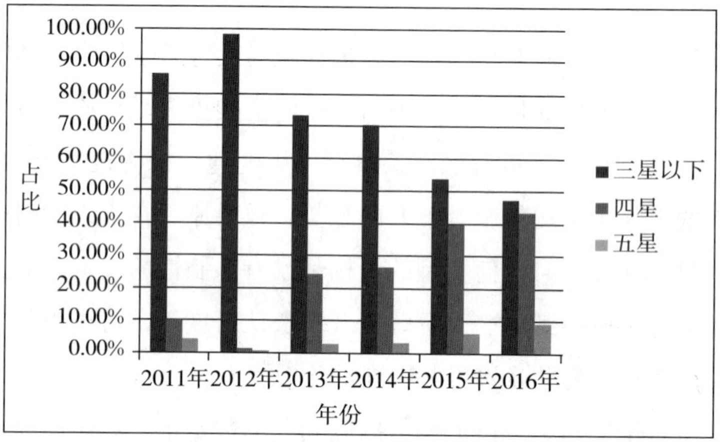

图1　加利福尼亚州2011年至2016年参评机构中不同星级所占比例①

可以看到，一直到2014年，中等质量（三星）及以下机构所占比例均在70%以上，获评最高星级的机构数量非常少。只是在近两三年来，随着机构教育质量的逐渐提升，低等级机构的比例才逐渐下降，但在整体中的比例仍然保持在50%上下。这意味着，加利福尼亚州“质量评级与促进系统”的资金、专业人员等各种资源并非“雨露均沾”的，其中大多数被用在了原本质量较低的托幼机构身上，体现出“扶弱”的政策导向。

第二种政策倾斜，在州政府投资流向上得到了最直接体现。加利福尼亚州政府每年向“质量评级与促进系统”拨付的5000万美元专项资金，拨款法案

① U.S. Department of Education，U.S. Department of Health and Human Services，State of California Office of the Governor . Race to the Top-Early Learning Challenge 2014 Annual Performance Report，California[R/OL]. [2022-08-03]. https://eric.ed.gov/?id=ED583173.

明确规定须用于扶持招收弱势家庭儿童的托幼机构。从实际效果来看，获得最高星级评定机构中就学的弱势家庭儿童的人数和比例也在逐年上升。以州政府投资的机构为例，获评最高质量等级的机构招收弱势儿童的人数（比例），从2011年的836人（占所有此类机构中弱势家庭儿童的0.43%）上升到了2015年的65207人（占所有此类机构中弱势家庭儿童的33%）。换言之，得益于近些年来"质量评级与促进系统"的推动，加州的弱势家庭儿童享受优质学前教育的机会得到了有效的扩大。

（2）将学前教育质量保障进一步向下延伸到低龄幼儿的保育教育中。阻断贫困代际循环的根本，在于帮助儿童实现发展潜能，获得平等的成功机会。很多研究表明，年幼时期接受的保育和教育质量对未来学业成绩和社会成功具有重要的影响。因此，加利福尼亚州近些年把"质量评级与促进系统"向更低龄的阶段延伸，覆盖了招收2~3岁婴幼儿的托幼机构。从2015年起，加利福尼亚州针对此类机构每年连续投入2200万美元以上，专门用于相应机构的质量评级与提升。同时，与上文所述的政策倾斜原则相同，这些资金也要求重点用在对弱势家庭幼儿所受早期教育的质量提升上。

（二）挑战二：通过评估促进学前教育市场的良性竞争

1. 主要表现

在加利福尼亚州，政府举办或资助的幼儿园仅占小部分，大多数是民间资本投入的私立机构。对于这部分托幼机构而言，资源配置更多遵循市场化的规律，顺应消费者自由选择、优胜劣汰的机制。此种机制作用的发挥，需要有良性的竞争，其中至为关键的一点是：作为消费者的家长必须具有准确判断教育质量、理性选择机构的能力，才能避免出现"劣币驱逐良币"的逆淘汰情况。要做到这一点需要两个条件：一是政府的评级必须具有准确性和公信力，能够科学、客观地反映托幼机构质量；二是评级结果要透明、公开，对广大家长来说便于获取、易于理解。加利福尼亚州的评级系统近些年来在向社会公布结果、扩大家长的认识度上加大了力度，例如通过专门网站向家长公布评级结果、印制家长手册帮助其理解评价内容标准等。这些措施使得挑战转向了前者，即如何提高评级的准确性和公信力。具体表现在两个方面：

（1）评估结果必须全面、准确地反映教育的实际过程，使得评估工作具有高度的复杂性。鉴于幼儿阶段教育的特殊性，托幼机构的质量难以通过测查幼儿的学业水平加以衡量，而更多需要通过对实际教育教学过程进行现场观察来进行评判。这就需要对评价的内容、指标、方法、程序作精心的选择和严密的安排。例如，必须科学确定观察的班级数量及其抽取方法、合理地规划评价的周期、审慎地选择评价指标体系等。在评价指标体系方面，和许多其他州类似，加利福尼亚州也采用了标准化的评量工具，但标准化工具的使用同时也带来了评估人员安排上的问题。

（2）评估人员的素质要求较高，资金和时间成本巨大。如前所述，加利福尼亚州采用了标准化工具用于评估，目前主要有《幼儿学习环境评量表》（ECERS）和《课堂互动评估系统》（CLASS）。这两种评量工具都需要经过专业机构认证的人员来实施。通过认证的评分人员通常要花费较长的时间接受培训和考核，因此聘任这些评分员需要提供较高的报酬，加利福尼亚州有的郡县就曾出现过聘用的认证评分员为谋求更高的薪水而主动解约的情况。此外，上文所述的专业辅导中存在的由于人口和托幼机构分布不均衡、工作语言不同等因素带来的专业人员不足、安排困难等问题，在评估工作中同样存在，这些都导致评估的周期、程序安排变得非常复杂。

2. 应对举措

（1）加强评估设计和实施的科学性。

首先，为了确保评价的科学性，加利福尼亚州“质量评级与促进系统”的管理机构建立了严谨的评价程序和方法，对评价的时间、程序、方法作出了规定。这些规定十分具体详细，具有很强的操作性，比如规定：评价要采取突击的方式，提前告知托幼机构的只是评价的大致时间范围，具体的评价日期只会提前1天通知；每个机构必须抽取1/3以上的班级（小型机构不得少于2个班级）

接受评价；接受评价班级的主班教师在该机构工作至少1个月，对评价当天在班的幼儿人数也有下限规定；接受评价的间隔周期不得超过12个月，以保证评价能够相对动态地反映当前时期的状况；对儿童发展水平进行评价时，每班必须随机抽取2名幼儿档案进行查阅，如果被抽中的幼儿入园时间低于60天，则需要另选他人。为减少评价的工作量，规定只有在进行三级以上的较高等级认定时，才会由认证评分员使用《幼儿学习环境评量表》（ECERS）和《课堂互动评估系统》（CLASS）等标准化工具进行评价。①

其次，加利福尼亚州还为评级专门制订了一套被称为“混合分层指标”的指标体系，与《幼儿学习环境评量表》（ECERS）和《课堂互动评估系统》（CLASS）等标准化评量工具配合使用。该指标体系包含三大核心领域：儿童发展和入学准备（包含儿童观察评价、儿童发展和健康筛查两个维度）、教师与教学〔包含主班教师教育水平与专业发展状况，以及《课堂互动评估系统》（CLASS）相应的维度〕、教育环境〔包含生师比和班级规模、机构负责人的任职资格与专业发展状况，以及《幼儿学习环境评量表》（ECERS）的相应维度〕。2012年，加利福尼亚州对“混合分层指标”进行了精简，使其更具代表性，同时也降低了评价的复杂性和工作量。其中，最低等级评价采用“一票否决制”，即某个机构必须达到所有指标的要求，才能通过最低等级的认定，这体现了保障质量“门槛”的功能；而二级到五级则采用“累积评分”的方式，即将每条指标的得分相加，最终按照总分确定等级。评价标准的设置也体现出设计的细致程度，例如使用《课堂互动评估系统》（CLASS）评价教育教学水平时，它并不是提出一个简单的总分标准，而是在该工具下辖的各个维度上分别作出了规定：托幼机构在该项得到总体“4分”的标准是“《课堂互动评估系统》（CLASS）下的情感支持维度得到5分、教学支持维度3分、班级组织领域

① CONNORS M C. MORRIS P A. Comparing State Policy Approaches to Early care and Education Quality：A Multidimensional Assessment of Quality Rating and Improvement Systems and Child Care Licensing Regulations［J］. Early Childhood Research Quarterly. 2015(30)：266-279.

5分”；得到总体“5分”的标准则是“情感支持维度5.5分、教学支持维度3.5分、班级组织领域5.5分”。[①]

（2）加强评价人员队伍建设和组织管理。

首先，鉴于评价耗费的人力和物力成本巨大，加利福尼亚州政府对用于评价工作的资金进行了特别保障：在其划拨的每年5000万美元经费中，规定必须有20%的资金用在评级工作中。其中，除了资料采集、建立数据系统等费用外，聘任、组织评分人员花销占据了大多数。

其次，做好评价人员的组织、培训和资格认定。对于专业要求比较高的评估人员，加利福尼亚州专门建立了“评分员管理系统”，将其分为州级权威评分员、地区级权威评分员、一般评分员三级。前二者所承担的是评价信度“标尺”的角色，它们可以作为“种子”培训员对下一级评分员进行培训、信度测试、资格审定工作。这些人员数量很少，易于管理，且能够发挥对下级评分员的辐射指导作用。该州“质量评级与促进系统”的管理机构还就评价指标体系编制了《操作手册》，对每一条指标的含义、操作性定义、考察方法给出了详细具体、操作性很强的说明，以便统一评价人员的理解，提高评价的一致性。为了确保最终评价的准确性，该州规定要对所有评价人员每半年进行一次信度考核，只有通过了考核的人员才有资格继续从事评价工作。考核中对于使用标准化评价工具的要求尤为严格：使用《幼儿学习环境评量表》（ECERS）的评分员信度（即与权威评分员的一致性）须达到85%以上，使用《课堂互动评估系统》（CLASS）的评分员信度须达到80%以上。为了更充分地利用人力资源，该州各个地区联盟在聘用评价人员上采取了灵活的方式，除一些由地区联盟独立聘任和使用的评分员外，有相当一部分是由多个地区联盟共同聘用的，另外还有的地区联盟邀请了当地的大学或专业机构来承担部分的评级工作。

---

① Quality Compendium. Profile Report［EB/OL］.［2022-08-03］. https://qualitycompendium.org/profile-report.

附录4
澳大利亚幼教机构质量评级

一、背景和动因

澳大利亚现行幼教机构评估体系正式建立于2011年，而此前的准备工作最早可以追溯到2007年。2011年12月，澳大利亚政府理事会决定开展教育改革，并要求其下属的“生产力规划工作组”（Productivity Agenda Working Group）负责早期保育与教育领域的改革。该领域改革的核心目标是建立新的质量监控系统（National Quality Framework），以全面提升学前教育质量。改革包括三项具体内容：建立“国家质量标准”和统一的“早期学习框架”（Early Years Learning Framework）；成立新的国家级机构，专门负责学前教育的质量监控与保障工作；建立新的全国统一的“质量评级系统”，对全国幼教机构开展质量评级，以替代旧的“认定”加“许可”的制度。

进行上述改革的动力，主要源于三个方面：对学前教育事业的新定位，实践发展的新趋势，原有质量监控系统存在的问题。具体如下。

第一，澳大利亚的学前教育不仅是解决家庭劳动力负担的社会福利性事业，它已成为提升国民素质的奠基性的一环，并被提升为国家战略。2009年7月，澳大利亚政府理事会签署的《国家幼儿发展战略》（National Early Childhood Development Strategy）即提出让“所有儿童拥有最好的开始，为他们自己，也为整个国家创造更好的未来”的目标。[①]在此背景下，联邦政府必将承担更大的责任，以在全国范围内对学前教育实施统一的规范和管理。同时，学前教育

① An initiative of the Council of Australian Governments . Investing in the Early Years：A National Early Childhood Development Strategy.［R/OL］.［2022-08-03］. https://www.startingblocks.gov.au/media/1104/national_ecd_strategy.pdf.

质量的重要性也已在该国形成了广泛共识，从学界到政府，都树立了只有高质量的学前教育才能帮助儿童达成上述目标的认识。[①]因此，质量监控和保障工作顺理成章地成为学前教育发展的核心内容。

第二，教育儿童、促进儿童个体发展的功能越来越受到强调。基于传统和历史，澳大利亚有托幼机构（nursery）和学前学校（preschool）两种并行的学前教育机构。前者更为强调保育的作用，后者则突出教育的功能。近些年来，两种类型的机构有融合的趋势。一些托幼机构开始配备教师，设计和实施正式的教育计划，甚至还出现了一些提供综合性服务（如兼具保育托管、学前教育以及家长团体交流等功能）的机构，以满足家庭的多样化需求。在这种形势下，建立统一的、保教一体化的学前教育体系已经成为可能，并成为实现《国家幼儿发展战略》的重要内容。与此对应，必然要求对这一体系实施统一、连贯、突出教育性的质量监控。

第三，原有质量监控体系不能满足现实需求。旧体系由联邦层次的“认定”和地方层次的“许可”两部分组成，这一体系存在两大问题：一是联邦和地方政府职责划分不清、交叉重叠，而且各自采用的质量评估标准不同，导致了管理的混乱以及重复评估等资源浪费情况。二是各种类型机构的质量评估相互独立，标准和程序各不相同。“国家托幼机构认定委员会”建立了三套平行的评估标准，分别针对全日制托幼机构、家庭托幼机构、校外托管机构；各地方政府的学前学校评估标准也不一样。这种割裂混乱的监控体系，不符合实践中的管理统一性要求，也不符合各种类型机构相互融合的发展趋势。

二、评级制度及措施

1. 主管机构

2011年8月，澳大利亚专门成立了一个独立的国家级机构——澳大利亚

① CAMILLI G，VARGAS S，RYAN S，et al. Meta-analysis of the Effects of Early Education Interventions on Cognitive and Social Development[J]. Teachers College Record，2010，112(3)：579-620.

儿童教育和保育质量局，专门负责学前教育质量监控体系的运行，以及全国学前教育质量的保障和提升工作。该机构直接向“部长理事会（Ministerial Standing Council）”负责，它的具体工作包括：组织和监督各地的学前教育机构评级；不断修订和完善“国家质量标准”；研究和制定学前教育质量监控政策；向机构和家长宣传质量评估标准；向社会发布评级信息、使用指南和相关资源；制定和执行教师员工资格标准；等等。

儿童教育和保育质量局下设一个由十三名理事组成的理事会，这些理事由联邦政府的“部长理事会”直接提名，任期为三年。理事包括联邦及地方政府的教育官员、大学研究人员、财务专业人员、学前教育机构负责人等，要求拥有学前教育领域工作经验。理事会由一位首席执行官负责日常工作，下辖三个办事部门：政策与实施部，负责政策的制定以及“质量评级系统”的运行；沟通与交流部，负责与理事会的沟通协调以及对外的交流；行政部门，负责人事、财务及项目管理。

2. 质量评级制度

新的“质量评级系统”是全国统一的，依据新的“国家质量标准”，为全国各类幼教机构进行评级和监控提供支持。评级具有强制性，所有机构都必须接受评级并达到基本标准，方可运营。不予配合的机构，将依照法律规定受到处罚[①]。

（1）评级的方式和等级划分。

评级由经过培训的、具有专业资格的人员完成，通过深入实地的现场观察、访谈和调阅材料来实施。分为五个等级：（a）需重大改进：与质量标准的要求相差较大，必须尽快与监控机构合作，以求尽快提高、达到标准，否则将强制关闭机构；（b）迈向质量标准：正在力求达到标准，尚未接受全面评估，此等级主要针对新成立的机构；（c）达到质量标准：在每个领域的每一个条目，都

① ACECQA，National Quality Framework［EB/OL］.［2022-08-03］. https://www.acecqa.gov.au/national-quality-framework.

达到了国家标准；（d）超越质量标准：超过了国家标准；（e）优异：达到了优秀的标准，可作为当地其他机构的示范。

此外，为了强调教育功能，还特别作出了一些规定。例如，保育机构如要达到“高质量”等级，必须提供（或委托其他机构提供）由合格的早期教育教师负责的、不少于每年40周、每周15个小时的教育服务。

（2）评级的频率。

不同等级的评级频率不同。如被评定为“达标”等级的机构，每两年须接受一次再评级，而获评“高质量”和“优秀”的机构则每三年再评级一次。除了常规的评估外，如果机构遭到投诉、更换负责人，或出现安全问题等情况，还需要接受额外的评估。

（3）配套的质量促进与保障措施。

在“国家质量标准”出台后，澳大利亚推出了配套的《国家质量标准指南》，发放给幼教机构学习和参考。该指南逐条解读了“国家质量标准”，并详细介绍了评估方法和步骤。对于政府资助的早教机构，各州还提供培训和指导，帮助其更好地实施“早期学习框架”。此外，政府还开展了“早期学习框架专业学习项目”，为相关机构提供专业指导服务。该项目在网上设立了论坛，鼓励机构在网上交流、学习。

各学前教育机构在接受正式评级之前，必须先作自我评估，并针对不足提交“质量提高计划”。“质量提高计划”要求每年更新一次，并接受评级机构的审阅。每次评级前，也要事先提交该计划。评级完成后，评级机构会为学前教育机构提供建议书，帮助其提高质量。

三、评估标准和内容

澳大利亚的评级依据是2009年12月推出的“国家质量标准”。澳大利亚各地方政府也制订过许可制度以及地方标准，但2012年全面推行评级制度后，所有的地方标准都被废止了，开始全面采用“国家质量标准”。

新的国家标准包括七大领域：教育计划及实施；儿童的幸福、健康和安全；机构的物质环境；员工配备情况（包括员工儿童比例以及员工资格）；教师与儿童以及同伴之间的关系；与家庭和社区的合作；领导与管理措施。每个领域包含2~6条标准，总共23条。每条标准下又设若干条目。

表1　澳大利亚"国家质量标准"的七大领域

质量领域1：教育计划及实施	
标准1.1	一个经批准的学习框架要指引课程的开发，使之能促进儿童的学习和发展。
标准1.2	教育者和协调者在设计和实施每一个儿童的方案时要专心、积极，并要进行反思。
质量领域2：儿童的幸福、健康和安全	
标准2.1	促进每一个儿童的健康。
标准2.2	把健康的饮食和身体锻炼嵌入为儿童设计的方案中。
标准2.3	每一个儿童都得到保护。
质量领域3：物质环境	
标准3.1	房屋设计和选址要适合机构的活动开展。
标准3.2	环境是包容的，在其中儿童能通过游戏提升能力、进行独立探索和学习。
标准3.3	机构要积极主动地保护环境，为它创造一个可持续的未来。
质量领域4：员工配备	
标准4.1	人员安置应增强儿童的学习和发展，以确保他们安全和健康。
标准4.2	教师、协作者和其他人员应互相尊重并具有道德感。
质量领域5：教师与儿童及同伴关系	
标准5.1	与每一个儿童建立并维持相互尊重、公平对待的关系。
标准5.2	支持每一个儿童建立并维持一种和其他儿童、成人的敏感且回应性的关系。
质量领域6：与家庭和社区建立合作关系	
标准6.1	与儿童的家庭建立并保持一种尊重的、支持性的关系。
标准6.2	支持父母的养育地位，并尊重其育儿观念和信仰。
标准6.3	服务机构应与其他组织和服务提供者合作以提高儿童的学习和健康水平。
质量领域7：领导与管理	
标准7.1	有效的领导能力能够催生一种积极的组织文化，并建立一种专业学习团体。
标准7.2	应该恪守持续提升（质量）的规定。
标准7.3	管理体系能保障服务机构的有效运营。

新的国家标准每一条另有实施细则，从低到高分为三个水平：迈向国家标准、达到国家标准、超越国家标准。相关情况见表2、表3和表4。

表2　标准1.1“一个经批准的学习框架要指引课程的开发，使之能促进儿童的学习和发展”

序号	迈向国家标准	达到国家标准	超越国家标准
1.1.1	课程决策有时可以支持儿童实现学习和发展。	课程决策有助于每一个儿童实现有关他们个性、群体关系、身心健康、学习自信心和交流有效性等方面的学习和发展。	课程决策使每一个儿童的学习和发展的机会最大化。
1.1.2	有时以儿童现有知识、想法、文化、能力和兴趣为依据制订方案。	以每一个儿童现有知识、想法、文化、能力、兴趣为依据制订方案。	始终如一地把每一个儿童现有的知识、想法、文化、能力、兴趣容纳到方案中，且积极地影响方案的各个方面。
1.1.3	方案的各个方面，包括常规在内，能为儿童的学习创造机会。	方案，包括常规在内，能以最大化每个儿童学习机会的方式来组织与实施。	方案，包括常规在内，以最大化每个儿童学习参与机会的方式来组织。
1.1.4	关于儿童教育方案的一般信息，对家庭是开放的。	涉及每个儿童计划和进步的记录，对家庭都是开放的。	记录每一个儿童计划和进步对家庭开放呈现，并且提供与家长讨论的机会。
1.1.5	有时能支持儿童参与到教育项目中来。	支持每一个儿童参与到教育项目中来。	始终如一地支持每一个儿童积极主动地参与到教育项目中来。
1.1.6	有时能认可并且鼓励儿童发挥他们的力量，对他们周围世界中所发生的事情作出选择和决定。	提升儿童的主体意识，促使他们自己作出选择和决定并影响事件和周围世界。	始终如一地考虑和提升每一个儿童的主体意识，让他们作出一系列的选择和决定，并能对事件及周围世界产生影响。

表3　标准3.1“房屋设计和选址要适合机构开展活动”

序号	迈向国家标准	达到国家标准	超越国家标准
3.1.1	机构努力确保室内和室外空间、建筑、家具、设施设备和资源与他们的教育目的相符。不会对任何儿童或者在机构内接受教育和保育的儿童造成难以接受的安全、健康和幸福方面的危险。	室内和室外空间、建筑、家具、设施设备资源符合他们的教育目的。	室内和室外空间、建筑、家具、设施设备和资源，形成了对儿童有促进作用的学习和看护环境。
3.1.2	房屋、设备和家具安全、干净、完好无损。	房屋、设备和家具安全、干净，维护良好。	所有的房屋、家具、设备安全、干净，维护良好，且能优化儿童的学习环境。
3.1.3	所设计或采用的设备可以让所有的儿童都能接触到并参与其中。	确保机构内每一个儿童都能使用机构设计或采用的设备。设备可以灵活使用，室内、室外空间可交互使用。	所设计或采用的设备，不论何时都能确保机构内每一个儿童能接触、参与其中，且可灵活使用，室内、室外空间可交互作用。

表4　标准5.1“与每一个儿童建立并维持相互尊重、公平对待的关系”

序号	迈向国家标准	达到国家标准	超越国家标准
5.1.1	与儿童的互动通常是友好的、相互尊重的，有时是回应性的，让儿童有信任感。	与儿童的互动是友好的、回应性的，与他们建立信任关系。	始终如一地与儿童进行友好的、具有回应性的互动，并建立有利于培养儿童安全感和归属感的信任关系。
5.1.2	儿童通常能与教育者进行有意义并且坦率的互动。	每一个儿童都能与教育者进行有意义的、坦率的互动，并以此获得生活和学习的技能。	始终如一地鼓励、支持每一个儿童进行有意义的、坦率的互动，帮助他们获得生活和学习的技能。

续表

序号	迈向国家标准	达到国家标准	超越国家标准
5.1.3	儿童通常在教师的帮助下有安全、自信和归属感。	支持每一个儿童有安全、自信和归属感。	每一个儿童始终如一地融入活动中，表现出自信，具有安全感。

与2009年之前采用的旧标准相比，澳大利亚新标准体现出如下几点变化：

一是制定“早期学习框架”，并将其融入“国家质量标准”中。该框架于2009年7月推出，其内容相当于我国的《幼儿园教育指导纲要（试行）》，规定了幼儿学习的领域、所要达到的目标、教育的原则和方法等。与我国不同的是，澳大利亚将该文件纳入了质量评估标准。例如“国家质量标准”中“教育计划及实施”领域的第一条标准，即提出各机构应“以早期学习框架为指导来设计和实施教育活动”。对教育教学作出规定并作为质量评估标准的举措，反映出澳大利亚联邦政府管理和干预学前教育的力度在增大，并已深入微观层面。

二是新标准统一了关于对员工配备情况的规定，设置了较高标准，并将其作为一大领域单列出来予以突出。此项标准从前由各州或地区自行规定，但本次改革进行了全国统一。3~6岁儿童学前学校和全日制托幼机构的员工儿童比不得低于1∶11。儿童人数不到25人的全日制托幼机构，必须配备1名兼职早期教育教师，负责部分时段的儿童教育。对于人数超过25名儿童的机构，则要求配备1名全职早期教育教师。另外，在学前学校和全日制托幼机构中，必须有一半以上员工具有早期教育或保育学士或以上学位，其余员工则必须具有早期教育或保育领域三级资格证书。员工配备规定的实施允许有几年的缓冲期、过渡期，并至2014年对其进行评估和修订。

三是新标准增加了关于儿童学术性知识的要求。例如“早期学习框架”对儿童的学习成果提出的五条要求之一为“儿童成为有效的交流者”中，新标准就此明确指出“读写能力、计算能力是儿童有效地与周围世界进行交流、成功地学习课程的重要能力”；另在所附的条目解读以及课程教学建议中，又要求教师要注意培养儿童识读文字能力、领会数学概念等学术性技能。不过在原有的质量标准中，则几乎没有对儿童学术性知识的要求。两相比较，表明澳大利亚对学前教育的教育功能、学前教育与小学教育有效衔接的越来越重视。

四、实施成效和特点

近年来，澳大利亚每年都会对上万家幼教机构实施评估，参与评估的机构数量如表5所示：

表5　2013年至2019年澳大利亚参与评估的机构数量

年份	需重大改进	迈向质量标准	达到质量标准	超越质量标准	优异	总计
2013	6	1121	851	589	0	2567
2014	6	2190	2095	1516	0	5807
2015	9	3123	3569	2610	36	9347
2016	13	3618	5005	3601	49	12286
2017	40	3711	5891	4412	52	14106
2018	26	3244	6638	4834	52	14794
2019	11	3103	7147	4634	47	14942

可以看出，随着评级的持续推进，澳大利亚幼教机构的教育质量实现了平稳的提升，每年获评较低等级的机构比例在逐年下降，获评较高等级的机构比例在逐年上升。

此外，复评中等级上升的机构数量也在逐年增加。例如，据截至2019年6月30日的统计，在二次接受评估时，获得“达到质量标准”和“超越质量标准”等级的机构分别比上一年度增加了1521个和466个。而“需要重大改进”和“迈向质量标准”的机构分别减少了35个和1952个。

总体而言，澳大利亚的质量评级具有如下几个突出特点：

1. 中央政府强化对学前教育质量的监管

澳大利亚之所以改革学前教育质量监控系统，其根本原因在于学前教育定位的变化。学前教育从原来具有社会福利性质的事业变为提升国民素质的奠基性工程，使得学前教育质量监控也从一项地方性事务变为了国家层面的行动，建立和推行全国统一的标准和整合的监控体系。澳大利亚的学前教育质量监控改革不是小范围的修修补补，而是大面积的全面革新。不仅制定了新的"国家质量标准"和"早期学习框架"，而且废止了原有的质量监控系统，在全国实行统一的、具有强制性质的新的评级和保障制度。新成立的国家级机构澳大利亚儿童教育和保育质量局，具有很高的行政级别，被赋予了与质量保障相关的几乎所有权限。这些措施充分体现了澳大利亚政府提升学前教育质量的意志和决心，也反映出该国对学前教育监管力度的增强。实际上，从国家层面推动学前教育体系建设，已不仅是澳大利亚一国的现实需要，它已成为世界范围内学者教育的发展趋势之一。

2. 教育普及和质量提高并行不悖

在推出质量评级制度时，澳大利亚仍处于逐渐普及学前教育的路上。其政府理事会于2008年11月提出2013年普及学前教育的目标，让所有儿童在入学前一年可以享有不少于每年40周、每周15个小时并接受过大学四年专业教育的教师负责的学前教育。为此，联邦政府投入9.7亿澳元，用于各地的学前教育机构建设或购买服务。从上述分析可以看出，澳大利亚并没有因为教育普及而减弱对质量的追求，其教育普及行动与质量监控体系的改革几乎是同时进行的，两者紧密结合、相互促进，在教育普及的目标中，包含了质量保证承诺；而质量监控体系的革新，则保证了教育普及行动为未来人才战略奠基的国家战略的实现。

3. 建立复合型的质量保障体系

澳大利亚的学前教育评级制度不是单一的制度，它是作为学前教育质量保障体系整体中一环而融入其中的。在评价等级上，它涵盖了从注册准入到最高质量的评价，实现了准入性审批和指向更高水平的质量提升的贯通。在工作内容上，它将“国家质量标准”的制定、实施以及评级、对幼教机构的指导等，统一纳入到一个国家级机构——澳大利亚儿童教育和保育质量局。在实施主体上，澳大利亚儿童教育和保育质量局与地方教育部门建立了密切关系，分工合作，共同推进“国家质量标准”的落实。所以这些教育部门的工作范围涵盖了划拨资金、日常管理、实施评价、提供指导等多个方面，其中凡是专业性质的内容都须以“国家质量标准”为指南，以此保证国家对于教育质量的要求不停留在“评级”上，而是能有效地融入幼教机构工作的全部方面和完整过程中。